First Edition

ISBN: 979 8850563356

Printed in the U.S.A

Autobiography

My Turbulent Good Life

A Memoir by Sangsoo Lee

돌아본 팔팔 인생

이상수 자서전

Prologue

Looking back, my life of 88 years:

I have always enjoyed reading since I was a small boy, but now, in my old age, I only remember a very few of what I read back in elementary school. One day, late in 2022, I met a writer whom I have known well for some time. We met from time to time, enjoyed the dinner and exchanging various conversations, such as what we experienced and so forth in our lives. He became more and more interested in my life which was complex and tumultuous for anyone, and then he suggested that I should write the story of my eventful and challenging life. He said he could hardly imagine the complex and twisting life I had gone through. He insisted that I should leave the precious written account of my life for my family, my loved ones, and my descendants, and even for other interested readers, quite emphatically.

Although I agreed with his recommendation, I couldn't fathom how I, who had never written anything substantial in my life, could even remember and express all the events that took place over the course of 88 years. After contemplating the matter for a few days, I finally came to a conclusion. As I approach the point of parting with this world, I felt it significant to look back the memorable events of my existence and leaving a written record of the memories, and I have the chance to reflect my life for my two daughters, two sons, nine grandchildren, and future generations who might encounter with history of my life by any chance, the number of who would encounter with history of my life might be uncertain though. They could trace the footsteps of their ancestors who stepped on the nation of United States.

As I was closing the conclusion of this memoir, I found that I could not deny the human weakness that I have tried to fight off and overcome throughout my life. It is the fact that I suffer from a lack of love. I have been unable to shake off the belief that genuine love, emanating from the heart, is something only those who have received abundant love in the process of their growing up.

The realization that I needed to acknowledge and rectify this deficiency in my capacity to love probably came when I got married and started my own family. It seems that I grew up without experiencing the love of a family until I reached adulthood. My father passed away when I was two. My mother left this world when I was eleven, leaving me an orphan and scattering my two brothers and me in all the different directions. How could I have received love and learned about it under such circumstances? However, it doesn't mean that I don't love my family. My love for them has always been more of a sense of duty than a natural affection that springs from the heart.

On the other hand, when I consider it from a different perspective, although my lack of love can undoubtedly be seen as a flaw, it may also be seen as an advantage. Perhaps, when I became an orphan at an early age, it became the driving force behind developing a strong mental fortitude to survive in a harsh world.

I reflect on the past while concluding this piece that ever since I chose the adventure of immigrating to the United States for the education of my four intellectually gifted children, who lacked financial support in Korea, I have been living with a sense of fulfillment and pride as I see all of them graduate from prestigious American universities and establish themselves as integral members of American society, firmly rooting.

As the saying goes, 'Even jade has imperfections.' On March 9, 2022, my wife received the diagnosis of early-stage dementia and has started undergoing medication and rigorous health management ever since. With a strict routine, including nutritional management and physical fitness, she engaged in various exercises such as morning calisthenics for 40 minutes starting at 7 A.M., walking exercise for 40 minutes in the afternoon, and regular golf sessions on Mondays, Wednesdays, and Fridays. Was it the result of these efforts? On March 3, 2023, Dr. Kim Dong-Soo after the regular follow-up examination, he revealed that her condition hadn't worsened compared to the previous year's medical records. It made me realize the truth behind the saying that wisdom grows with age. With my 84-year-old wife facing such a condition, I take solace by the fact that she exceeds the average health indicators for the elderly, having lived a robust life without ever lying in a hospital bed for 88 years, thanks to the blessings and glory bestowed upon us by the divine presence.

Sang-Soo Lee
July 1st, 2023

저자의 말

돌아본 팔팔 인생

나는 평소에 글 읽기는 좋아했으나 글쓰기는 초등학교 시절에 한두 번 써본 기억 밖에 없다. 2022 년 늦은 여름 어느 날, 평소 알고 지내던 은퇴 작가와 만나 반주 겸한 저녁 식사를 함께 했다. 이런 저런 잡담 끝에 내 과거사에 대해 궁금해 하기에 굴곡 많았던 내 인생에 대한 이야기를 요약해서 털어 놓자 그분은 눈이 휘둥그레지며 지극히 평범한 내 모습에 그런 상상하기 힘든 변화 무쌍하고 굴곡진 삶이 있었을 것 이라고는 상상을 할 수 없다며 내 인생사를 글로 남겨 후손과 친지들에게 알려야 한다며 회고록 쓰기를 강권하는 것이었다.

그 권고에 수긍이 갔으나 평생 글 이라고는 써 본적이 없는 내가 어떻게 88 년 내 일생 동안 일어났던 일들을 기억해 내서 글로 표현 할 수 있단 말인가!. 몇일을 두고 생각한 끝에 결론을 얻었다. 이제 멀지 않아 이 세상과 결별할 이 시점에서 내가 이세상에 존재했던 기억나는 순간들을 뒤돌아 보며 자성과 회고를 글로 남겨 나의 2 녀 2 남의 자식들과 9 명의 손주들 그리고 얼마나 불어날지 모를 후손들에게 미국 이주의 첫 조상의 족적을 남겨두는 것은 뜻깊은 일이라는 생각이 들었다.

내가 회고록을 마무리하며 나에게는 일생동안 아무리 애를 써도 고칠 수 없는 인간적인 약점이 있었음을 고백하지 않을 수 없다. 그것은 내가 바로 사랑 결핍증 환자라는 사실이다. 마음에서 우러나는 진정한 사랑은 사랑을 듬뿍 받으며 자란 사람들 만이 갖는 것이라는 생각을 떨치지 못하고 오늘에 이르렀다.

내가 이런 사랑 결핍증을 인식하고 고쳐야 된다는 생각을 갖게 된 시점은 내가 결혼하여 가족을 갖게 된 때가 아닐까 짐작된다. 나는 태어나서 성년이 될 때까지 가족사랑이라는 것을 모르고 자라온 것 같다. 아버지는 두 살 때 별세하셨고 엄마는 내가 열한 살 때 돌아가셨고 고아가 되어 삼남매가 뿔뿔이 흩어졌으니 어느 겨를에 사랑을 받고 사랑을 배울 수 있었겠나! 그렇다고 내가 나의 가족들을 사랑하지 않는다는 것은 아니다. 나의 가족 사랑은 자연스러운 마음에서 우러나는 사랑이기 보다 다분히 의무적이라는 생각을 떨칠 수 없었다.

그러나 한편으로 생각해보면 나의 사랑 결핍증이 나의 결점임은 틀림없지만 어쩌면 나의 장점이 될 수도 있다고 생각함은 내가 어릴 때 고아가 되어 혈혈단신으로 험한 세상에서 살아 남아야 할 강한 정신력을 갖게 된 원동력이 되지 않았나 생각되기 때문이다.

나는 이글을 마무리하며 지난날을 돌이켜 볼 때 내가 한국에서 경제적 뒷받침이 어려워 명석한 두뇌의 4남매의 교육을 위해 미국이민의 모험을 택한 이래 모두가 미국의 일류대학을 졸업하고 미국사회 일원으로 튼튼한 뿌리를 내린 그들을 보며 보람과 자부심을 느끼며 살고 있다.

옥에도 티가 있다든가 2022년 3월 9일 아내가 치매 초기 진단을 받고 약물치료와 더불어 철저한 건강관리를 해왔다. 엄격한 규칙생활을 기본으로 영양관리, 체력관리 즉 다양한 운동으로 아침 7시부터 다양한 체조 40분, 오후 4시에 걷기 운동 40분, 골프를 월,수,금 주 3회를 꾸준히 했다. 이런 노력의 결과인가 2023년 3월 3일 김동수 박사의 재검진 결과 작년 진료 기록과 거의 같아 병세가 조금도 나빠지지 않았다고 하여 지성이면 감천이라는 말이 실감났다. 84세의 아내가 이정도의 지병이면 노인 평균 건강 수치를 넘어선 것이라 자위하며 88년동안 한 번도 병상에 누워 본적 없이 팔팔하게 살면서 아내를 돌볼 수 있는 건강을 주신 하느님께 감사와 영광을 돌린다.

마지막으로 꼭 첨가할 말이 있다 내가 자서전을 집필함에 나는 물론 나의 대부분의 독자들이 한국어에 익숙하기 때문에 한국어로 집필해야만 했다.

한편 내가 미국에서 우리 가문의 첫 조상으로 나의 영어권 후손들에게 한국과 미국에 반반 씩 살아온 나의 삶의 기록을 그들에게 알려야 할 의무감을 가져야만 했다. 그리하여 이 난제를 해결하여 준 이가 바로 나의 둘째 딸 콜롬비아 대학 심리학박사인 영주 Jessica이다. 나의 자서전 한국어 표현은 나의 고령 탓이지만 고전적 표현들이 많다. 한국에서 중 2로 도미한 그녀가 영어로 번역하기엔 적지 않은 애로가 있을 것임에도 훌륭한 번역으로 한 영 합작 자서전을 출판 한 그의 공로에 감사와 격려를 보낸다.

이상수, 2023년 7월 1일

사랑하는 나의 가족들

Foreword

Hongshik Don Bosco Park

When Mr. Samuel Lee Sang-Soo came to me one day to tell me that he had written his memoir and asked me to write words of recommendation for it, at first, I was hesitant to say 'yes' because I thought how I would dare to evaluate the life of someone at my father's age.

However, since Mr. Lee earnestly asked for it, it was difficult for me to refuse, so I concluded that I should write it. It didn't take me long to finish reading the memoir. It was not only because Mr. Lee wrote honestly with a concise style, but also because his turbulent life was so exciting and touching that I was able to read it at once.

As I read the memoir, my heart went out to him at the young age of twelve when he became an orphan. Mr. Lee had to stand alone at an age when one could not even imagine living without the protection and help of his parents. He must have had lots of fears and worries in front of such a miserable ordeal. I, who had lived a comfortable and normal life, felt shameful before him. I couldn't help but reflect on my lack of gratitude because I often complained about things despite leading an easy life where almost everything is provided.

A troubled childhood continued to seem to take control of Mr. Lee's life. In fact, as Mr. Lee said, it would be more accurate to state that he has just lived out the given life. It is truly moving to see Mr. Lee actively leading his life in each environment despite being constrained by it. He might not have been able to write down all the trials and tribulations, but you can guess them by reading between the lines. Nevertheless, Mr. Lee does not give up his warm perspective on life and human beings. I believe he lived a wonderful life, always thinking in a positive way, believing that misfortunes are blessings in disguise, and boldly giving up what has been lost. Even if there were mistakes due to his human weaknesses, Mr. Lee had breadth of mind to start anew by reflecting and learning from them.

Mr. Lee's life overflows with lively episodes in line with the turbulent modern history of Korea. And as the lives of Mr. Lee and his family members overlap with the history of Korean immigrants to the United States, it shows the proud image of Korea's talented people and their descendants settling down in the United States and contributing to American society. Since Mr. Lee lost his parents at such early age, it is even more special to see him who treat his family with enormous affection and responsibility.

I believe that those who read this memoir will agree with my words above. I hope that, through this memoir, many people will be able to see how God leads each person, what kind of providential encounters He arranges, and what kind of teachings He gives through the events of life. In addition, it would be nice if you could look back on your own life through the life of Mr. Lee.

추천사

박 홍식 돈보스코 신부

이상수 사무엘 어르신께서 어느 날 저를 찾아오셔서 당신의 회고록을 쓰셨다는 말씀과 함께 저에게 추천의 글을 부탁하셨을 때, 저는 고민하지 않을 수 없었습니다. 왜냐하면 아버지 뻘 되시는 분의 삶을 대하고 제가 감히 어떻게 평가를 내릴 수 있을까 하는 우려 때문이었습니다.

하지만 어르신께서 간곡하게 부탁하시니 거절하기가 어려워서 써 드려야겠다는 결론에 도달했습니다. 회고록을 다 읽는 데는 그리 오랜 시간이 걸리지 않았습니다. 어르신께서 간결한 필체로 진솔하게 글을 쓰셨기에 그러기도 했지만, 어르신의 파란만장한 삶이 워낙 흥미진진하고 감동적이라서 단숨에 읽을 수 있었습니다.

회고록을 읽으면서 처음에 든 생각은 열 두 살 어린 나이에 고아가 되어서 얼마나 막막하셨을까 하는 겁니다. 부모의 보호와 도움 없이 산다는 상상조차 할 수 없는 나이에 홀로서기를 해야 했던 어르신께서는 감당하기 힘든 시련 앞에서 얼마나 많은 두려움과 걱정이 일었을까 하는 생각이 들었습니다. 그래서 평탄하고 순조롭게만 생을 살아온 저는 그 앞에서 고개를 숙일 수밖에 없었습니다. 편한 삶을 영위해 왔음에도 불구하고 늘 불평만 하고, 감사를 게을리했던 저의 모습이 떠올라서 반성하지 않을 수 없었습니다.

불우한 어린 시절은 계속해서 어르신의 삶을 통제한 것처럼 보입니다. 사실 어르신께서 말씀하신 것처럼 주어진 삶을 살아냈다 라는 표현이 오히려 정확할 것입니다. 그렇게 환경의 제약을 받으면서도 주어진 환경하에서 적극적으로 삶을 영위해 나가는 어르신의 모습은 실로 감동적입니다. 많은 시련과 고난을 일일이 다 적을 수는 없으셨겠지만 행간의 사정을 미루어 짐작은 할 수 있었습니다. 그럼에도 불구하고 어르신께서는 삶과 인간에 대한 따스한 시각을 포기하지 않으십니다. 늘 좋은 쪽으로 생각하고, 인생은 새옹지마라고 여기며 과감히 포기할 것은 포기하면서 훌륭한 삶을 사셨다고 봅니다. 혹여 나약한 인간이기에 실수가 있었다 하더라도 어르신께서는 반성하고 깨닫고 배우면서 새롭게 다시 시작하는 여유도 가지셨습니다.

어르신의 삶은 격동의 대한민국 근대사와 맞물려 생동감 있는 에피소드들로 넘칩니다. 그리고 어르신과 가족들의 삶은 한국인들의 미국 이민사와 포개어지면서 한국의 우수한 인재들과 그들의 후손들이 미국에서 자리를 잡고 미국 사회에 기여하는 데 일조하는 자랑스러운 모습을 보여줍니다. 당신께서 조실부모한지라 당신의 가족을 지극한 애정과 책임감으로 대하시는 어르신의 모습은 더욱 특별하게 다가옵니다.

이 회고록을 읽으시는 분들이 상기한 저의 말씀에 모두 공감

하시리라 믿습니다. 아무쪼록 많은 분들이 이 회고록을 통해서 주님께서 한 사람 한 사람을 어떻게 이끄시는 지, 어떤 만남들을 섭리하시는 지, 삶의 사건들을 통해서 어떠한 가르침을 주시는 지 보실 수 있기를 바랍니다. 아울러 어르신의 삶을 통해서 자신의 삶도 되돌아 볼 수 있다면 좋겠습니다.

Kwon Hyuk-man, disciple John

Congratulations to brother Samuel, Lee Sang-Soo.

"It is a small chili pepper that is spicier. In social norms, we often uplift individuals with smaller statures and engage in pleasant conversations. However, in the case of the Lee Sang-Soo, it is not just a praising remark, but it is a definite fact. He has been practicing the Lee Sang-Soo diet for many decades to maintain a healthy life, both mentally and physically. He adheres to self-imposed rules such as regular exercise and hobbies, that he has never deviated from them. Whenever someone asks him how he maintains such strength, courage, and mental fortitude at his age, he confidently responds that it is a natural result of living a life he carries like the one described above. Since his immigration to America, in New Jersey, he sought out a nearby church without anyone's suggestion or guidance. He discovered, on his own, the Korean Catholic Church, Seongbaeksamwi. From that moment on, as we met, we formed a deep bond through the blessed connection that God granted us. We have become close enough to care for each other's well-being every day.

As an orphan boy, from the age of 12, he endured various hardships with his resilience like a steel wire, building a blessed family including two daughters and two sons. He has lived a life that enables his children to achieve the American dream. I emphasized that his journey should be recorded as a proud grandfather's advice for the future generations as a good lesson to admire. I am grateful that he appreciated and accepted my opinion.

Please do not overlook the journey of an old man as just an ordinary story. If you read it with care until the end, you will find a precious gem of hope, courage, and the strength in his life story, more valuable than the lives of any famous figure in the world.

To Samuel Disciple Lee Sang-Soo and Annaesu Lee Nam-Suk, my dear sister-in-law, and to all who come across this letter, I pray that you may be together for a long, long time.

Seoul Yeoksam-dong Cathedral: At Café "Yerang"

Kwon Hyuk-man

Disciple John

추천사

권 혁만 사도요한

이상수 사무엘 형님 미수를 축하드립니다.
"작은 고추가 더 맵다. 작은 체격이 건강체다. 작은 이가 큰 이보다 더 실속이 있다" 사회 통념적으로 우리는 체구가 작은 사람을 추켜세우며 듣기 좋은 말로 대화를 할 때가 많습니다. 그러나 이상수 왕 형님의 경우에는 듣기 좋음이 아닌 확실한 사실입니다. 정신적, 육체적, 경제적으로 지금까지의 건강한 삶을 지키기 위하여 이상수 식 식단을 개발하여 몇 십 년째 실천하며, 규칙적인 운동, 규칙적인 취미생활 등 뭐하나 자신이 스스로 정한 룰에 어긋남이 없는 대단하신 분이십니다.

이구 동성으로 그 연세에 어떻게 그런 기력과 용기, 정신력을 겸비하시냐고 물어올 때마다 저는 위와 같은 방법의 삶을 살아 오신 분이기에 당연한 결과라고 자신 있게 이상수 왕 형님을 대신하여 여대답을 합니다

뉴저지로 이주하신 후 집 근처 성당을 수소문하여 누구의 안내도 없이 스스로 세들부룩 소재 성백삼위 한인 천주교회 문을 두드리신 분으로, 그때부터 저와는 하느님께서 맺어 주신 인연으로 하루라도 서로의 안부를 알아야 만하는 속 시원한 사이가 되었습니다.

12살 소년 고아가 오뚜기 같은 근성으로 온갖 고초를 겪으며 자수성가, 딸 둘에 아들 둘을 둔 다복한 가정을 이루며 자녀들에게 아메리칸 드림을 이루게 하신 삶의 여정을, 손자 세대와 그 후세들에게도 이처럼 자랑스런 할아버지께서 우리의 조상이었다는 것을 기록으로 남겨야 한다고 강조하였던 저의 의견을 받아들여 주심에 감사드립니다.

한 노인의 그저 그러한 삶의 여정 일거라고 대충 보지 마시고 끝까지 정성껏 읽어보신다면, 세상에 알려진 어느 유명인사의 삶 보다도 값진 나의 인생사의 보석 같은 희망과 용기,그리고 힘을 얻을 수 있을 것입니다.

이상수 사무엘 왕형님과 이남숙 아네스 형수님. 이 글을 접하

는 모든 분들과 오래오래 함께하시기를 하느님께 기도 드립니다.

서울 역삼동성당
카페 "예랑"에서
권혁만 사도요한

Contents 차례

English Version

Part I

탄생 전 후의 시대적 배경

내 고향의 위치

내가 태어난 고향의 주소는 경상북도 성주군 수륜면 남은동 2 리 속칭, 작천이라 부르는 마을로 물 좋고 경치 좋은 산자락에 60 여호 가구가 모여 사는 한적한 시골 마을이다.

팔만대장경을 소장한 국보사찰 해인사를 남쪽 기슭에 거느리고 있는 해발 1,430 미터 높이의 가야산이 우리 마을 20 키로미터 서쪽에 위용을 자랑하고 있다. 경상남도 합천군 가야면, 거창군 가북면, 경상북도 성주군 가천면과 수륜면을 한 몸에 품고 있는 가야산은 우리나라 12 대 명산 중의 하나로 산세가 천하에서 으뜸이고 지덕(知德)은 해동에서 제일이라 하여, 대한 8 경에 속하는 명산이다.

마을 앞 농지를 약 400 미터 지나면 가야산을 휘돌아 내려와 남쪽 방향으로 구부러져 내려가는 대가천이 흐른다. 대가천은 맑고 시원한 물이 굽이치며 흘러가고 있어 여름에는 친구들과 함께 물장난과 수영을 하며 놀고. 봄 가을에는 고기잡이를 하며 재미있게 놀던 아름다운 추억들이 묻혀 있는 냇물이다.

우리 선대의 집은 마을 중앙에 위치하고 또한 유일한 기와집이며 안채와 사랑채가 당당한 위풍을 자랑하고 있다. 사랑채 앞마당을 지나 대문을 나가 왼쪽으로 조금 가면 주변 이웃들과 함께 사용하는 큰 우물이 있어 어떤 가뭄에도 마르지 않는 맑고 깨끗한 물이 넘쳐나고 있다. 이 우물은 우리 집안 사람들과 이웃 주민의 생명수임과 동시에 동네 아낙네들이 서로 안부와 정보를 교환하는 곳이다,

바로 그 우물 앞에는 정방형의 연못이 자리잡고 있어 여름 밤에는 개구리들의 합창이 동네를 떠메고 갈 듯 요란하고 때맞춰 핀 연꽃은 사방에 수런거리며 피어나 보는 이로 하여금 마음을 정화시키게 만든다.

우리 집 바로 뒤에는 돌담을 1.5 미터 정도의 높이로 쌓은 언덕이 있고 울창한 대나무 숲이 집터 넓이로 길게 뻗어 있다. 그 십여 미터의 대나무 숲으로는 사시사철 바람이 솨솨솨~ 시시시~ 지나가며 대숲을 흔들고, 그 대나무 숲을 지나면 그리 높지 않은 동산이 마을 뒤편에 있어 잔솔가지나무, 싸리나무에 섞여 봄날엔 진달래가 연분홍 빛 저고리를 차려 입고 쪼그리고 앉은 소녀처럼 수줍고 아름답게 핀다.

마을을 벗어나 동쪽으로 전답들을 지나 200 여 미터 가서 월개천 이라고 하는 작은 개천을 건너 100 여 미터 더 가면 산 아래 돌담에 싸인 아담한 정자가 자리잡고 있다. 솟을대문을 열고 들어가면 정자 정 중앙 처마에 "노천정사" 란 현판이 걸려있다.

노천정사 (露川精舍)

할아버님께서 만년에 지으신 별장 겸 정자로서 할아버님 께서는 여기에서 저술과 강학에 힘 써 많은 저서를 남기 셨다.

할아버님의 존함은 규형 호는 일헌으로 1952 년 73 세에 타계하셨다.

할아버님께서는 생전에 문집 6 권과 3 책을 저술하셨다. 17 세 때 서락 서당에 들어가셔서 여러 선비들과 함께 가르침을 받아 저명한 만구 선생의 수제자가 되셨다. 할아버님은 만년에 이 노천정사에서 저술과 강학에 힘써 여러 저술을 남기시고 또 많은 제자를 배출하셨다. 할아버님께서는 서거하실 때까지 이 노천정사에서 기거하시면서 아침 저녁을 본가에 오셔서 드시고 점심이나 주연을 베푸실 때에는 노비들이 드나들며 봉사 하였다.

노천정사(露川精舍) 할아버지 별장

부(富)의 몰락과 그 원인

동학란 비적의 약탈

1894 년에 발발한 동학 농민혁명 운동으로 동학 농민전쟁이라고도 하는데 동학 지도자들과 동학교도 및 농민들에 의해 일어난 백성의 무장봉기를 일컫는다. 크게 1894 년 음력 1 월의 고부봉기(1 차)와 음력 4 월의 전주성 봉기(2 차)와 음력 9 월의 전주 광주 궐기(3 차)로 나뉜다.

동학(東學)이란 무엇인가?

동학은 1860 년(철종 11) 최제우가 창건한 신흥 종교이다. 경주 출신의 최제우는 제세구민(濟世救民)의 뜻을 품고,

1860 년 서학(천주교)에 대립되는 민족고유의 신앙을 제창, 동학이라 이름 짓고 인내천(人乃天), 사람이 곧 하늘이므로 모든 사람은 멸시와 차별을 받으면 아니 된다는 사상 즉, 모든 사람이 사람 답게 사는 새로운 세상을 세우자는 이념과 모든 사람이 평등하다는 사상이다.

이후 동학은 손병희에 의해 천도교로 계승되어 발전한다. 한편 동학은 조선의 지배논리인 반상(班常)의 신분제도와 적서제도(嫡庶制度) 등을 부정하는 현실적 민중적인 혁명적 사상을 바탕으로 동학농민운동이 발발하는 계기가 된다.

이에, 동학농민군을 진압하기 위해 조정에서는 민비 계파와 흥선 대원군과의 알력이 대두 되었고 이에 따라 청나라군과 일본군을 번갈아 끌어들여 농민운동을 진압하자 그 잔당의 일부가 산세가 험악한 가야산으로 숨어들어 그들의 생존수단으로 인근 각처의 부농들을 골라 수탈하기 시작하였다.

당시 우리 가문은 천 석군이라는 부농으로 인근 고을에 잘 알려진 터라 당연히 동학 잔당들의 수탈 대상이 될 수밖에 없었다.

그 당시 가장으로 집안을 다스리시던 할아버님이, 전술한 바와 같이 저명한 유학자로서 조상숭배를 가훈의 으뜸으로 하고 있음을 정탐한 비적들은 우리 조상들의 묘를 파헤쳐 유골을 훔쳐 가서 막대한 돈과 유골을 교환하기를 협박하니 할아버님께서는 부관참시(副官斬屍)에 못지 않는 이 기막힌 현실에 뼈를 깎는 고통을 참으시며 많은 전답을 팔아 유골을 되찾아 오기를 반복하셨다. 나로서는 얼마나 많은 전답을 할아버님께서 그 당시 처분하셨는지 짐작할 길이 없다.

재산 탕진

할아버님께서는 3 남 5 녀를 두셨는데 다섯 딸의 혼인 출가에 지참금 등으로 재산의 일부를 처분 하셨겠지만 대부분의 잔여재산은 세 아들들에 의하여 다음과 같이 소진되었을 것으로 추정된다.

장남(백부) 존함 이기석(1895-1965)

70세로 타계하셨는데 젊은 시절 일제 중엽, 금 채굴 성행에 편승하여 금광업에 진출해 많은 전답을 팔아 투자하셨으나 실패를 거듭하여 재산을 탕진하였는가 하면 또 한 편으로 당시 부자들의 축첩행각이 성행함에 편승하여 많은 재산을 날린 것으로 추정 된다.

첫째 첩은 고령읍 소재의 요정마담을 첩으로 삼아 2남1녀를 생산하였고, 금광 실패 후에는 할아버지로부터 배운 한학을 기본으로 한의학을 배우셔서 대구시 약전골목에 한약방을 개업하셨다. 백부님은 그 당시 대구에서도 새 첩을 얻으셔서 약방 이웃에 새살림을 차리셨다. 자세한 내용은 알 길이 없으나 두 첩을 거느리는데도 잔여 재산의 대부분을 쓰신 것으로 추정된다.

차남(중 백부) 존함 이동석(1907-1982)

75세를 일기로 타계하셨다. 전해들은 바에 의하면 젊을 때 일본 동경 유학을 가셔서 명문 와세다 대학에 다니시고 귀국하여서는 일제에 항거, 항일운동에 참여하셨으며 그 와중에도 첩을 두어 3남1녀의 자식을 두셨다.

삼촌께서는 여생 동안 단 한 번의 취직이나 자영업 등을 하신 적이 없으니 따라서 재정적인 수입이란 있을 수 없었다. 여생을 친구 또는 친척 집을 전전하시며 세상을 비관 하셨는지 무전 취식 하며 유랑생활을 하셨다.

고향 본가와 서울 흑석동에 첩의 집이 있었으나 거기에는 오래 머물지 않으셨던 것 같다. 짐작하건데 받은 유산 중 삼촌의 큰아들이 경작하고 있는 얼마의 농토와 일본 유학 학비를 제외한 나머지 재산은 축첩과 유랑경비로 탕진 한 것으로 생각된다.

아버님의 별세와 나의 탄생

아버님의 일생

아버님 존함: 이흥석

1910 년 9 월 26 일 - 1937 년 5 월 15 일, 27 세 별세

막내아들로 태어나신 아버님께서는 어릴 때부터 천재로 소문나서 7-8 세에 인근 동네에서 아버님과의 바둑에서 아버님을 이기는 사람이 없었다 한다. 그런데 열 살 무렵 낫을 가지고 무엇인가 하시다가 새끼 손가락이 거의 절단 될 정도의 상처를 입고 대구동산 기독병원으로 가서 수술을 받아 완치하였는데 아버님께서 이때 현대의학에 매료 되시어 의학공부를 하기로 결심 하셨다고 한다.

아버님은 그때부터 대구로 유학 길에 오르시고 소학교(현 초등학교) 6 년, 중고등학교 6 년, 도합 12 학년을 단 8 년 동안에 이수하시고 당시 의과대학은 서울과 평양 두 개 의과대학이 있었다는데 평양 의과대학을 졸업하신 뒤 의사시험을 거쳐 그 당시의 의료행정에 따라 경북 고령군 공의가 되시어 운수면 소재지 용정동에 개업하셨다.

아버님께서는 개업 2 년 차 여름에 고을 유지들과 낙동강에 뱃놀이를 나가셨다가 강물에서 수영 중 소용돌이에 휘말려 익사하셨는데 시신을 찾지 못 해 인근 동네의 수 십 명을 동원하여 수색한 결과 사흘 만에 시신을 찾아 안장 하였다 한다.

아버님의 혼인과 자녀 출생

아버님은 당시 풍속에 따라 중매결혼을 하셨는데 고향에서 사 십여 리 떨어져 있는 경북 고령군 다산면 수리냄 이라는 곳 부농인 이극로씨 외삼촌의 여동생 이소주와 결혼 하여 2남 1녀를 두셨다. 장남 이 홍, 차남 이상수, 딸 이유순, 삼 남매 중 딸 유순은 아버님께서 돌아가신 후 태어난 유복녀 이다.

유산 상속 시 남은 재산이 많지 않아 의사가 되기까지 지원한 학비 전액을 유산으로 받은 것으로 간주 되었다.

사태가 이렇게 되니 청상과부가 되신 어머님께서는 상속재산의 전부를 가진 남편이 별세함과 동시에 유산은 전무한 상황이었다. 가진 재산이라고는 시집올 때 친정에서 혼수로 준 논 4 마지기뿐이었다.

그때 어머님의 심정이 얼마나 외롭고 허망 하셨으랴!

어린 시절과 어머니의 별세

어머니의 한 많은 일생

어머니는 1912년 4월6일 출생, 음력 1950년 1월 10일 별세하셨다. 향년 37세. 어머니의 한 많은 일생을 유추해 본다면 내 무딘 감성에도 이런 생각이 든다.

이 일을 어찌할꼬!

대저, 이 일을 어찌할꼬!

아버지의 익사소식은 아마도 어머니의 혼 줄을 끊어 놓았을 것이다. 그 해 여름 낙동강 강물은 여느 때보다 더욱 푸르러, 황급히 감돌고 휘돌다가는 다시 풀고, 출렁이고 회오리

치며 굽이치는 물살 따라 강바람은 오뉴월이었으나 차갑기만 했겠지.

언제나 단아하게 쪽 져 있던 머리는 이리저리 흐트러지고 입술은 새까맣게 탔고, 온 몸이 와들와들 떨려 아무 일도 손에 잡히질 않는데 어린 젖먹이는 연신 어미 품을 파헤치고 그나마 다섯 살인 첫째는 알고 그러는지 모르고 그러는지 어른들의 눈치만 살폈을 것이다.

설마 아니겠지 거짓말이겠지, 생 때 같은 남정네 살아서 돌아오겠지! 그러면서 하루가 지나가고, 또 하루가 그냥 지나가고 수중고혼이 된 남편의 시체라도 건졌으면… 하던 사흘째 되던 날 드디어 연락이 왔다 한다.

인근 동네에서 동원된 수 십 명의 인부들에게서 연락이 왔다 하니 휘청거리는 걸음새로 급히 나서는 어머니를 집안 어른들이 말리며 홑 몸도 아닌데 태중의 아기를 생각해서라도 그곳에는 가지 말라 했을 터였다.

그러나 기어이 어머니는 허위 허위 강가까지 나왔고 강가 모래밭에 거적 덮고 누운 아버지의 시신을 보며 이 사람이 내 사람인가! 그리 잘 난 내 남편이 진정 맞는가!

눈물도 아니 나왔을 것이다. 쓰러질 듯 가녀린 몸매, 앙다문 입술, 반듯한 이마 위에 나부끼는 머리카락. 홍아, 상수야, 뱃속의 아가야! 아버지 가는 길에 인사하거라! 양쪽 어금니를 깨물며 울음을 삼키는 어머니의 모습이 눈에 선하게 그려진다.

고향 작천에 정착

아버지가 돌아 가시자 마자 어머니께서는 병원 이외는 아무 연고도 없는 용정리에서 병원과 가산을 정리하시어 아버지 출생 고향인 작천으로 귀향하셨다.

내가 듣기로 처음 귀향해서는 종조부님 댁의 방 한 칸을 빌려 정착하셨는데 그 당시엔 아무 소득도 없는 상황이라 백부님과 친정으로부터 경제적 원조를 받아 근근이 지탱하다가 동생 유순이가 유복녀로 태어난 후부터는 삯바느질과 무명베를 짜서 팔아 생계를 이어간 것을 짐작한다.

내가 어릴 때 어머니가 밤늦도록 물레를 돌려 실을 뽑는 모습과 베틀에 앉아 철컥철컥 소리 내며 베 짜시던 모습이 지금도 가끔 생각이 난다.

나의 유년시절

나의 유년기였던 예닐곱 살(6살~7살) 사이 초등학교 입학 전후에 있었던 추억들이 드문드문 떠오른다. 집안 어른들의 말씀에 따르면 어렸을 때의 나는 동네에서 알아주는 개구쟁이로 소문났다 한다. 나의 형은 당시 신체가 매우 허약해서 세 살 아래의 동생 인 나와 형의 체격이 비슷하여 어린 형제끼리 다툼이 일어나면 동생 인 내가 지지 않으려고 앙탈을 부려 나는 엄마로부터 자주 꾸지람을 들은 기억이 난다.

형은 유순하여 엄마 말도 잘 듣고, 형이라 그런지 나에게 양보도 많이 했다. 그런 형이 나는 가끔씩 맘에 들지 않았다. 그래도 형인데 동네 어린 친구들 사이에서 형이 왕초 노릇을 좀 해주면 좋으련만! 그래야 아버지가 없는 우리 형제를 아무도 깔보지 않을 것 같은데 형은 도무지 그럴 생각이 없으니 나는 그것이 늘 못 마땅했다.

어린 생각에도 어머니가 밤이 이슥하도록 삯바느질을 하는 것이 나는 안쓰러웠다,

이웃집 결혼식에 그 댁의 혼 주 되시는 분이 입으실 치마 저고리나 혹은 바지 저고리를 엄마가 호롱불 아래에서 지으실 때면 나는 가끔씩 자지도 않고 엄마 곁에 쪼그리고 앉아 지

켜보곤 하였다. 특히 엄마가 비단 옷을 만질 때면 엄마 손끝에 따라 비단 자락이 바스락거리는 소리를 듣는 것이 좋았다.

우리 엄마도 맨날 일을 하지 말고 저런 비단 옷을 입고 다니면 얼마나 좋을까! 나는 세상에서 우리 엄마가 제일 예쁘다고 생각했다. 가끔 외가에 가면 외할머니께서 어린 내 머리를 쓰다듬으면서

"상수야! 너는 어리다마는 눈썰미도 있고 손도 재빠르고 야무지고 똑똑하니 얼른 커서 네 어미 고생을 덜거라. 쯧쯧~ 네 아버지만 그리 안 됐어도 의사양반 부인으로 네 엄마가 떵떵거리고 살았으련만!"

그럴 때마다 나는 얼른 커서 우리 엄마에게 비단옷을 사드려야지 싶었다. 그리고 형과 함께 우리 집을 부자로 만들어야지 하고 별렀다. 그리고 일찍 세상을 떠나서 우리 엄마를 고생시키는 아버지가 원망스럽기도 했다. 그 아버지 얼굴이 생각도 안 나지만….

지금으로부터 80 여 년 전, 우리가 어릴 그 당시에는 요즈음과 달라 어린애들이 가지고 놀 장난감이나 놀이기구가 전혀 없었던 시절이라 사내 아이들은 기껏해야 종이로 만든 딱지 놀이, 공깃돌 놀이, 땅 따먹기 등을 하고 놀았고, 여자애들은 숨바꼭질, 고무줄넘기, 공기놀이 등이 고작이었다. 요즘처럼 텔레비전이나 휴대폰을 통한 게임 등 실내놀이가 없어서 아이들은 동네 재실 마당이나 골목길에서 동네 아이들과 끼리끼리 놀기가 일 수였다.

한 여름에는 동네 앞 대가천의 깊은 물에서 헤엄을 치거나 물장난을 하며 놀았으며 봄 가을에는 물고기를 잡아 엄마에게 갖다 드린 기억도 난다. 나는 엄마를 기쁘게 하는 일은 무엇이든 하고 싶었다.

겨울 철 얼음이 얼면 같은 동네의 손재간 있는 형들이나

어른들이 만들어 주는 외 발 썰매나 앉은뱅이 썰매를 타며 놀았다. 앉은뱅이 썰매란 네모진 송판 밑에 두 개의 미끄럼대를 양쪽에 평행으로 붙여서 만든 것으로, 미끄럼대 밑에는 철사를 달아 얼음 위에서 잘도 미끄러지고 썰매를 미는 밀대는 나무손잡이 끝에 박은 송곳을 두 손으로 잡고 썰매 위에 앉아 밀면서 달리는 놀이다.

또한, 가을과 겨울철에는 축구놀이를 하는데 어른들이 바느질하다 남은 못 쓰는 헝겊들을 두루 모아 새끼 줄로 감고 그 위를 돌돌 말아 공을 만들어 노는가 하면 때로는, 동네 잔치가 있어 돼지를 잡으면 돼지 오줌보를 얻어와 그 속에 바람을 불어넣고 바람이 못 새어 나가게 가는 끈으로 꽁꽁 묶어서 공을 만들어 축구놀이를 한 기억도 새롭게 떠 오른다. 내가 어린 시절에 사용하였던 이 돼지 오줌 보 축구공은 이제 더 이상 내가 태어난 모국인 한국에서는 찾아볼 수가 없다,

그만큼 우리의 모국 대한민국의 경제적 위상이 높아져서 지난 해 2021 년 GDP 세계 10 위의 경제대국으로 자리매김 하여 미국, 중국, 일본, 독일, 영국, 인도, 프랑스, 이탈리아, 캐나다 다음이 되었다. 이 아니 놀랍지 아니 한가!. 그 뿐이랴! 수출부분에서는 세계 6위 무역 강국으로 성장했고, 1 인당 국민소득도 G 7을 추월 했다. 그러하여 G 7 정상회의에 2 년 이상 초대 될 만큼 국제적 위상이 더욱 높아졌다.

또한, 일본을 넘어 세계로, 소재 부품 장비 강국의 길로 나아가고 있다. 한국인의 문화 역시 세계인의 마음을 사로잡으며 세계를 선도하는 소프트 파워 강국으로 도약하고 있다. 유엔 무역개발회의가 만장일치로 결정했듯이 우리나라 대한민국이 명실공히 세계가 인정하는 선진국이 된 것이다.

우리 어릴 적에 귀하게 쓰던 돼지 오줌 보 축구공은 아직도 아프리카나 티벳 같은 나라의 고원에서 사용한다고 한다.

또 한 가지 어릴 적의 내가 엄마와 이웃들을 놀라게 한, 한

가지의 추억이 있다.

일곱 살 무렵인가의 어느 날이었다. 나는 그날도 또 형과 싸우다가 엄마한테 종아리를 맞으며 꾸중을 듣고 나와서 속이 부글부글 끓었다. 엄마는 왜 내 맘을 몰라줄까? 내가 그렇게나 엄마를 사랑하는 마음을 몰라주는 엄마가 나는 야속하기만 했다.

야속한 그날의 어머니를 속 썩이려 했었던가… 나는 집 오른쪽 처마 밑에 있는 도장으로 살그머니 들어가서 곡물 말리는데 쓰는 사방 1.5 미터 정도 되는 멍석에다 내 작은 몸을 누이고 나 스스로 내 몸을 구르며 멍석을 몸 바깥으로 돌돌 말아서 그 속에 숨어 있다가 그만 나도 몰래 잠이 들었었나 보다,

그날 해가 저물어도 내가 집에 들어오지 않자 놀란 어머니는 집 둘레를 두루 다니며 찾아도 나를 찾지 못해 애를 태웠다고 한다. 이에 마을에서는 비상이 걸려 이웃 집 어른들까지 다 동원이 되어 찾았으나 내가 있는 곳을 찾지 못하여 걱정하던 중, 배가 고파서 였던지 내가 멍석을 풀고 나와 엄마와 이웃 어른들께서 희비를 함께 겪도록 한 기억이 새롭게 난다.

지사국민(초등)학교

지사 국민학교는 집에서 서쪽 가야산 쪽으로 약 4키로미터 정도 가면 경북 성주군 수륜면에 위치하고 있다.

우리 동네에 사는 60 여 호 가구 중 십여 호 정도가 취학 아동들을 두었는데 그 이외의 가구 중에도 취학 아동들이 있었음에도 불구하고 무식한 탓으로 교육열마저 없었던 탓인지 가난 탓인지 혹은 노동력이 부족한 탓인지 초등학교에도 보내지 않고 가사노동에 종사케 한 것으로 여겨진다.

그 당시 어머니께서는 곤궁한 살림에도 불구하고 우리 삼 남매를 취학하게 하셨다. 집에서 학교까지 가는 길은 농토들을 가로질러 폭 1미터 정도의 한 길로서 우마차도 못 다닐 협소한 넓이였으며 자전거나 겨우 다닐 정도의 길에는 군데군데 작은 돌멩이들이 박혀 있는 길이었다.

지금의 기억으로 통학에 가장 어려웠던 점은 왕복 8 키로 미터의 험한 길을 걸어서 다녀야만 했는데 신발 문제가 가장 큰 애로였던 것이라 생각된다. 당시에는 운동화라고 하는 것 자체가 없었고, 그나마 검정 고무신은 형편이 좀 나은 집 애들이나 신을 수 있었으며 나머지는 대부분 짚신을 신고 다녔다.

쌀의 원료인 벼를 타작기에 넣어 곡식을 털고 난 벼의 줄기와 잎을 짚이라 하는데 이 짚을 말려서 꼬아 새끼줄을 만들고 이 새끼 줄로 짚신을 만드는데 웬만한 농부들은 짚신을 만들어 자급자족 하였다. 나의 경우는 어머님이 직접 짚신을 만들지 못함으로 짚신 장수에게 짚신을 살 수밖에 없었다.

짚신은 글자 그대로 지푸라기를 꼬아서 만든 것이기 때문에 수명이 오래 가지 못해 한 달을 넘기기가 힘들 지경이었다. 그래서 우리는 험한 자갈밭 길에서만 짚신을 신고 나머지 흙길은 맨발로 걸어서 다녔다.

특히, 장난꾸러기 인 나는 맨발로 친구들과 장난하며 걷다 보면 다섯 발가락 중 제일 긴 두 번째 발가락이 흙 길에 솟아 있는 작은 돌 뿌리를 차서 피를 흘리며 다니기가 다반사였다. 그래서 지금도 내 양 발 둘째 발톱은 납작한 형태가 아니고 뭉그러진 상태로 제대로 자라나지 않아 일 년에 한 두 번 조금 자라난 일부분만 자르면 되는 기형 발톱을 가지고 있는 것이다.

그때는 책가방 역시도 가방이란 존재 자체가 없어 빈부에 상관없이 네모난 면 보자기에 책과 연필을 둘둘 말아서 오른

쪽 어깨와 왼쪽 겨드랑 밑으로 걸쳐 메고 다니거나 허리에 동여 메고 다녔다.

또 한 가지 기억에 떠오르는 것은 내가 초등학교 4학년 때 일제로부터 해방이 되었는데 4학년에 진급한 후부터는 한국말 말살정책의 시행에 들어갔는데 학교에서나 통학 도중에서 일본 말로만 대화하라는 엄명과 함께 한국말을 하는 학생을 밀고하면 어떤 시상을 하는 제도를 시행케 하여 이로 인하여 어린 동무들끼리 몸싸움을 하는 경우도 종종 일어나곤 했다.

고령 중학교

고령 중학교의 위치는 경북 고령군 고령읍 중심에서 서북쪽으로 약간 올라간 언덕에 위치하고 있다.

초등학교 6년을 졸업하자 어머니께서는 내가 학교 성적이 형보다 좋아서인지, 머리가 더 좋아 장래성이 있어서 인지… 삼 남매 중 나만 중학교에 진학시키셨다. 지금 와서 짐작해보면 어머니께서는 어렵사리 의사가 되셨다가 허망하게 돌아가신 남편에 대한 원한에 사무쳐 나를 공부시켜 의사로 만들려는 결심이 이미 그때부터 굳게 서 있었기 때문인가 생각한다

집에서 학교까지의 거리는 25리 즉 약 10 키로 미터의 거리인데 등교 시간 인 아침 9시까지 가려면 새벽 밥을 먹고 6시 반에는 집을 나서야 했다.

집 앞 들판을 지나 냇물을 건너고 제방을 넘어 또 논밭 길을 지나 신작로(지금의 국도)까지가 약 1키로미터가 된다. 고령까지의 국도는 약 2차선 넓이의 차도로 인도가 따로 없을 뿐만 아니라 끝까지 자갈로 덮여 있어 자갈이 비교적 적은 갓길로 걸어도 여간 힘들지 않았다.

중학교 2학년이 되어, 사촌 형이 1학년 신입생으로 입학하기 전까지는 혼자서 두 시간 이상을 걸어서 통학했는데 그 통학이란 것이 시쳇말로 장난이 아니어서 하루 50리 길을 걸어 삼 년을 통학하여 졸업했다는 것을 생각하면 지금도 아찔한 기분이 든다. 지금의 내 다리가 이만큼 튼튼한 것이 그때에 단련한 것이 아닌가 생각해 본다.

그 당시는 교통량이 너무 없어 왕복 길에 차 한 대도 만나지 못할 때가 많았다. 어쩌다 한 대 씩 지나가는 트럭은 거의가 목재를 싣고 다니는 석탄 차 뿐이었다. 석탄 차는 요즘처럼 휘발유나 전기로 움직이는 차가 아니고 운전석 뒤에 있는 보일러를 석탄 불로 가열하여 그 증기로 엔진을 돌려 움직이는 차이다.

마을 앞 대가천에는 항시 고정되어 설치된 교량은 없었고 늦은 가을쯤 나무로 가교를 설치하여 다음 해 홍수가 닥쳐 다리가 떠내려 갈 때까지 사용한다.

여름에 큰 홍수로 다리가 떠내려가면 물이 줄어드는 며칠 간은 등교가 불가능 했다. 냇물이 어느 정도 줄어들어도 여전히 싯누런 황토 물이 흘러가는데 그 황토 물이 여울져 물살이 센 곳은 절대로 건널 수가 없었으며 물살이 느린 곳으로 건너갈 때도 물이 깊어 옷을 훌랑 다 벗어 옷과 신발과 책가방을 머리에 이고 건너야 했는데 어떤 때는 목까지 물이 차오를 때도 있었다.

만약 물을 건너다 물 한 가운데의 가장 깊은 곳에서 삐끗하여 중심을 잃고 넘어지기라도 하면 책보와 옷가지를 잃음은 물론이려니와 목숨까지 위태로운 상황을 맞을지도 몰랐을 것이다. 설사 헤엄쳐 나와 목숨은 건졌을 지 모르나 속옷도 없는 알몸으로 어떻게 처신했을까 생각만 해도 아찔하다.

그렇게 위험한 대가천을 겁도 없이 건너 내가 등교한 줄 아셨다면 어머니는 회초리로 내 종아리를 피가 맺히도록 때렸을 것은 불을 보듯 뻔한 일이 아닌가!

어머니 별세

삯바느질과 베짜기 등으로 생계를 유지하며 나의 학비까지 지원해야 하셨던 어머니는 음력 설이 다가오자 아버지의 제사준비와 우리 어린 것들의 설빔을 장만하시느라 너무 과로하신 탓이었던가 설 제사를 모신 오후에 갑자기 쓰러지셔서 혼수상태가 되었는데 지금 생각해보면 고혈압으로 인한 뇌출혈 이었을 것으로 추정된다.

내 기억으로는 모두들 어머니가 중풍이라고 하시던 어른들의 말이 어렴풋이 기억나는데 어머니께서는 평소에 너무 많은 스트레스로 시달렸을 터이고 그 연유로 담배를 피우셨는데 검진을 할 상황이 못 되어 만성 고혈압으로 혈압이 높았을 것으로 추정 된다.

당시의 정황으로 보아 병원이 있는 대구까지 근 백리(40키로미터)를 우마차로 환자를 이송하는 것은 불가능한 실정이라 탕약 정도로는 회생 가망이 전혀 없어 졸도 하산지 9일 째 되던 1월 10일에 한 많은 생을 마감 하셨다. 향년 37세 이셨다.

고아로 전락한 삼 남매

어머니가 돌아 가시자 마자 졸지에 고아로 전락한 우리 삼남매는 집안 어른들의 결정에 따라 형과 여동생은 백부님 댁으로, 나는 중 백부님 댁으로 분산 기식을 하게 되었다.

당시 중 백부님 댁에는 작은 아버지께서 유랑 중이시라 안 계시고 숙모님과 4남 2녀가 살고 계셨는데 안채로 난 방 두 개에 여자 세 분이 기거하고, 나머지 방 두 개의 사랑채에는 나를 포함한 네 형제가 살게 되었다. 당시 나는 고령 중학교 2학년이었는데 나보다 한 살 더 많은 사촌 형은 같은 학교 1학년이라 둘이 같이 사촌누나가 지어주는 새벽밥을 먹고 50리 길을 통학하고 있었다.

70 여 년이 지난 지금에도 잊지 못하는 추억 한 토막이 떠오른다. 전술한대로, 세 살 많은 사촌 누나가 새벽에 아침밥을 지어 차려주는데 희미한 등불 밑에서도 두 밥 그릇 속의 밥 색깔이 완연히 차이가 나는 것이었다. 마주 보이는 사촌 형의 밥 색깔은 쌀이 많이 섞여 흰색에 가까웠고, 내 밥의 색깔은 보리쌀이 많이 섞여 밤색에 가까웠다.

당시 어린 내 생각에도, 사촌누나가 자기 친동생을 사촌동생보다 더 사랑해서 그러려니 생각하고 당연시 한 것인지, 얻어먹는 처지에 이나마도 다행이라 생각한 탓인지… 아무 불평 없이 지나가고 말았지만 지금도 그 추억이 가끔 되살아나는 것을 보면 어린 생각에도 엄마 잃은 고아 신세가 얼마나 서러웠길래 70 년이 지나도 잊혀지지 않는가 싶다.

지금 돌이켜 생각하니 나보다 한 살 많은 사촌 형인데도 불구하고 나보다 학년이 낮은 이유를 유추 해보면 그 무렵 숙부님 댁 가정형편이 우리보다 훨씬 좋았음에도 불구하고 사촌 형의 진학을 안 시키고 있었는데 우리 어머니께서는 내가 초등학교를 졸업 하자마자 바로 나를 중학교로 진학 시킨 것은 전술한 바 대로 나를 의사로 만들겠다는 굳은 의지를 가지셨던 거로구나 하는 생각을 떨칠 수가 없다.

육이오 6.25 전쟁

어머니가 돌아가신 바로 그 해 1950년 6월25일 새벽 북한 괴뢰군이 38선을 넘어 침범해와 1953년 7월 27일 휴전협정이 될 때까지 전쟁이 계속되었다.

이 전쟁으로 인해 우리 국군 62만 명이 사망하고 북한군과 유엔군을 포함한 전체 피해 인구는 150만 명에 달한다. 북한군은 남한 국토의 대부분을 유린하며 7월 말 경에는 낙동강 방어선이 형성되니 우리 고향인 작천은 당연히 북괴의 치하에 놓였다. 나의 기억으로는 당시 내 나이가 15세라 징집대상에 제외되어 북괴 치하에서 20 여 일간 그들의 지배를 받았다.

우리 마을과 최전선인 낙동강까지는 불과 20 여 키로미터 밖에 안 되는 터라 미군 제트기 폭격 편대가 머리 위를 날아다니며 북괴군을 폭격하곤 하였으나 다행히 우리 마을은 피해가 없었다.

이때 북괴군은 최 전방 점령지역까지 따라 들어와 점령 하의 국민을 선동했으며, 북괴를 찬양 고무케 하는 북괴 선무공작대를 통해 우리 동네의 징집 대상에서 제외된 소년들을 모아놓고 북괴 찬양 교육과 찬양 노래 등을 가르치며 선무공작을 하였다. 그들은 선무공작을 잘 받아서인지 아주 신사적이며 유화적이라 동조하는 사람들이 많았다. 그러다가 인천 상륙작전이 성공하자 그들은 자취도 없이 사라졌다.

6.25전쟁 혹은, 한국전쟁이라고도 불리는 이 전쟁은 조선민주주의 인민공화국(북한 괴뢰군)이 기습적으로 대한민국을 침공(남침)하여 발발한 전쟁이다. 또한 이 남침을 중국 인민지원군이 도왔다, 유엔군과 중국 인민지원군 등이 참전하여 세계적인 대규모 전쟁으로 비화될 뻔하였으나 1953 년 7월27일 22시(오후 9시)에 체결된 한국 휴전협정에 따라 일단락되었다. 휴전 이후로도 현재까지 양측의 유 무형적 갈등은 지속되고 있다.

제2차 세계대전 이후, 공산. 반공의 양 강 진영으로 대립하게 된 세계의 냉전적 갈등이 열전으로 폭발한 대표적인 사례로, 냉전(冷戰) 인 동시에 실전(實戰)이었으며, 국부전(局部戰) 인 동시에 전면전(全面戰)이라는 복잡한 성격을 가졌다. 이는 국제연합군과, 중화인민 공화국과, 소비에트 연방까지 관여한 제2차세계대전 이후 최대의 전쟁이다.

이런 맥락에서 우리 민족이 가파른 세계정세 속에서 얼마나 많은 희생을 치렀으며 분단국가로서 동족끼리의 전쟁으로 인한 상흔과 이산가족 문제 등 이 비극이 언제까지나 이어질지 정말 가슴 아픈 일이다

고향 탈출과 학업

고향 탈출

6.25 전쟁 중 UN군의 인천 상륙작전을 거쳐 9월 하순경 서울이 수복되자 고령 중학교도 개학을 하고 이듬해 3월 학교를 졸업하게 되었다. 졸업은 하였으나 고령에는 고등학교도 없을 뿐만 아니라 숙모님 댁에서 고아의 신세로 얹혀사는 내 형편으로 대구로 유학 간다는 것은 꿈도 꾸지 못하고 숙부님 댁의 농사를 맡아 하시는 이 활 종형님 밑에서 농사 일을 돕는 길 밖에 어떤 방법도 없었다.

그렇게 몇 달을 지나던 가을, 10월 어느 날인가 전혀 예상치 않던 내 인생의 전환점이 발생하게 되었다. 활 종형님께서 나를 부르시더니

"야! 상수야, 저 돼지를 고령 시장에 끌고 가서 팔아오너라" 하시면서 큰 흑 돼지를 가리키는 것이었다. 돼지는 이미 끌고 갈 수 있도록 새끼줄로 묶여 있었다. 힘든 농사 일을 하는 것 보다 지난 3년을 걸쳐 학교에 다니던 고령 읍에 다녀오라 하시니 나는 기쁘게 돼지를 끌고 집을 출발하였다.

그냥 가는 것보다 큰 돼지를 끌고 가다 보니 평소 2시간이면 가던 10 킬로미터 길을 2시간 반 넘게 걸려 고령 시장에 도착하였다.

가는 도중, 아! 이때다. 평생 농사꾼을 면할 기회는 바로 오늘이다. 이 돼지를 팔아서 고등학교가 많이 있는 대구로 가서 공부할 길을 뚫어보자!

나는 이렇게 굳은 결심을 하고 고령시장에 당도하였다.
5일마다 열리는 고령시장은 인근 각지에서 장 보러 오는 사람들과 장사꾼들로 인해 붐비고 있었다.

소 시장 옆에 있는 돼지시장에는 크고 작은 돼지들이 거래되고 있어 돌아다니며 내가 몰고 간 돼지 크기만한 것들이 얼마에 팔리고 있는지를 알아보고 그와 비슷한 값에 팔고는 바로 대구로 가는 차들이 있는 정차장이 있는 곳으로 한 달음에 달려갔다. 사람들 운반하는 차들이야 있었겠으나 돈 절약을 위해 트럭이 있는 곳을 찾아 헤매다가 운 좋게도 짐 칸에 한 사람쯤 탈 수 있는 공간이 있는 화물차를 발견하고는 운전수에게 매달려 사정하니 아주 싼 값에 태워 주셨다.

고령서 대구까지는 약 40 킬로미터로서 요즘이면 자동차로 한 시간도 안 걸리지만 그때는 비포장 도로라 두 시간 넘게 달려 대구 서문시장 앞에서 내렸다.

한약방과 대구 상업 고등학교

대구 서문시장 근처에 내렸으나 갈 데가 없어 정말 막막한 심정이었다. 생각을 거듭한 끝에 우선 내가 찾을 수 있는 아는 사람을 찾아야겠다 싶었다. 그때 떠오르는 분이 먼 친척으로 우리 집 이웃에 사시다가 아들 공부를 위해 대구로 오신 모산골 아저씨가 서문시장 근방에서 야채상을 한다는 생각이 나서 야채 시장을 돌아 다니면서 해질 무렵 에야 겨우 찾을 수가 있었다.

모산골 아저씨는 나를 보시고 깜짝 놀라시면서
"야 상수야 ! 작천에 있을 너가 여기 웬일이고?' 하셨다. 나는 취직하여 돈 벌어서 공부하려고 도망 왔다고 말씀 드리고, 우선 둘째 거미 고모님 집을 알려 달라고 말씀 드렸더니 그래 오늘밤은 우리 집에서 자고 내일 우리 애 시켜 데려다 주겠다고 하셨다.

날도 어두워가니 할 수 없이 아저씨 집에서 숙식을 하고 나니 이튿날 아침 모산골 아저씨는 자기 아들 규청이를 시켜 나를 고모님 댁으로 데려다 주었다.

고모님께서는 "아이구 불쌍한 상수야! 네가 여기 오다니 웬일이냐 "하시며 반갑게 맞아 주셔서 우선 안심 하고 취직하여 나갈 때까지 머물 기로 하고 그간의 경위를 자세히 말씀 드렸다.

고모부님께서 취직 자리 알아보시는 며칠 동안 집에 머물고 있었는데 시골 큰 형님께서는 돼지 팔러 보낸 애가 돌아오지 않자 대구로 도망 간 것을 짐작 하시고 3일 뒤 백부님 한약방에 가셨다가 거기에 내가 없자 고모님 댁으로 찾아오셨다.

내가 죽어도 농사 일 계속 하기가 싫어 어떻게든 공부를 더 해 볼 요량으로 허락 없이 도망 왔노라고 이실직고 하고, 차비를 뺀 나머지 돈을 모두 돌려드렸다. 그러자 형님께서는 납득하셨는지 고모님 댁에 폐 끼치지 말고 큰 아버지 약방으로 가자고 하시며 큰아버지께도 말씀 드려 두었다고 하시기에 이종 형님을 따라서 약방으로 가 큰아버지께 인사 드렸다.

큰아버지께서는 그래 이왕 왔으니 약방 심부름이나 하면서 기숙을 하라 허락 하셨다. 큰아버지의 한약방 이름은 동춘당 한약방이고 위치는 한약재 도매상들이 즐비한 약전골목을 약간 벗어난 뒷골목 삼거리에 자리잡고 있었다.

큰아버지 첫째 소실의 장남인, 나보다 세 살 위인 원 형님이 대구상업 고등학교 주간 부 3학년에 재학 중인데 약방에서 기거하고 있어 나와 함께 있게 되었다. 큰아버지는 대구에서 안동 댁이라고 하는 두 번째 소실과 바로 옆 집에서 살고 계셨다. 그래서 원형님과 나는 약방에서 숙식을 하면서 약방 옆에 달린 간이 부엌에서 내가 밥을 하거나 가끔 원 형님이 짜장면 등을 사와서 먹기도 하면서 지냈다.

한약방에서 내가 하는 일은 한약재를 작두라고 하는 약재 써는 기계로 첩약에 편리한 크기로 썰거나 때로는 약재를 사러 가기도 하고 그러다 약재에 좀 익숙해지자 큰아버지가 주시는 처방전으로 각종의 약을 작은 저울에 달아 첩약을 만들어 포장하는 일도 하게 되었다.

몇 달이 지나 신학기가 다가오자 마음 속에 벼르던 대로 큰아버지께 말씀드려 대구상업고등학교에 입학원서를 내기로 허락을 받았으며 입학금만 주시면 다음 학기부터는 제가 벌어서 수업료를 내겠다고 말씀드려 대구상고 1학년 야간부에 입학을 하게 되었다.

1학기를 마치고 2학기가 시작되니 수업료를 내야 하는데 두어 달이 지나도록 돈이 마련되지 않아 나는 속이 탔다. 큰아버지께 입학금만 주시면 내가 벌어서 공부하겠다고 말씀드렸는데 그동안 취직을 하려 해도 취업연령에서 미달됐고 등교

시간문제 등으로 일자리를 구하지 못하여 크게 고민하였다.

국비 장학생

수업료 마련을 못 하고 고심하고 있던 어느 날, 한약방에서 구독하는 대구매일 신보를 뒤적이다가 눈에 번쩍 뜨이는 광고가 보였다. 국비 장학생을 모집하는 광고였는데 내용을 자세히 읽어보니 국가 체신부에서 체신공무원을 양성하는 3년제 고등학교로서 1학년 신입생을 모집하는 광고였다.

학교 이름은 체신고등학교, 학과별 모집 인원은 통신과 100명, 업무과 50명, 선로과 50명, 기계과 50명, 전파과 50명으로 합계 300명을 모집하는데 신청자격은 문교부가 인정하는 전국의 중학교 졸업생으로 연령 제한이 없고, 남자여야 하며, 입학 후 일체의 수업료와 기숙사 생활비 그리고 월 2,000환 내지 3,000환의 수당을 지급한다는 것과 졸업 후에는 체신부 산하 각 기관에서 3년간 의무취업을 해야 한다는 광고 내용이었다.

내가 공부를 계속 하려면 바로 이 학교에 입학해야 한다는 굳은 결심을 하고 큰 아버님께 말씀드리고 나서 나는 시험과목에 해당하는 각종 중학교 교재를 챙겨 고향 작천으로 내려가 백부님 댁 사랑방에 기거하며 3개월 동안 열심히 공부했다. 3개월 후 학교가 지정하는 대구 시내에서 시험을 친 결과 나는 당당히 합격하였다.

입학 후 알게 된 사실이지만 당시 한국의 일인당 국민소득은 67불로써 아시아 최 빈국의 현실에서 가난 때문에 고등학교 취학을 못 하는 전국의 수재들이 몰려들어 합격률이 무려 24대 1 이었다 한다. 그러나 2년 후에 시험을 본 후배들은 무려 40대 1의 경쟁률을 치렀다 하니 과연 얼마나 심한 경쟁률이었는지 짐작할 만 하다.

국립 체신고등학교

1953년 4월 어느 날 부산시 남항동에 있는 임시교사 인 판자 건물에서 입학식을 마치고 그 해 8월까지 그곳에서 공부하다가 8월에 임시 정부가 서울로 환도 하자 우리학교도 1학기를 마치고 서울 종로구 연지동에 있는 임시교사로 이전하였다.

당시 원효로 본 교사는 6.25 전쟁 발발 후 유엔군으로 참전한 영국군이 주둔하고 있었다. 연지동 학교 건물은 임시 교사 이기는 하나 반듯한 석조 3층 건물로 북괴 남침 치하에서도 파괴되지 않고 잘 유지된 건물이라 교실도 기숙사도 남항동 가건물에 비해 궁전 같은 느낌이 들어 좋았다고 회상된다.

우리는 이곳에서 2학년까지 있다가 1955년 원효로 본교 건물로 이전하여 이전한 건물에서 졸업을 하였다.

그러나 5월 16일 새벽 총성에 우리학교의 운명이 폐교로 연결될 줄 누가 짐작이라도 했겠는가!

군사 혁명으로 집권한 군사정부는 문교부 산하의 일반학교 이외의 학교들을 모두 정비한다는 방침을 세우고 당시 체신부 장관인 육군준장 배덕진 장관은 간부회의를 열어 체신고등학교의 폐교 의견을 문교부에 제출하여 9회 졸업생을 마지막으로 64년 2월 그들의 졸업과 더불어 역사 속으로 사라졌다.

삼총사와 첫사랑

체신고등학교 입학 후 새로 사귀게 된 학급 동기생들 가운데 함영수, 박홍석 그리고, 나 세 사람이 의기투합하여 기숙사의 같은 방에서 기거하며 절친이 되어갔다. 2학년이 되자 신입생 300명이 늘어나고 학교 자체 기율부가 편성되어 선로과에서는 우리 삼총사 셋이 기율부원으로 임명되어 모든 학생들의 교칙준수와 기강을 세우는 과외 활동에 참여하며 우의를 다졌다.

당시 나는 선로과에서 1, 2위를 다툴 정도로 성적이 우수했고 함영수는 체격이 좋고 통솔력도 뛰어났다. 박홍석은 잘 생기고 온순하며 사교성이 좋아 친구 간에 인기가 있었다. 이렇게 개성이 서로 다른 세 명이 늘 똘똘 뭉쳐 다니니 급우들은 우리를 삼총사 라고 불렀다.

그 당시엔 30일 정도의 여름방학이나 겨울방학이 있었는데 그때가 되면 집도 절도 없는 나는 갈 곳이 없었다. 고향에 가려고 해도 반겨줄 사람도 없었거니와 2~3천환 받는 돈으로 먼 길 다녀올 차비까지 충당할 수가 없어서 1학년 학기 동안은 기숙사에서 보내야 했다.

1학년 때는 갈 곳이 없어 기숙사에서 외로이 보내곤 했으나 2학년이 되면서 삼총사끼리 친해지자 겨울방학에 갈 곳 없는 나를 안타깝게 여긴 함영수가 자기 집으로 가자고 초대하였다.

함영수네 집은 강원도 홍천군 양덕군 양덕면 양덕읍 외곽에 있었고 국도에서 150 여 미터 떨어진 농로 옆에 위치해 있었으며 양철지붕에 방이 3개 있는 기역(ㄱ) 자 집이었다. 홀어머니와 형님 내외가 살고 있었는데 형님은 농사를 지으시고 형수님은 집안 일을 돌보며 시어머니를 봉양하고 있으면서도 아주 친절한 분이라 시동생 친구가 오래 머물러도 싫은 내색을 하지 않고 나를 친절히 대해 주셔서 얼마나 고마웠는지 지금도 감사한 생각이 든다.

드디어 2학년 겨울 방학이 시작되었다. 함영수는 방학이 되자 바로 고향으로 내려가고 나는 흑석동에 있는 중 백부님의 소실이 살고 있는 집으로 중 백부님(작은 아버지라 부름)을 뵈러 갔다. 그때 중 백부님께서는

"너희 작은 어머니다" 하고 인사를 시키셨다. 아마도 겨울이라 중 백부님께서는 거기서 장기체류 하시는 모양이었다. 중 백부님께서는 "방학 때 너 가 머무를 데가 마땅치 않으니 방학 동안 여기 머물러라" 하셔서 나는 크리스마스까지 거기 머물다가 양덕원 함영수 집으로 내려갔다.

도착 이틀 후 정도 되는 어느 날 아침 나절, 심심해서 나 혼자 함영수 집 앞 농로를 따라 국도에 나가 산책하고 있었는데 국도 바로 옆 구멍가게 집 대문에서 예쁘장하게 생긴 처녀 아이가 하나 밖으로 나오다 나와 눈이 딱 마주쳤다. 그 순간 내 얼굴이 붉어지며 화끈거리고 가슴이 쿵쾅대는 느낌과 함께 지금껏 경험치 못 했던 이상야릇한 전류가 온 몸을 타고 흐르는 듯했다.

때마침 그 아가씨도 당황한 기색으로 나를 잠깐 쳐다보더니 바로 뒤돌아 서서 대문으로 들어가면서 다시 한 번 힐끗 쳐다보더니 어느 순간 사라져버렸다. 나는 한참을 그 아가씨가 들어간 대문을 멍하니 쳐다보다가 아무 기척이 없어 되돌아서 함영수 네 집으로 돌아갔다.

영수에게 그 아가씨에 대해 내가 물었더니 자기는 잘 모르니 형수님에게 물어보자고 해서 함께 형수님을 찾아가 물으니 형수님이 말씀 하기를 “그 아가씨는 중학교를 졸업하고 현재 어느 유치원의 보모로 일 하고 있는 송명순이라는 아가씨” 라며 혹시 그 아가씨와 한 번 만나고 싶으면 모레 일요일에 양덕 예배당 저녁 예배에 나가면 소개해 주겠다고 말씀하는 것이었다.

일각이 여 삼추로 이틀을 보내고 일요일 8시에 형수님, 영수, 나 셋이서 예배에 나갔다. 당시 그 교회에는 의자가 없고 마루바닥에 앉아서 예배를 보는데 신발을 벗어 놓고 마루에 올라서면 가운데 통로가 있고 오른쪽이 여자 석 왼쪽이 남자석으로 나뉘어져 앉아 예배를 보는 것이었다.

송명순은 나보다 두어 줄 앞쪽 왼편에, 형수님 옆에 앉아 있었다. 나는 그녀를 알아보고 그녀도 나를 알아보고... 핼끔 뒤를 돌아보는데 나는 예배당에 처음 오기도 했지만 예배에는 전혀 관심이 없었고 송명순의 옆과 뒤 모습만 쳐다보며 가슴 설레는 동안 예배가 끝났다.

바깥으로 나오니 영수 형수님께서 교회 뒤편 골목길을 가르치며 저기 가면 명순이가 있을 것이라 귀띔 하셨다. 조금 가니 과연 명순이가 한적한 뒷길에서 다소곳이 홀로 서있었는데 가까이 길수록 심장의 고동소리가 커져가고 숨이 가빠져 갔지만 막상 앞에 가까이 갔을 때는 무슨 말을 했는지 전혀 기억이 나지 않는다. 그 뒷길은 마을 뒤쪽 산비탈 밑을 따라 한참을 걸어도 마주치는 사람이 없었다.

언젠가 쌓인 눈이 1~2인치 길을 덮고 있어서 주위가 그리 어둡지는 않았던 것 같고, 12월 하순의 날씨라 처음에는 흥분해서인지 추위를 못 느꼈으나 가난한 국비 장학생 신분에 따뜻한 겨울 외투는 꿈도 꾸지 못하는 처지라 학생복 차림으로 떨고 있는 것을 눈치챈 명순이 말없이 그녀의 외투를 벗어 내 어깨에 걸쳐주는 것이었다.

잠시 걸쳐 있다가 추위가 조금 가시자 내가 그 외투를 명순의 어깨에 걸쳐주고. 그러기를 몇 번 반복하며 눈 쌓인 길을 걸어 다니며 사랑을 속삭이는 동안 시간은 흘러 11시가 되자 집 가까이에서 헤어지며 다음 날 밤 멀리 보이는 폐업한 방앗간에서 8시에 만나기로 하고 헤어졌다.

이튿날이 12월 말 일이었던 것으로 기억나는데 1월 1일에는 학교로 돌아가야 하기 때문이었다. 저녁식사 후 8시가 되자 약속 장소인 물레방앗간으로 가서 열려진 뒷문으로 들어갔더니 명순이가 미리 와서 기다리고 있으면서 방앗간 내부를 아는 탓인지 우리가 앉을 멍석을 벽 옆에 깔아 놓고 앉아 있었다. 어젯밤 추어서 고생한 탓이었을까 포근한 담요 한 장과 사탕을 비롯한 약간의 과자도 명순은 가져왔었다.

벽을 등지고 멍석 위에 앉아 담요를 뒤집어쓴 채 둘이서 머리만 내놓고 앉아있으니 가슴은 쿵쾅거리나 포근하였으며 거기에다 명순의 몸에서 나는 향긋한 냄새까지 맡으니 숫총각인 나는 어쩔 줄을 몰라 쩔쩔맨 것 같은 기억만 난다. 명순이는 남자와 사귄 적이 있었던가 나보다는 비교적 태연하였고 대화도 잘 이끌어 갔다.

그러던 어느 순간 누가 먼저인지 모르게 우리는 입술을 맞대었다. 그 순간 형용 할 수 없는 달콤함에 온몸이 공중에 붕붕 떠가는 느낌이랄까, 그때의 황홀감은 그 전에도 그 후에도 다시는 나에게 일어나지 않았고 구순이 가까워 가는 이 나이에도 잊을래야 잊혀지지 않는 추억으로 뇌리에 박혀 있다.

그날 저녁 헤어지며 3월말 경에 있을 4 ~ 5일간의 학년 말 휴가 때 다시 내려와 만나기로 하고 아쉬운 작별을 하였다. 당시 우리 학교의 학생들은 전부 남학생 뿐이었지만 교칙 상 남녀 교제는 금지하고 있었으므로 기숙사에 거주하는 나에게 연애편지 교환은 불가능 하였고 전화 통화도 불가능하니 약속한, 만날 날짜만을 기다리며 명순이 그리워 속만 태우고 있을 뿐이었다.

마침내 학년말 방학이 다가왔다. 염치없으나 함영수에게 사정하여 3월 27일 양덕원의 영수 집으로 같이 내려갔다. 그 당시 남녀 학생들의 교제는 어느 학교나 금지하고 있을 뿐만 아니라 낮에 데이트를 하고 싶어도 같이 다닐 수도 없고, 그렇다고 시골 마을에 식당도 빵집도 없으니 밤에만 몰래 데이트 할 수 밖에 없는 실정이었다. 그래서 영수의 형수님께 그 날 저녁 명순을 만날 수 있게 해 달라고 간청하여 그 날밤 8시에 명순이네 집 앞에서 만날 약속을 받아오셨다.

8시에 만나자 명순이는 나를 그녀가 보모로 있는 유치원 교실로 안내하여 그곳에서 이틀 간 저녁마다 데이트를 하였다. 그 이틀이 너무나 빠르게 흘러갔다. 우리는 교실에 들어가자 말자 긴 포옹과 입맞춤으로 그동안 서로가 그리워했던 회포를 풀었다. 그리고 많은 이야기를 하며 유치원 어린이들의 그림도 함께 보았다. 그녀는 올간 건반을 누르고 나는 작은 소리로 동요를 따라 불렀다. 아무도 없는 유치원 교정 실내는 싸늘하였으나 우리의 열정으로 추운 줄을 몰랐다. 교실 유리창 밖에는 초승달이 떠올라 우리를 엿보는 듯하였다.

이틀 중의 마지막 날, 우리는 괜히 슬펐다. 또 언제쯤 다시 만날 수 있으려는지… 이 날 헤어진 후, 서로 오갈 길 없는 우리들의 첫사랑이 더 이상 만날 길 없는 영원한 이별이 될 줄 그때 어이 알았던가!

우리 삼총사 또한, 박홍석과 함영수는 무슨 연유에서 인지는 모르겠으나 졸업을 하지 못하고 퇴교하여 함께 졸업하지 못한 것이 못내 아쉽다. 그 이후 십 수년이 흘러 내가 일성 산업 주식회사라는 무역회사 사장을 하고 있는데 함영수가 나를 찾아와서 취직을 청탁하기에 당시 천호동에 있는 우리 공장 기숙사 사감으로 채용하여 공장에 딸린 주택에서 살게 하였다. 이것으로써 내가 학창시절 내가 그에게 진 빚의 일부나마 갚은 셈이 될지…

그러던 어느 날인가 함영수가 나에게 송명순이가 너 만나기를 원하는데 만나보겠느냐고 문의해 왔다.

그토록 그리워했던 첫사랑 송명순이가 아니던가! 그러나 기혼자로 자식까지 두고 있는 입장이라 깊이 생각하지 않을 수가 없었다. 어쩌면 사랑하는 아내를 배신하는 결과 일 수 있다 라는 생각에 이르자 나는 단호하게 거절해야만 했다.

그래서 함영수에게 그녀의 현황이나 찾아온 사유 등을 일체 묻지 않고 내 입장을 잘 설명하고 만나지 않겠다는 의사를 전달하게 하였다.

지금 생각해보면 나는 나의 의지를 믿어 별다른 일이 일어나지 않게 할 수 있었음에도 불구하고 멀리서 찾아온 명순을 매몰차게 돌려보낸 것을 미안하게 생각하며 그녀의 말년이 행복하기를 빌어본다.

Part II

육군장교와 대학생

검정고시와 체신고교 졸업

국비 장학생 모집에 매료된 이유는 학업을 지속할 경제적 상황이 되지 못하는 나에게 상급학교에 진학하여 공부 할 수 있는 유일무이한 선택이었기 때문이다.

그러나 막상 1학년 2학년 공부를 지속 하다 보니 모든 이수과목들이 교양과목은 극소수이고 거의가 졸업 후 체신공무원이 되기 위한 전공 과목들이었다. 공부를 지속하면서 열심히 한 탓인지 선로 과의 과 성적 순위는 1, 2 위를 다투고 있었다. 그러나 차츰 나는 졸업 후 체신 공무원이 되어야 하는 것에 회의를 느끼기 시작하였다. 졸업 후 광범한 인생 항로에 내가 선택할 길도 나 스스로 결정할 수 없고 모험을 좋아하는 내 성격에 맞지 않게 빤히 보이는 계단을 한 단계씩 올라가야만 하는 공무원 생활이 나의 적성에 맞지 않다는 결론에 도달 하였다.

나는 새로운 결심을 하였다. 공부를 열심히 하여 대학 입학 검정고시를 거쳐 서울 대학교 장학생이 되겠다고 마음 속으로 다짐하고 거기에 대한 계획을 세우고 실행에 들어갔다. 2학년 겨울 방학 때 송명순을 만나러 강원도 홍천군 양덕면으로 내려가기 전 20 여일 동안 거주하였던 중 백부님 소실 집인 서울 흑석동 집에 가서 다음 해 6월 대입 검정고시에 응시할 때까지 기숙하며 다닐 수 있게 해 달라고 사정하였다. 생활비는 학교 기숙사비를 환불 받아 충당하기로 하고 허락을 받았다.

55년 1월부터 검정고시 공부를 시작하였다. 당시 필수과목은 국어 영어 수학 사회 과학 한국사 등이었는데 그때 내 수학

성적은 전교 수석을 할 정도로 자신이 있어 등한시하고, 다른 과목들은 일반고교 교재와 참고서 등을 구해 열심히 하였다. 특히 영어공부는 중학교 때 수업 받은 이래 체신 고등학교에서는 영어과목이 없었고 또 공부를 열심히 해도 진도가 잘 나가지 않았다.

당시의 영어 참고는 참고서 중 넘버 원이라 해도 과언이 아닌 "삼위일체" 라는 책이었다. 책의 페이지 수가 많아 그 두께가 3.5 센티미터가 되는 삼위일체를 세 번 이상 통독하며 공부하느라 영어공부에 가장 많은 공을 들인 것으로 기억된다.

체신고교 수업이 끝나면 집으로 돌아와서 저녁 먹는 시간 빼고는 거의 매일 밤 3시까지 공부하였고 토요일과 일요일은 일체 외출 없이 대입 검정고시 공부만 열심히 하였다.

그러나 믿는 도끼에 발등 찍힌다는 속담이 딱 맞아 떨어졌다. 그 해 6월에 시험 친 결과는 대 실망이었다. 다른 과목은 다 합격하였는데 믿고 공부를 소홀히 했던 수학만 불합격 점수를 받았던 것이다. 이로써 내 청운의 꿈은 사라져버렸다. 따라서 이 사건은 돌다리도 두들기며 건너야 한다는 내 인생의 가장 큰 교훈이 되었다.

체신고등학교 공부는 대입 검정고시 공부하느라 3학년 1학기 성적이 뚝 떨어져 과 1등에서 중간 이하로 곤두박질 쳤다. 그래도 졸업성적이 졸업 후 발령받는 부서에 참고된다는 점을 생각하고 2학기 공부는 열심히 하여 학기말 성적이 상위권으로 돌아와 선로 과 졸업생 발령 처로서는 상급에 속하는 체신부 산하 경기 전신 전화 건설국으로 발령이 났다.

경기 전신 전화국

졸업 후, 졸업성적이 우수한 학생에게 배당되는 서울 종로구 연지동 소재의 경기 전신 전화국에 발령을 받아 동기생들의 부러움과 축하를 받으며 근무를 시작하였다.

그러나 앞서 기술한 바와 같이 전도가 빤히 보이는 공무원 생활이 마음에 들지 않아 집착도 열성도 나지 않았을 뿐만 아니라 상급 직원들은 말단 직원 인 나에게 별 관심도 없는 것처럼 보였고 나는 나 대로, 특별한 임무도 주지 않는데 난들 별 수 있나 생각하며 책상에 앉아 근무와 상관없는 책을 읽거나 먼 산 보기나 하며 시간을 메우고 있었다. 지금 돌이켜 생각해보아도 이렇게 근무 태도가 불성실한 직원을 어느 상급자가 좋아했겠나 싶다.

아니나 다를까 입사 후 5, 6 개월쯤 되었나 생각된다. 과장님께서 나를 부르시더니 자네 다음 달부터 경기도 이천 전화국에 가서 파견 근무하라는 지시를 하는 것이었다. 나는 어차피 내 일생을 여기다 바칠 생각이 없는 터라 미련 없이 경기도 이천으로 내려갔다.

당시 이천 전화국에서는 전신 전화 건설국에서 파견된 주재원 장현수라고 하는 계장급 직원이 혼자 오랫동안 그곳에서 근무하고 있었는데 연세가 50 가까이 되는 고참 직원으로 그곳이 태어난 고향이라 하였다.

나이든 고참 직원이 혼자서 주재원 업무를 처리하다 젊은 부하 직원이 파견되어 오니 여간 반기는 것이 아니었다. 1956 년도 한국의 전화 시스템이 전국적으로 유선전화 시스템이라, 전화기가 있는 곳에서는 반드시 전화선이 연결되어 있고 요즘처럼 무선전화 곧 셀폰(핸드폰)이나 여타 장거리 통화는 꿈에도 없는 시절이었다. 그때 나에게 맡겨진 주 임무는 서울서 내려와 이천 전화국 교환소를 거쳐 여주로 내려가는 전화선 관리가 주 업무였다.

이천 우체국 건물 내의 4~5 평 되는 공간이 주재원 사무실이었고, 서울 전신 전화 건설국과 통하는 직통 전화 한 대가 놓여있는 책상과 의자 두 개가 집기의 전부가 아니었던가 기억 된다. 우리가 해야 할 업무는 경기도 이천 우체국을 중심으로 북쪽으로 경기도 광주와의 중간 지점까지, 남쪽으로는 여주와의 중간지점까지 전화 선로를 관리하는 것이었다.

선로 관리의 중요 임무는 담당 구간 내의 전화선이 바람의 영향으로 두 선이 서로 엉켰을 때 이를 풀어주는 것이고 또 한 가지는 절단되었을 때 연결해주는 것이다. 그런데 문제는 사고 발생시 관할 구간 내의 어느 지점에서 일어났는지 모르기 때문에 도보로 선로를 따라 걸으면서 사고지점을 육안으로 찾아 내야 하는 것이라 그리 어려운 일은 아니었다.

선로사고란 자주 일어나는 것이 아니므로 시간이 늘 남아돌았다. 지금 돌이켜 생각해보면 당시 본국의 담당 과장이 나를 해고하고 싶었으나 귀책 사유가 마땅치 않아 이천 주재원은 한 사람만으로도 충분한데 나를 거기에 보낸 것은 내가 스스로 퇴직할 것을 유도한 것이 아닌가 생각해 본다.

나 자신 또한 만약 체신부에 계속 근무하며 승진하기를 원했다면 그렇게 처신하지는 않았을 것이다. 주재원으로 근무하는 반 년 여 동안 시간은 많고 할 일은 별로 없어 책임자의 양해를 얻어 주변에 더러 있는 문맹자들을 찾아 일과 후 사무실에 모아 놓고 한글과 기초 수학을 가르치기 시작했다.

당시 내 학생들은 일제 해방 전에 태어난 30~40 대들로 학교 문턱에도 못 가본 사람들이고 내 하숙집 주인 아줌마가 모집책이었다. 그때 내 학생들 모두는 고마워하며 때로는 음식과 과일들을 가지고 오는 분들이 있었던 걸로 기억된다.

육군 논산 훈련소

서기 1955년(당시는 4288년), 소위 쌍 팔 년 11월에 드디어 예기하던 군 입대 소집 영장이 나왔다. 영장을 받고 군에 입대하러 집합 장소인 서울 용산 역으로 향하기 전 상사로 모시던 장계장님과 선술집에서 소주 몇 잔 나누고 고아 신세라 누구 하나 전송하는 가족이 없이 쓸쓸히 이천을 떠났다. 용산 역에 도착하니 열차 주변에는 입대자들과 전송하는 가족들로 붐비고 있었다.

당시에는 휴전 된 지 그리 오래되지 않아서인지, 군 입대가 마치 전쟁터에 나가는 기분이 들어 입대자를 안고 우는 부모형제들, 눈물 글썽이며 손을 맞잡고 이별을 아쉬워하는 연인들로 와글거렸다. 누구 하나 전송하는 사람 없는 나만 차 안에 먼저 들어가 차창 밖으로 내다 보이는 정경들을 멍하니 쳐다보고 있었다.

덜커덕대는 기차 안에 앉아 육군 논산 훈련소로 가는 동안, 나는 광활한 사막 한 가운데 버려져 어디로 가야 할지 모르는 집도 절도 없는 집시 같은 내 처지가 서럽고 막막 하였다. 그러나 어쩔 것인가! 모든 것 체념하고 짐이라고는 달랑 영어 사전하나 들고 가는 터라 손에 쥔 영어사전 속의 단어들을 외우면서 훈련소에 도착하여 머리 빡빡 깎고 입소절차를 마치고 훈련병 생활을 시작하였다.

훈련소에 입소하여 며칠 동안 훈련을 받으면서 첫 번째로 놀란 것은 아침 점심 저녁 먹는 세끼 식사가 너무도 열악한 것이었다. 20세 전후의 한창 나이에 단백질 주원인 고깃국이나 고기반찬은 일주일 내내 구경할 수도 없었고 매 세끼 소금간을 한 씁쓰름한 감자탕 아니면 콩나물 국에 반찬이란 무시레기 김치 무말랭이 무침 혹은 간간히 멸치볶음이 고작이었다.

당시는 자유당 후반기로서 이기붕씨가 실권을 장악하고 치부를 하느라 정부 고위층부터 말단 공무원에 이르기까지 부정부패가 만연하던 시기라 군에서도 예외는 아니었을 것이다. 당초 예산 편성 시 군 장병 일인 당 급식비는 장병들의 건강유지에 필요한 적절한 예산이 책정되었을 것임은 분명하나 예산 집행 도중 상급기관에서 말단 시행 부처까지 전달되는 각 과정에서 부정행위가 이루어져 당초 책정예산의 절반 정도로 훈련병들의 실제 취식 하는 식료품 예산이 배당되는 셈이었다. 그 후 육군 경리장교가 되어 예산집행을 체험한 결과 나온 나의 결론이다.

육군 보병 학교

입대 후 한 달 정도 지났을까 각종 간부 후보생 (장교과정) 모집공고가 게시판에 붙어 있는 것을 보았다. 입시 자격은 고교 이상 졸업자로서, 합격하여 6개월의 훈련과정을 낙오 없이 이수하면 4년 의무복무 년 한의 육군 소위로 임관한다는 것이었다.

논산 훈련소의 열악한 훈련과정과 유전무죄 무전유죄의 훈련병들의 생활 환경에 실망과 염증을 느끼고 있던 차 여기를 벗어나는 길은 시험에 합격하여 전라남도 광주 소재의 육군 보병 학교로 가야 한다고 결심하고 그 다음 주 실시하는 시험에 응시하여 당당히 합격하여 육군 보병학교 제 125기로 입교 하였다.

돌이켜 생각해보면 내가 체신고교 3학년 1학기 때 대학 입학 검정고시에 합격하고자 열심히 일반고교의 교과 과목을 공부하였기 때문이었다. 그런 확신을 하며, 그 과정 없이 체신고등학교의 이수과목으로는 불합격하였으리라 짐작하니 전화위

복이 반복되는 내 인생 87년의 한 단면을 보는 느낌이었다.

보병학교에 입학 후 장교훈련과정에서 나는 인기가 매우 좋았다. 보병학교의 교과과정이 어렵고 기초과정 3개월 동안 모든 이수과목에 합격되어야만 3개월 후 배당되는 병과로 갈 수 있었다. 어느 한 가지의 이수과목도 불합격되면 바로 사병으로 전락되어 퇴교조치를 하는 엄격한 교칙이 있었다.

그리하여 성적이 좋은 후보생들이 모여 의논하기를, 한 사람이라도 더 많이 임관되어 동기생 수를 늘여야 한다는데 의견을 모으고 그 주모자는 내가 맡을 때가 많았다. 내가 제시한 우리 동기생 전체의 성적을 높이기 위한 방안은 다음과 같았다.

첫 번째 안: 당시 필기시험은 대부분 0 X 형태의 문제가 대부분 이었는데 우리가 선발 한 열 명 내외의 성적이 우수한 생도만이 질문권한을 가지되, 시험 문제들 중 0 만을 골라서 여러가지 형태로 질문한다.

다시 말해 다른 생도는 의문 되는 문제가 있어도 입회 교관에게 질문하지 않고 선발된 학생만이 질문하되 교관이 눈치챌 수 없도록 여러 가지 형태로 질문하면 질문한 그 항목은 0로 기재 한다. 이렇게 몇 과목 시험 결과 표준성적이 비슷하게 올라가고 과목 낙제로 퇴교 조치되는 생도가 거의 없어졌다.

두 번째 안: 이런 현상이 일어나니 교관들도 어느 정도 눈치를 챈 것 같으나 부정행위를 한 어떤 단서도 증거도 없으니 어쩔 방도가 없었던지 그 다음 시험 때 생도들에게 질문할 기회를 안 주려고 교관이 직접 문제지를 처음부터 끝까지 읽는 것이었다. 그래서 우리 끼리 전략을 새로 짜자고 내가

안을 제시하였다. 시험 시간에 앉을 때 우리들 중 성적이 좋은 생도가 맨 앞줄에 앉아 교관이 문제를 읽고 나면 앞줄 학생들은 답이 O 이면 머리를 오른 쪽으로, X 이면 왼쪽으로 까딱하되 그 뒤에 앉은 생도들도 차례로 그리 함으로써 맨 뒤쪽 생도들에게 까지 전달 되도록 하는 것이었다.

지금 돌이켜 생각해보면 시험교관들도 부정모의를 눈치 채지 않았나 생각 되지만 동급생들끼리 서로 도와 탈락자를 줄이려는 선의를 더 중히 여겨 그냥 묵과 한 것이 아닌가 짐작해 볼 뿐이다. 여하튼 이렇게 하여 탈락자를 줄이고 3개월의 전반기 교육을 끝마쳤다.

그 당시 상부 지시에 따라 우리 125기는 경리병과와 병기병과로 양분되었다. 나는 제대 후 사회로 나갔을 때를 대비하여 경리병과를 택하였고 경리장교 양성기관이 있는 경북 영천시 소재 육군 경리학교로 전보되었다.

육군 경리학교

경리 장교 10기 기념 사진

보병학교 장교 육성과정의 전 반기 3개월을 마치고 경북 영천군 소재의 육군 경리학교로 전보되어 3개월의 전문 과목을 이수하고 경리 장교 소위로 임관 되었다. 경리학교에서도 학교 성적은 1위였다. 그러나 졸업 전 과목 시험 답안 문제를 두고 해당과목 교관과의 토론 과정에서 해당 과목 교관과 불손한 언동을 했다는 태도 불량의 징계로 감점을 받아 2위로 졸업하였다.

임관 후 8명이 후방으로, 나머지는 전방부대로 배속 발령을 받고 나는 후방 배속이라 8명이 함께 육군 2군 사령부 경리참모 부장실로 전입신고를 하러 갔다. 전입신고 경례를 마치자 경리참모 부장님께서 첫 마디를 이렇게 말씀하신 것을 아직도 기억하고 있다.

"임관과 더불어 2군 경리참모부에 배속 된 것을 환영 한다. 너희들 8명 중 4 명은 졸업성적이 우수해서 배속 되었고 나머지 4 명은 나로서는 어쩔 수 없는 상부의 명령에 따라 배속되었으니 각자 원하는 지역을 말하면 그렇게 해 주겠다" 라는 것이었다. 나는 서슴지 않고 고향과 같은 대구, 내가 가고자 하는 대학이 있는 대구를 지망했다. 그 결과 대구시 양키시장과 구 청구대학 사이에 위치한 육군 제9지구 경리부대로 배속 받아 부임하였다.

윤군 경리 학교 장교 시절

부임 몇 개월이 지나면서 경제적으로 안정이 되어가자 고향 탈출 후 만나지 못했던 불쌍한 여동생 유순이를 불러 같이 생활할 수 있게 되었다.

동생은 국민학교 졸업 후 백부님 댁에서 반 식모살이처럼 일하며 말로 다 할 수 없는 불쌍한 처지에 놓여 있었던 것이다. 그 후 형님도 합류하여 어머님 별세 후 처음으로 삼 남매가 한 집에서 살게 되었으니 참으로 다행이었다.

청구대학

양키시장 옆 제9지구 경리과에 근무한지 1년이 넘은 어느 날, 제227 수송부대 경리과장으로 전보 발령을 받고 대구 국제공항 근처에 위치한 수송부대에서 근무하게 되었다. 부임 당시 부대 경리과 소속 병사는 7명 정도 되었다. 근무 시작한지 3~4 개월이 지난 어느 날 과원 병사 중 조영길 병장과 그의 가정 환경에 대해 이야기하던 중 그의 삼촌이 포항 수산 초급대학 서무과장임을 알게 되었다. 그 순간 불현듯 어떤 영감이 머리를 스치고 지나갔다. 군대생활 하느라 대학 진학이 2년 이상 지연된 것을 만회할 수 있는 기회가 왔구나! 싶었다.

그 당시가 자유당 말기여서 자유당 정권 하에서 군의 기강은 물론 학사행정도 문란 하기는 마찬가지였다. 국립대학이나 일류 사립대학을 제외한 일반 사립대학은 정원 부족으로 고교 졸업장과 함께 약간의 금 푼만 제공하면 입학이 허용되는 그런 시기였다.

그러던 어느 날, 일과 후 조병장을 저녁식사에 초대하고 나의 근황을 설명했다. 내가 청구대학 3학년에 편입하고 싶으니 너의 삼촌에게 부탁하여 2년제 초급대학 졸업장과 성적표를 좀 구해주기를 부탁하며 일주일 휴가와 금 일 봉을 주고 그를 포항으로 내려 보냈다. 초조히 기다리던 일주일이 지나자 조병장은 졸업증명서와 성적표를 들고 귀대하였다.

그 해 2월 어느 날인가 청구대학에 가서 포항수산대학 졸업장과 성적 증명서를 제출하고 3월에 시작하는 상학과 3학년에 편 입학 등록을 하고 신학기 수강을 시작하였다. 227 자동차 수송부대의 경리과는 수송부대 본연의 임부가 아닌 별도의 재정지원 임무이므로 행정적 통제는 받지 않았기 때문에 내가 등교 및 수강하는 데는 하등의 문제도 없었다. 수강을 빠지지 않고 열심히 공부 한 결과 3학년 해당과목은 모두 학점을 받았다.

4학년 졸업에 필요한 수강과목을 점검한 결과 청구대학에서 정상과정을 밟았으면 2학년 때 교양과목 인 수학 학점을 받았을 터인데 편 입학 전 포항수산대학 성적표에 수학 학점이 없어서 졸업하려면 4학년 중 별도의 수학 학점을 받아야 했다.

4학년 2학기 수강신청은 하였으나 잔여 필수과목 시간과 수학강의 시간이 겹쳐서 수학강의를 받을 수가 없어서 고민하던 차에 외사촌 동생이 같은 학교 2학년에 재학 중이라 급한 김에 외사촌 동생 이무세에게 너희 학년에 수학 강의 받은 학생이 있으면 수학 수강 노트를 빌려 달라고 부탁하였다. 그 후 2~3일이 지나서 이세무가 아주 잘 정리된 한 학기 분의 수학노트를 빌려왔기에 그 노트를 가지고 열심히 공부하여 수학 학점을 받을 수 있었다.

동생 이무세에게 수학노트를 돌려주며 고맙다는 인사라도 해야 하니 노트 임자를 만나게 해달라고 청하니 자기하고는 먼 친척이고 이웃마을이 그의 고향이나 자금은 대구에 사는 여학생이라는 것이었다. 나는 더욱 흥미를 느끼며 꼭 만나게 해 달라고 당부를 하였다.

여대생 이남숙

어느 날 외사촌 무세가 나에게 말 했다. 내일 밤 방과 후 10시경에 정문에서 기다리면 그 학생과 같이 오겠다고. 나는 그때부터 그 여학생에 대한 호기심이 넘쳐 수학노트 정리한 것을 생각해 보니 성격은 깔끔한 것 같은데 얼굴은 어떻게 생겼으며 키는 얼마나 클까 등 마치 선보러 가는 총각의 심정이 이랬을까 싶었다. 어쨌거나 이 여자애가 나와 팔 십 평생을 같이 할 아내가 될 사람이라는 사실은 꿈에도 생각지 못했던 사실이 다가오고 있었다.

이튿날 밤 10시 조금 못 되어 설레는 기분으로 있는데 학과 수강을 마치고 난 이무세가 아가씨를 데리고 나타나는 것이었다. 정문에 조명등만 있어서 자세한 용모는 모르겠으나 우선 키가 적당히 커서 나와 비슷하고 몸매 또한 날씬한 아가씨를 옆에 세우고 "형님 이 사람이 형님에게 노트를 빌려준 이남숙이라는 내 친척 아이 입니다. "그러고는 "너 이분이 내 고종사촌 형님이시다. 인사해라" 하고는 "형님 저 먼저 갑니다. 두 분이 영 남남끼리도 아니니 서로 잘 친해보세요" 하고는 어둠 속으로 사라지는 것이었다. 남숙은 그냥 아무 말없이 고개만 약간 수그렸다.

내가, 잘 정리된 이 수학노트 때문에 학점을 받아 졸업하게 되어 너무 고맙습니다. 그래서 무세한테 고마움을 전하고 싶으니 인사 시켜 달라고 강요 했습니다. 우선 어디 다방으로 가서 차나 한 잔하면서 이야기 합시다 라고 말하며 인근의 다방을 찾았다. 당시에는 요즈음과 달리 다방이란 곳이 성행하여 번화가에는 한 불럭에 하나씩 다방이 성행하던 무렵이었다.

저 다방 같은 곳에 가 본 적도 없고 집에서 부모님이 제 시간에 안 오면 걱정하시기 때문에 바로 가려 합니다 라고 남숙은 말 했다. 생각해보니 밤 10시가 지났는데 처녀애가 제 시간에 안 들어오면 크게 걱정하시겠다는 생각이 들어 우선 어느 동에 사느냐고 물으니 남산동에 산다는 것이었다.

이것이 바로 인연 될 징조이었던가! 나도 남산동에 세 들어 살고 있으니 같이 가자며 남산동을 거쳐 내장동 가는 버스에 함께 탔다. 버스에서도 남들의 이목이 있어 긴 말을 할 형편이 못 되어 천천히 남숙의 용모를 관찰 할 수 밖에 없었다.

내가 느낀 남숙의 첫 인상은 용모가 아름답고 착하고 유순한 느낌과 좋은 가정주부 감이라는 느낌을 받았다. 내가 내릴 정거장이 다가오며 언제 다시 한 번 만나 식사라도 대접하고 싶다는 말에 남숙은 묵묵부답 이었다. 더 이상 강요해서 될 일도 아니고 조급히 서둘 일도 아니다 싶어 잘 가라는 말을 끝으로 첫날 버스 데이트는 허망하게 끝났다.

이튿날 같은 장소에서 남숙을 기다리다 같은 버스를 타고 집으로 오면서 그저께 집에 잘 갔느냐는 한 마디 말 외에는 침묵으로 일관하니 데이트 신청도 하지 못했다. 이렇게 하기를 네 번째 되던 날, 남숙이가 왜 자꾸 따라 다니느냐 묻기에, 몰라서 묻느냐? 같이 만나 식사라도 하겠다는 말에 아직 대답을 못 들어서라고 대답하고 일요일에 모 다방에서 만나서 점심이나 같이 하자고 정중히 청을 하니 남숙은 귀찮아서인지 첫 데이트에 대한 호기심인지 모르나 그러겠노라 승락을 하는 것이었다.

당시 내가 학교 갈 때는 군 부대 근무를 마치고 바로 학교에 가기 때문에 늘 군복 차림이었으니 첫 데이트 날이라 이발소도 다녀오고 제일 마음에 드는 신사복으로 차려 입어 시쳇말로 때 빼고 광 내고 약속 장소 인 다방에서 기다리니 남숙이도 말쑥한 차림으로 들어오며 나를 보더니 약간 놀라는 표정을 짓는 것 같았다.

나중에 안 사실이지만 남숙이의 식구는 할머니 부모님 그리고 오빠 언니 남동생과 여동생 이렇게 2남2녀인데 오빠가 아버지를 닮아 키도 크고 아주 미남으로 생겼으나 행동은 망나니로 공부는 제대로 하지 않고 깡패들과 어울려 다니며 부모님 속을 썩이고 있었다. 부모님들은 셋째 딸인 남숙이가 착하고 공부도 잘 하였으나 당시 남존여비 사상에 물들어 있는 터라 딸이 대학에 가는 것을 반대하는 상황이어서 어떻게 해서든 대학에 가고 싶어 부모님의 재정적인 지원 없이 공부하려고 전매청에 취직하여 낮에는 학비를 벌고 밤에는 야간대학교에 다니고 있는 상황이었다.

외사촌 동생인 무세가 남숙을 소개할 때 자기의 친척벌이라 했으므로 당연히 돌아가신 어머니와도 친척지간 임은 불문가지 이다. 따라서 우리들의 첫 데이트 화제는 자연스럽게 어머니의 친척인 남숙의 가정환경을 주로 이야기 하였으나 내 가족 사항에 대해서는 주로 할아버지를 비롯한 집안 이야기 그리고 돌아가신 아버지 이야기만 언급하고, 나의 동기 간 삼 남매가 고아가 된 상황에 대해서는 일체 언급하지 않았다. 아마도 앞으로의 데이트 진행에 불리하게 작용할까 두려워서 그랬으리라 짐작된다.

데이트가 잦아짐에 따라 우리들의 사랑도 열기를 더 해 가며 결혼 이야기도 하기에 이르렀다. 당시의 내 심정을 솔직히 말 하면 남숙에 내한 나의 심정은 불이 타오르는 열정이라기보다 인간적 호감과 이 여자와 더불어 한 평생을 같이 하면 나의 조금은 모진 성격도 수용 될 것이고 자식교육도 잘 할 것이라는 타산적 이유가 사랑보다 앞서지 않았나 싶다.

그 후 데이트가 잦아지며 대구 동촌 유원지와, 언니가 살고 있는 포항에 가서 언니와 형부도 만나며 포항 해수욕장에서 며칠 간 놀다 오곤 하였다. 당시의 우리 나이는 내가 28세 남숙은 24세로 결혼 적령기였다. 나는 남숙과의 결혼을 위해 치밀한 작전을 구상 하였다.

당시에는 부모 없는 후레자식이란 속어도 있었던 때라 고아로 자란 내가 남숙의 부모님으로부터 결혼 승락을 받기가 어려울 것이라 판단하고 가장 확실한 방법은 둘이 한 몸이 되는 길 밖에 없겠기에 기회를 노리고 있었다. 초가을 어느 날인가 남숙의 친구들과 내 친구, 지금은 고인이 된 심충효라는 절친과 경북 청도군에 있는 운문사로 1박2일의 피크닉을 가게 되었다. 절 근처에 있는 아담한 여관에 방 2개를 얻어 남녀가 각각 한 방에 자게 되었고, 절 근처 식당에서 함께 식사를 하면서 술도 얼큰하게 한 잔씩 하게 되었다.

기회는 오늘이다 작심하고 식사 후 한참을 같이 놀다가 남숙을 불러내어 산책하자고 하였다. 모두들 우리 둘이 애인 사이임을 아는 절친들 인지라 "남숙아, 우리 눈치 보지 말고 이중위님 따라가라" 하며 등 떠미는 것이었다.

중천에 걸린 달이 휘영청 산천을 비추고 신선한 초가을 바람이 남숙의 머리카락을 날리는 가운데 시냇물을 따라 잘 닦여진 시골길을 손잡고 걷는 기분이 끝내주었다. 주위에는 귀뚜라미 울음 소리뿐이었고 맞잡은 손은 축축히 젖어왔고 가슴은 숨가쁘게 뛰고 있었다. 한참을 걷노라니 길에서 조금 떨어진 개울 가에 넓은 평상처럼 생긴 바위가 보였다.

우리 둘은 그 바위 위에 앉아 도란도란 서로 이야기를 나누었고 그러던 중 나는 솔직하게 마음을 털어놓게 되었다. 우리가 결혼 승락을 받기 위한 단 한 가지 방법은 오늘 우리 둘이 한 몸이 되어 먼저 육체적 결혼을 하는 수밖에 없다고 말 하며 입맞춤으로 시작된 우리의 사랑은 점점 무르익어 그 날 밤 남숙은 영원한 내 사람이 되었다. 얼마나 축복받은 날이었던지…

그 순간부터 우리의 가정은 탄생되었고, 훗날 알게 되었지만 맏딸 크리스틴이 이날 잉태되어 우리 가정의 순탄한 여정이 예고된 아름다운 밤이었음을 밝혀 둔다.

무역업

육군 제대

육군 소위로 임관되어 제 9 지구 경리부대 및 그 예하

부대에서 근무한지도 어언 4년이 지나자 전, 후방 교대의 경리 참모부 인사 방침에 따라 전방 부대 관할인 의정부 소재 제5지구 경리대로 전보 발령을 받았다.

원칙적인 인사지침은 2년씩 전 후방 교대가 시행 되었었는데 당시 경리 참모부 부장이 이규동 준장이었었는데 그분은 내 고향인 경북 성주군 수륜면 작천에서 태어나신 일가 친척으로서 나의 할아버지 벌 되는 촌수가 그리 멀지 않은 친척 어른이셨다.

그분은 직천에서 태어나셔서 만주로 가족이민을 가셔서 민주 군관학교를 졸업하셨고 일제로부터 해방되어 대한민국 국군 편성 시 경리장교로 임관되어 당시 경리 참모부 최고위층 인 경리 참모부장의 직무를 수행하고 있었다.

이분이 한국 근대사에서 유명인사가 되신 상황을 잠시 소개 하고자 한다. 이규동 할아버지가 육군 대령으로 제2군 경리 참모 부장으로 재직 중 설 명절에 세배하러 갔을 때의 일이다. 당시 나는 육군 경리 장교 중위의 계급장을 달고 갔었다. 같은 중위 계급장을 달고 있는 전두환 중위가 이규동 장군의 전속 부관으로서 경호 상 같은 집에 살고 있었는데 응접실에서 마주치자 서로 인사하라고 말씀하셔서 서로 악수를 교환하며 통 성명 하였다.

당시 전두환 중위는 육사 4년제 1회 졸업생으로 같은 중위 계급이었고 나이는 나보다 세 살 연상이었으나 나는 6 개월만에 임관된 간부후보생 출신이나 전두환 은 4 년제 정규 육군 사관 학교를 졸업 하였기 때문 에 한시적으로 같은 계급이었던 것이다.

전두환은 규동 할아버지의 전속 부관으로 한 집에서 기거하면서 당시 이화여자대학교 2년 생인 규동 할아버지의 귀염을 독차지 하고 있는 무남독녀 이순자와 눈이 맞아 연애를 하던 상태로 규동 할아버지는 전속부관 전두환이 육군 사관학교 동기생 중에서도 리더로 장래가 촉망되는 인물 임을 간파하시고 사위로 맞아들여 결혼 시켰다.

이 전두환은 역사적 인물로 박정희 대통령 서거 후 1980 년부터 1988 년까지 대한민국 제 5 공화국 대통령으로서 8 년 간 재임했던 인물이다.

나는 1961 년 3 월 2 일 청구대학 상 학과를 졸업 하였다. 졸업식에는 친 형님과 여동생, 절친 최종석 심충효 이홍세 그리고 약혼녀 이남숙 등이 하객으로 참석하였고 식이 끝난 후 시내 유명식당에서 조촐한 졸업 축하연을 하였다.

1961 년 4 월 임지 인 의정부 소재 제 5 지구 경리부대에 부임하고 서울 도봉동에 하숙집을 구해 입주하였다. 새 부대에 전임 된지 한 달여 지난 어느 날 나는 우리 부대의 주번 사관으로 일과 후 부대 전 장병을 통솔 관리하는 임무를 맡고 있었는데 취침 전, 전 장병 집합 점호를 끝내고 10 시에 소등 한 후 주번 하사와 함께 한 바퀴 부대를 점검 한 후 주번사관 숙소에 들어가 잠자리에 들었다.

이튿날 새벽 5 시경 주번하사가 내 방문을 다급히 두드리는 것이었다. 눈을 비비며 무슨 일인데 이렇게 소란이냐 하고 문을 여니 지금 바로 라디오 뉴스를 틀어보라는 것이었다. 라디오를 켜니 바로 혁명 공약을 발표하며 혁명군이 정부를 장악하고 혁명정부를 세웠으니 동요치 말고 계엄령에 협조해 달라는 것이었다.

부대 정면 경비병의 보고에 따르면 새벽 2~3 시경 많은 무장군인과 차량이 부대 앞 국도를 따라 남쪽 서울로 이동 하였다는 것인데 아마 이 부대가 노태우 소장이 이끄는 혁명군 주력 부대인 육군 최 전방 부대인 제 2 사단

병력으로 알려졌다.

혁명이 성공하여 혁명 주체 세력의 수장 인 박정희 소장이 정부의 상위 기관인 국가재건 최고회의 의장을 맡아 국가를 통치하기 시작했다. 혁명정부가 실권을 장악하자 당시 부정부패의 만연으로 썩어빠진 정부 각 기관은 물론 각 군 내부 부패 일소에 착수 하였다.

따라서 부정부패가 가장 심각한 각 부대의 경리담당관들에 대한 감사가 철저하게 이루어져 많은 경리 장교들이 구속 수감 전역을 당해서 경리장교의 수가 많이 감소 되었다. 심지어 우리 1기 후배인 김 생원 중위는 죄질이 중하다 하여 전무후무 하게 사형집행을 당하였다.

나는 임관 시 성적순위에 따라 장교 군번이 주어지는데 2등이었으므로 군번도 두 번째로 빠르고 근무 평점도 좋아서 처벌 대상에서 제외되었다. 돌이켜 생각해보면 227 수송부대 재직 시 해당 납품 업자들로부터 약간의 금품을 제공받기는 하였으나 부정 청탁이라기 보다 인사치레 정도였다.

나는 나 자신 부정한 돈으로 치부하는 것은 내 성격과 생활신조에도 배치되기에 몇 푼 생기면 대구에 있는 내 절친을 불러 술 값으로 탕진하고 내 개인의 생활비나 재산을 늘리는 데는 한 푼도 쓰지 않았다. 이러한 나의 처세가 그 엄한 혁명정부 감찰에서도 하등의 하자가 나타나지 않았던 것이다.

혁명정부도 점차 안정기에 접어들고 나도 장교 임기 4년이 지났을 뿐만 아니라 나의 첫 목표였던 대학과정도 끝났으니 군인생활을 마감하고 직업을 찾아 사회에 진출해야 하겠다는 결심을 하고 그때부터 어떻게 하던 군에서 제대할 방법을 강구하기 시작하였다.

당시 군사혁명 정부 하에서 많은 경리장교가 감소된 상황에서 만기 예편 신청하여 허락 받기는 하늘의 별 따기 보다 어려움을 여러 가지 정보를 통해 알 수 있었다. 처음에는 칭병을 빙자하여 의병제대를 해볼까 하고 몇 군데 군의관과 상의하였으나 워낙 건강에 하자가 없어 해 볼 방법이 없다는 것을 알고 이 방법은 포기하고 육군본부 경리 참모부에 있는 동기생을 찾아가 사정을 이야기하고 도움을 청하였더니 경리장교가 모자라 쩔쩔매는 판국에 제대가 되겠느냐며 자기로서는 불가 하니 인사과 선임하사 최 모 상사를 소개하며 의논해 보라는 것이었다.

전술한 바 당시 경리 참모부 부장 이규동 준장이 나의 할아버지 벌 되는 분이기는 하지만 혁명정부의 강력한 부정부패 일소 정책에 어긋나는 부정 청탁을 한다는 것은 생각 할 수 없었다. 생각에 생각을 거듭한 끝에 어느 날 명동에 있는 유명 양복점에 가서 신사복 한 벌 상당의 상품권을 사가지고 인사과 선임 최모 상사를 찾아갔다. 그는 내가 이규동 장군의 유일한 손자 뻘 되는 경리장교인 것을 아는 내 동기생 장교로부터 들어서 알고 있었다.

내가 퇴근 후 육군본부 근처 삼각지 로터리에 있는 다방에서 만나자고 전화하여 그날 5 시 반에 만나서 나의 입장을 자세히 설명하고 장교 의무 4 년 복무를 끝냈으니 만기제대 즉 예비역 편입을 하도록 도와 달라고 간곡히 부탁 하면서 집에 가서 펴보라며 봉투 한 장을 건네고 헤어졌다.

헤어지면서 자기에게, 예비역 전역 신청서를 결제 받을 방안이 있음을 암시하며 몇 주간 기다리면 좋은 소식 전해드릴 수 있을 것이라 말 했다. 나는 어느 정도 제대가 가능 할 것을 짐작하고 그때부터 구직운동에 적극 나섰다. 그 당시 고향 작천 출신으로 이준석이라는 나의 11촌 아저씨 뻘 되는 분이 대구에서 직물공장으로 돈을 많이 벌어 서울

충무로 소재 무학성 빌딩에 삼기 물산 주식회사 라는 상호로 무역업 등록을 하고 수입 수출 영업을 하고 계셨다.

그 사장님께는 평소에 명절 설 날 때마다 세배를 드렸으니 그분께서는 내가 조실부모 하였어도 억척같이 자수성가 하여 대학도 졸업하고 육군장교가 되었음을 잘 알고 계셨다.

어느 날 회사로 사장 아저씨를 찾아 뵙고 나의 근황을 설명 드리고 연말에 제대 할 예정인 바 회사에서 채용해 주시기를 간곡히 말씀 드렸다. 사장님께서 네가 상 과를 졸업하고 경리장교를 4년 이상 했으니 우리 회사의 경리경리부를 맡을 수 있겠느냐고 물으시기에 대학에서 복식 부기도 공부 하였고 수송부대의 경리과장을 3년 이상 역임 하였으므로 무역회사 경리 업무도 조금만 익히면 잘 할 수 있습니다 하고 말씀 드렸다.

사장 아저씨는 한참을 생각에 잠기신 후 이렇게 말씀 하셨다. 마침 경리부장이 사표를 내고 연말까지만 근무할 예정인데 신년부터 네가 그 자리를 인계 받아 일 할 수 있겠느냐? 하시는 것이었다.
와 우~ 생각지도 못했던 행운이 이렇게 찾아오다니!

속으로 외치며 나는 말씀드렸다. 제가 맡아 잘 할 자신이 있습니다. 그런데 제대 상신이 내락은 되었으나 아직 발령장은 못 받았으니 2 주일 후에 확답을 가지고 찾아 뵙겠습니다. 연말까지는 아직 한 달 반이 남았으니 발령이 나는 대로 오겠습니다. 하고 말씀드렸더니 오냐 그래라 하시는 것이었다.

그 후 일주일 정도 지난 11월 말 경 경리참모부 인사과 최 상사로부터 저녁 6시 반에 갈월동 어느 다방에서 만나자는 연락이 왔다. 일과를 끝내고 설레는 맘으로 다방으로 가니 최 상사가 웃으며 반갑게 맞이하며 첫 마디가 이 중위님 축하합니다. 오늘 이중위님의 제대 신청서에 경리감께서 허가를 하셨습니다 하는 것이었다.

전에 제대 허가 가능성에 대해 언질을 받았으나 반신반의 하였었는데 그 당시 상황 즉 혁명정부 감사로 경리장교의 수가 턱없이 모자라는 현실을 알고 있는 나로서는 참으로 축하 받을 만한 사건이었다. 한 편 반갑고 한 편 놀라서 어떻게 제대 신청서를 받았느냐가 궁금해서 그 경위를 물어보았다.

그가 하는 말이 경리감께서는 산하 각 부서에 올라오는 산더미처럼 많은 서류를 일일이 날인 결제하시는데 결제 서류 중 처음부터 끝까지 검토해야 하는 중요한 서류를 상부에 놓고 별로 중요치 않은 서류들은 하부에 놓아 사무실 결제 서류함에 넣어두면 하루 한 두 번 결제를 하신다 했다.

그럴 때 상부의 중요서류는 읽어 보신 다음 날인(당시에는 사인 제도가 없었음) 하시고 하단에 놓여있는 서류들은 대개 보지도 않고 결제 날인한다는 사실을 결제서류 취급 당사자인 저가 잘 알고 있기 때문에 이중위님 제대 신청서는 하단 중간 부분에 넣었기 때문에 경리감께서는 서류 내용을 보시지도 않고 결제하셨던 것입니다 하고 대답하는 것이었다.

경리감의 제대 확인서가 육군 본부 인사처를 거쳐 12 월 15 일 자로 제대 절차대로 육군 보충대로 전보 발령이 나자 경리 참모부가 뒤집힐 정도로 야단 법석이 났다. 경리장교가 모자라 쩔쩔매는 이 상황에서 이 상수 중위 같이 아무 하자가 없는 자에게 어떻게 제대 허가를 해 줄 수 있느냐 하는 것이었다.

결제 서류를 재 검토하는 등 야단 법석을 떨었지만 결제서류에 최고 결제자인 경리감의 날인이 선명히 확인되고 육군본부의 승인이 난 것이라 돌이킬 수 없는 상황 임을 인정 할 수 밖에 없었다. 이러한 사실을 후일 경리 참모부에 재직 중인 동기생으로부터 들었고 그 당시 담당 부서에서도 이 상수 중위가 경리감 이규동 준장의 손자 뻘 된다는 사실도 많이 참작이 되어 문제 삼지 않고 넘어갔다는 것이었다.

바로 그 이튿날 삼기 물산 이준석 사장님을 찾아 뵙고 제대 사실을 알려드리고 신년도부터 회사에 출근할 수 있다고 말씀 드렸더니 가능하면 12 월 20 일부터 출근하여 연말에 사퇴 할 전임자로부터 업무인수를 받으면 좋겠다고 말씀 하시기에 그렇게 하겠다고 했다.

제대 절차대로 육군본부 경리참모부에서 나를 육군 보충대로 발령했다. 육군 보충대 전보 발령은 제대의 한 절차로서 현역장교가 민간인 신분으로 변경될 때 보충대에서 약 2주간 대기하다가 정식 제대 허가를 받아 민간인이 되는 형식적인 절차였기에 실제 당사자가 대기 기간 동안 보충대에 출근하지 않는 것이 관례였다.

삼기 물산 주식회사와 나의 결혼

제대일자는 12 월 31 일이었으나 전술한 바 보충대에 출근하지 않을 뿐 아직도 군인 신분인 나는 신사복을 입고 12 월 20 일에 회사에 출근하여 경리부장 임무를 수행하며 전임자로부터 회사 재정 상황과 중요 정보사항을 인계 받는 등 업무를 시작하였다.

연초 휴무 동안 대구로 내려가 약혼녀 이남숙을 만나 임신 한 지 2 개월 여가 지났으니 결혼을 서둘러야겠다 의논하고

장인 장모님을 만나 그간의 나의 신분변화를 잘 설명하고 결혼식을 서둘러야 할 상황을 말씀드렸다

.

날짜를 약간 되돌려 보면 지난 가을, 일주일 간 임시휴가를 받아 대구에 내려왔을 때 청도 운문사 피크닉 여행 시 육체적 결혼을 한 후 돌아와 장인 장모님을 찾아 뵙고 내년에 결혼식을 올리겠다 말씀 드리고 허락해 주십사고 간청 한 바 있었다.

결혼식 사진

딸 남숙을 통하여 대략의 내 상황을 알고 계셨고 조실부모하여 고아 신세로 자랐으나 우리 집안 내력을 잘 아시고 뼈대 있는 가문 임을 인정 하셨는지 결혼을 허락 하셨던 것이다. 결혼 일자는 서울로 돌아가 사장님과 의논 하여 결정하고 일자가 잡히는 대로 연락 드리겠다 하고 서울로 돌아왔다.

결혼 일자를 잡느라 며칠을 두고 생각을 거듭했다. 입사한지 며칠도 안 됐는데 결혼 휴가를 신청하는 것이 말이 아니다 싶어 여러 가지로 궁리를 거듭한 끝에 그 해 3월 1일이 최선의 날이라 결혼 일자를 잡아주는 일 따위는 나와는 상관없고 우리가 결혼해서 잘 살고 못 사는 것은 우리 노력에 달려 있다 다짐하고 3월 1일이 왜

나에게 최고의 길일이냐 하는 것을 설명한다면 1961 년 3 월 1 일은 수요일이라 공휴일이고 목,금 2 일만 결근하고 월요일에 출근하면 되기 때문이다.

취직한지 두 달 만에 결혼 휴가를 신청하는 입장에서 신혼여행 따위는 사치스럽고 염치없는 짓이라 스스로 다짐하고 1 월 말 경 사장님께 나의 사정을 솔직히 말씀 드리고 3 월 1 일부터 5 일까지 이틀간만 결혼 휴가를 주십사 하고 청을 드렸다. 사장님께서는 그래도 일생에 한 번 하는 결혼식인데 며칠 더 있다 와도 괜찮다고 말씀하셨으나 나는 어차피 신혼여행도 안 가는 결혼식이니 닷새면 충분하다고 말씀 드렸다.

장모님께 전화 드려 3 월 1 일부터 5 일까지 결혼 휴가를 받았다고 말씀드리고 저희 형님이 찾아 뵈올 터이니 의논하여 결혼식 준비를 차질 없이 해달라고 부탁 올렸다. 2 월 28 일까지 근무를 마치고 사장님께 결혼식에 다녀오겠습니다 하고 말씀드렸더니 금일봉을 주시며 결혼식에 보태라고 하셨다. 상당한 액수라 결혼식에 쓰고도 남았다.

밤차를 타고 10 시 반 경 대구역에 도착하니 신부 될 이남숙과 여동생 유순이가 대구역에 마중 나와 있었다. 신부 집으로 가 장인 장모님께 인사 드리고 다음 날 결혼식에 대한 준비상황을 대강 확인 하고 신부복은 잘 준비 되었냐 물으니 한복으로 했다는 것이었다. 짐작으로, 몸이 불어나서 그랬나 보다 짐작하고 아무 내색도 하지 않았다.

결혼식은 대구 예식장에서 12 시에 하기로 예약되어 있었다. 남숙은 신부화장 하러 가고 나도 그 동안 바빠서 못 했던 목욕과 이발을 하고 시쳇말로 때 빼고 광을 냈다. 결혼식장에 양가 대소가 식구들과 신랑신부 친구들로 제법 많은 하객들이 참석하여 성황을 이루었고 식이 끝난 후 식장 부속 식당에서 하객들에게 점심을 대접하였다.

결혼식이 끝난 후 신랑신부가 신혼여행은 가지 못하고 친구들을 처가 집으로 초청하여 저녁 늦도록 술을 마시고 놀다가 대구 유명 호텔에서 첫날밤을 보냈다. 그 다음날부터 신혼살림을 대강 장만하느라 이틀을 보내고 3 월 4 일에 신혼여행 겸 서울 회현동 남산 밑에 마련해 둔 전세방으로 입주하였다. 전세방은 충무로 2 가 무학성 빌딩에 있는 회사에 도보로 출퇴근 할 수 있는 거리에 있고 주인 어른이 고위 공무원 출신이고 주인 할머니도 인자 하시고 친절하신 분이라, 이제 내 아내가 된 새 색시인 남숙을 귀히 여겨주셔서 한결 마음 편히 혼자 두고 출근 하기에 맘이 편했다.

3 월 6 일 회사에 출근하여 정상업무를 시작했다. 삼기 물산 주식회사 즉 우리 회사의 주요 업무는 수 출입 무역 업무로서 섬유류 수입과 섬유제품 수출이었다. 당시 수입 주 품목은 나일론과 폴리에스터 라는 신발명 화학섬유로서 그때까지 시장을 석권하고 있던 면 제품 류와 견 제품을 압도하며 시장을 석권하며 판로를 확장하고 있었다. 나일론 제품과 폴리에스터 제품은 가볍고 질기며 다양한 무늬와 색상으로 소비자들의 인기를 끌고 있었던 것이다.

또한 박정희가 이끄는 혁명정부는 경제발전을 위해서는 수출을 늘여야 한다는 수출 제일주의 정책을 펴면서 무역회사들을 지원하기 시작했다. 박정희 정권의 수출입국 정책이 성공하여 1961 년도 총 수출액이 4000 만불 정도였는데 2021 년도 수출 총액은 1 조 2 천억불에 달 했으니. 지금 한국의 경제 발전은 바로 박정희 대통령의 수출 제일주의 정책으로 인한 것이라 해도 지나치지 않는다.

따라서 우리 회사도 섬유 수입 위주에서 차츰 수출시장 확대를 시작하는 시점에 내가 입사한 것이었다. 내가 경리부장을 역임하는 동안 잊지 못할 기억이 하나 생각난다. 언젠가 경리 참모부장 이규동 할아버지께 설날 세배를 하러 갔을 때 전두환 중위와 인사를 한 적이 있다고 기록한 바 있는데 어느 날 그 전두환 중령이 우리 회사 사장님을 만나러 왔기에 서로 인사하고 사장실로 안내하였다.

당시 박정희 최고회의 의장의 민원담당 비서로 재직하고 있었고 먼 훗날 박정희 대통령이 김재규의 총탄으로 돌아가자 얼마 후 제 5 공화국 대통령이 된 사람이다. 그날 사장님의 지시에 따라 은행에서 현금뭉치를 찾아 그분께 전해 드렸지만 그분이 한국의 대통령이 되리라고는 상상도 못 하였으니 한 치 앞을 알 수 없는 것이 인간사 라는 것이로구나! 하고 한 토막 추억을 되새겨 본다.

경리부장으로 재직하는 동안 나는 틈틈이 무역업무 특히 수출업무를 배우려고 무역부 서류들을 집으로 가져가 무역업무를 익히고 주말엔 영어학원에 나가 무역업무에 도움이 되는 공부를 꾸준히 하면서 기회를 기다리고 있었다. 왜냐하면 경리부는 수 출입 업무에 필요한 자금을 지원하고 관리하는, 뒷바라지만 하는 업무이기 때문에 장래에 나도 무역회사를 설립하여 돈을 벌어 경제적 안정을 얻고 자식교육도 나의 과거와는 다르게 정상적 교육을 시켜야겠다는 굳은 결심을 하고 있었던 것이다.

드디어 행운이 내게 찾아왔다. 경리부장 재직 3년 여가 지난 어느 날 우리회사 무역부장 인 장철수 부장이 동국제강 상무로 발탁되어 사표를 제출 한다는 것이었다. 나는 절호의 기회가 왔다 생각하고 사장님께 무역부 부장의 후임으로 일하고 싶다고 상신하였다.

사장님께서는 평소의 내가 무역업무에 관심을 두고 열심히 공부하고 있다는 사실을 알고 계셨고 또 당시 수출 주도 정책으로 무역업무가 늘어나고 따라서 인력난도 심한 상황이라 갑자기 수출 업무에 능한 간부급을 구하기도 극히 어려운 상황이기도 하여 흔쾌히 허락하시면서 경리부장 후임을 나에게 천거하라 시는 것이었다.

나는 여러 가지로 곰곰이 생각한 끝에 당시 한국외환 은행에 근무하는 최상호 대리가 뇌리에 떠올랐다. 그는 대구 상업 고등학교 출신으로 평소 친하게 지내는 사이라 술도 한 잔 할 겸 그를 불러내어 회사 상황을 설명하고 내 후임으로 와 주기를 부탁하였다.

그는 며칠 간 시간을 달라며 가족들과 의논하여 2 ~3 일 내에 결과를 알려주겠다고 했다. 회사 사장님께 후임으로 현재 외환은행 대리로 있는 최상호를 후임으로 추천한다고 말씀 드렸더니 가끔 나를 회사로 찾아와서 만난 적이 있는 터라 그 사람이면 괜찮을 것 같다 하시면서 그 사람이 입사를 원하면 우선 면담을 하고 결정 하시겠다고 허락하셨다.

사흘 후 최상호가 와서 사장님과 면담 후 후임 경리부장으로 결정하고 다음 달 1 일부터 근무하기로 하니 인사문제는 순조롭게 진행되어 나는 무역부장으로 근무하기 작했다.

무역부장으로서 수입 수출 업무를 맡으면서 차츰 일도 익숙해지고 수출 실적도 늘어나면서 회사는 크게 상장하고 있었다. 당시에 있었던 일화 한 토막을 소개한다.

당시 나와 가깝게 교우하던 김우중이란 친구가 있었는데 그는 훗 날 한국은 물론 세계적으로도 실업계에 널리 알려진 대우 실업주식회사 회장이 되어 한국 경제발전에 크게 공헌한 인물이다. 내가 김우중과 교우하던 때는 우리 회사와 동종 기업인 한성 실업 주식회사 무역부장으로 있던 시절 이야

기다.

우리는 같은 업종인 섬유제품 수출입을 하는 회사의 무역 실무부장으로서 자주 드나드는 외환은행과 국립공업연구소 등에서 자주 만나 서로 정보를 교환하면서 친한 친구 사이가 되어갔다. 우리는 함께 사교댄스를 좋아해서 일과 후 자주 만나 사교춤을 즐기러 다녔다.

김우중이가 나를 초청 할 때는 그의 경기고등학교 동기 동창인 당시 유명 가수 위키 리가 출연하는 퇴계로 3가 소재 아스토리아 호텔 4층 아스토리아 카바레에 가서 사교댄스를 하며 놀았고 내가 김우중을 초청 할 때는 우리 회사 지하실에 있는 무학성 댄스 홀에서 같이 춤을 즐기며 우정을 쌓아갔다. 이렇게 하기를 2년 여, 우리의 우정은 내가 삼기 물산을 퇴사하기까지 지속되었다.

삼기 물산 주식회사

회사의 무역부장 업무를 수행하면서 말레이시아 태국 싱가폴 등 동남아에 신 시장을 개척하여 수출 실력은 가파르게 상승하였다. 당시 삼기 물산 산하에 계열사가 둘 있었는데 하나는 모 기업이었던 이가 직물이라는 견직물 직조 공장이 있었고, 이 공장은 우리 회사 사장의 맏형이 경영 책임자였다. 또 다른 하나는 랏셀과 트리콧트 라는 주로, 여성용 편직물을 짜는 고가의 서독 제 기계를 수입해서 운영되고 있는 공장으로서 동생인 이광석이 운영 책임자로 있었다.

본사가 크게 성장하자 본사 사장은 두 공장의 소유권을 형제들에게 넘겨주었으나 그런 과정에서 재산 분쟁이 일어나 특히 동생 이광석과는 서로 말도 안 하는 처지가 되었다. 어느 날인가 동생 이광석 사장이 나를 만나자고 해서 명동의 한

다방에서 만났다.

그는 나 더러 자기에게 랏셀 직물이 한국에서는 유행이 지나 많은 재고가 쌓여 있는데 나에게 그 제고를 수출해서 외국에 팔아 달라는 것이었다. 랏셀이란 직물은 독일 제 랏셀이란 기계를 통해 생산하는 것인데 나일론 망사 그물 위에 레이온 이라는 인조견사로 각종의 꽃무늬를 수놓은 것으로 한때 그 화려한 무늬와 시원함 때문에 여성 의류계에 선풍적인 인기를 모으고 있었으나 근래에 유행이 지나자 제조원가에도 팔리지 않는 실정이었다.

당시 우리 회사에서는 동남아 여러 나라의 많은 고객을 확보하고 랏셀 트리코트 등 화학섬유 제품을 많이 수출하고 있었으나 우리 회장님께서는 동생의 재고품 누적에 대해서는 일체 언급이 없으셨다. 동생 역시 형님 회사를 통하여 수출하면 대금 회수가 불확실 할 것 같았는지 형님에게 알리지 말고 외국에 팔아 달라는 요청을 해 온 것이다.

그 당시 나는 외국 고객으로부터 많은 물량의 랏셀 원단 주문을 받았으나 원단 재고품을 구하지 못해 주문에 응하지 못하는 실정이었다. 내 생각에는 동생 이광석 사장의 요청을 들어주는 것이 그들 형제 집안 전체의 경제적 이득을 돕는 결과가 될 것이라는 판단 아래 동생의 요구를 들어 주기로 결정하고 야드 당 단가와 재고의 정확한 수량을 받았다.

수입상에게 견본을 보내고 단가와 수량을 타전 하니 열흘도 되기 전에 요청대로 양도가능 신용장이 왔다. 미리 의논해 두었던 내 친구 회사 명의로 신용장을 양도하여 전량 수출하고 약간의 수출 대행 료를 뺀 나머지 전액을 이 광석 사장에게 직접 지불케 함으로 수출관계는 매듭을 지었다.

이 수출 건에 내가 관여하여 내가 갖게 된 이해득실을 말해 보고자 한다.

당시 정부의 수출 장려 시책으로 수출품에 사용 된 원 자재의 80% 까지 무관세로 수입을 허용하고 있었다. 상공부 산하 공업 연구소에 수출품의 견본을 제출하여 단위 당 소요된 원 자재의 수량을 산정 받아서 내가 수출한 총 수량을 계산하여 상공부의 수입 허가를 받아 일본에서 소요된 원자재 즉 나일론 섬유를 무관세로 수입하였다.

당시 나일론 원사는 사치품종에 해당되어 고율의 관세를 부과 하였는데 무관세로 들여온 나일론 사는 이미 수출한 제품에 사용 된 것을 보충한 것 임으로 전량 시중에 팔아서 그 수익금은 내 소유가 되었다.

이 수출 대행 사실을 한 달도 되기 전에 우리 회사 사장님이 아셨다. 경위를 물으시기에 내가 사장님의 사전 허가 없이 행한 모든 사실을 가감 없이 말씀드렸다. 형제 간의 불화로 내가 그렇게 밖에 할 수 없었지만 여하간 그 결과는 친 동생의 어려움을 해결 해 준 결과이니 크게 보아 그 집안 전체에게는 도움이 된 것이라 나는 양심의 가책 같은 것은 전혀 없었다

그러나 사장님의 입장에서 보면 문제는 완전히 달라진다. 첫째, 나는 회사의 녹을 먹는 간부사원으로 사장의 허락 없이 집무시간 중 회사와 관계없는 일을 한 것은 일종의 배임이었고 둘째, 배신과 불화로 동생을 계열사에서 배제하려는 시점에서 재고누적으로 파산 직전인 동생의 자금난을 내가 해소시켜 회생케 해 준 나의 행위가 괘씸했던 것이라 짐작해 본다. 셋째는 이 수출 건의 결과로 내가 적지 않은 돈을 취득하게 된 사실도 짐작으로 아셨기 때문에 그냥 묵과할 수도 없는 상황을 맞게 된 것이다.

사장님께서는 내 신상 문제로 한 달 넘게 고민하셨다고 말씀하시며 여러 가지 상황으로 보아 나의 입장도 생각해 달라고

말씀 하시기에 저도 고민을 거듭한 끝에 사표를 내려고 후임자를 찾고 있었습니다. 지금 사표를 제출하고 후임이 결정되면 업무인계를 하고 회사를 떠나겠습니다 라고 말씀 드렸다.

이로써 5년 6개월 간의 사회 첫 걸음으로 무역업계에 들어와 많은 경험을 얻고 무역업계에 진출 할 발판을 마련할 기반을 닦은 것이다.

무역업 2

첫아이의 출생

삼기물산 입사 후 반년 정도 지난 6월13일 출근하려고 집을 나서는데 아내가 배가 조금 아프다고 말했다. 알았으니 조금 더 심하면 병원에 같이 갈 터이니 회사로 전화하라고 이르고 회사에 나가 일하고 있었다. 아내로부터 11시경 전화가 와서 아랫배가 더 아파 병원에 가자며 빨리 오라는 것이었다.

회사에서 집까지 평소 10분정도 걸리는데 퇴계로에서 택시를 잡아 집까지 가는데 15분 걸려 집에 들어가니 주인집 할머니가 우리 방에서 나오며 애기가 나오려고 하니 빨리 병원으로 데려가라는 것이었다. 아내를 들쳐 업고 나와 택시를 타고 성모병원으로 가서 내리는데 벌써 머리가 반쯤 나오고 있는 상태였다. 응급상황을 안 병원에서 급히 휠체어에 태워 분만실로 가니 분만 침대가 없어 분만의 징후가 가벼운 환자와 교대하고는 분만실로 들어가 체 1시간도 안 되어 순산했고 산모와 신생아 모두 건강하다고 하여 초초하게 밖에서 기다리던 나는 한시름 놓았다.

그런데 담당 산부인과 의사가 하는 말이 산모와 신생아 모두 건강하나 2개월 정도 조산이라 아이가 너무 적어 당분간 인큐베이터에 넣어 적정 체중이 될 때까지 키워야 한다고 말하였다. 그렇게 하기로 동의하고 우선 산모를 돌볼 사람이 필요하여 대구에 계신 장모님께 전화 드렸더니 내일 상경한다 하시기에 안심하였다.

당시 장모님께서는 대구 서문시장 포목부에서 장사를 하고 계셨는데 그때 마침 가게를 처분하고 집에 계셨던 때라 그 이튿날 바로 올라오셨다. 아내도 이튿날 아침 퇴원을 하고, 집에 있었는데 그날 저녁 장모님을 서울역에 마중 나가서 모시고 오니 산모만 있고 애기가 보이지 않자 어찌된 일이냐 물으시기에 조산으로 인큐베이터 안에 양육하고 있다고 말씀 드렸다.

며칠 후 산모의 거동이 편해지자 아내가 장모님을 모시고 병원에 애기를 보러 갔다. 장모님이 인큐베이터 안에 있는 신생아를 보시더니 애기를 제대로 씻지 않아서인지 영양공급이 제대로 안 돼서 인지 몰골이 보기에도 민망스러운 지경이라 한참을 곰곰이 생각하시더니 이대로 두었다 가는 애기가 제 명대로 살지 못하고 죽을 것 같다 하시며 당장 집으로 데려 가자 하시는 것이었다.

집에 데려다 깨끗이 씻기고 우유가 아닌 모유를 애기가 원하는 대로 풍족히 먹고 엄마 품에 안겨 자니 하루가 다르게 자라 예쁘장한 아이로 건강히 커 갔다. 퇴원 후 아이의 이름을 이 인혜 라고 지었다. 한문으로 어질 인자 지혜 혜자로, 내가 며칠 간을 곰곰이 생각해서 지은 이름이다. 그리고 아명을 방울이라고 지어 지금도 우리 내외는 환갑이 지낸 맏딸 인혜를 방울이라 부르고 있다. 방울이는 그 후 건강하게 잘 자라 내과의사가 되어 내가 경제난으로 이루지 못한 아버지의 유업을 이은 맏딸이 되어 온 가족의 건강을 돌보는 우리 집 보배가 되었다.

종암 아파트 입주

삼기물산에서 퇴직하기 반 년 전 서울시내에서 제일 먼저 건축된 6층 아파트로 처음 입주할 때 전체 가격의 반을 내면서 입주하였고 3년후 잔액만을 냄으로써 소유권을 이전 받았다. 아파트 위치는 고려대학교 정문을 지나 북쪽으로 가다가 서울대학교 상과 대학 입구를 지나 미아리 쪽으로 종암동 시작 지점에서 좌측으로 약 60m정도 가면 동서로 나란히 두 채가 지어져서 한 층에 10여개 아파트가 연결된 건물이었다.

당시 종암아파트는 서울에서 최초로 지어졌고 단 하나뿐 인 아파트라서 그런지 영화나 TV 연속극 촬영이 자주 있어서 당시 유명 출연 배우들과 촬영 현장을 보기 위해 아파트 주민들이 몰려나와 법석을 떠는 모습을 본 기억이 지금도 생생하다. 이 아파트에 살면서 일어난 일이다.

위로 두 딸을 낳고 조금은 초조했던가 아들이 태어나니 우리는 물론 대구에 계신 형님도 여간 기뻐하지 않았다. 형님 네도 딸 둘 뿐이어서 준호가 태어나니 만약의 경우 준호를 양자로 들여 아버지 대를 이어 갈수 있다는 속셈이 있었던 모양이다. 그 후 얼마 안 되어 형님께서는 다행히도 득남을 하셨다.

일성실업 주식회사

삼기 물산을 퇴사하고 난 후 한 달 가량 지나면서 언젠가부터 꿈꾸어 왔던 무역회사를 설립할 결심을 굳히고 그 기초작업에 착수하였다. 우선 충무로 2가에 있는 양복점 2층에 20여평의 조그만 사무실을 마련하고 회사상호를 일성실업 주식회사로 결정하였다. 그리고 나 혼자 동남아시아로 출장하며 전에 무역 부장 일 때 거래선과 새로운 거래처를 교섭하여 섬유제품계약을 일성실업 명의로 계약하고 약 7만불 상당의 신용장을 받아 귀국하였다.

당시 수출입 업무를 할 수 있는 무역업자 등록을 해야만 수출입 업무를 할 수 있었는데 거기에 첨부해야 할 수출 신용장이 최소 5만불 이상이어야 상공부의 승인 하에 무역업자 자격이 주어졌다. 1980년도에 들어 무역업자 등록제도가 폐지 되었으며 한때 무역협회에 등록업무를 위임 하였다가 2000년도부터 완전 자유화 되었다. 내가 무역업자 등록 할 때에는 등록자수가 200여 개 정도였었는데 내가 최연소로 무역업자 등록을 하였다고 담당자가 말했었다. 회사의 기초 운영자금은 삼기물산 퇴직의 원인이 된 수출 대행 사업에서 얻어진 것이다.

무역업자등록을 마친 후 사원들을 채용하여 업무를 시작하여 차츰 회사가 수익을 내기 시작하며 안정되어 갔다. 회사 창립 후 55년이. 지난 지금에 기억되는 회사 발전에 기여한 사람 중 두 사람의 이름이 잊혀지지 않아 적어본다.

이 이석, 이 사람은 서울대학교 문리대 졸업생으로서 고향 작천의 이웃마을인 월촌 출생으로 촌수는 멀지만 일가친척으로 촌수로는 아저씨뻘 되는 사람인데 나이는 나보다 다섯 살 쯤 연하 인 것으로 기억한다. 그는 대학을 졸업하고 미국유학을 준비하고 있었으나 재정상의 문제와 그의 삼촌이 좌익에 연루되어 있어 연좌제에 걸려 유학을 막 포기하고 있던 중이었는데 그의 아버지께서 내가 무역회사를 운영하여 마땅한 사람을 찾고 있다는 사실을 아시고 저를 찾아 오셔서 아들의 취직 청탁을 하시는 것이었다.

나로서는 “不敢請耳(불감청이) 언정 固所願也(고소원야)” 이라, 즉석에서 청탁을 들어 드리며 군복무가 거의 끝난 제대 무렵에 그를 오게 하여 입사시켰다. 그는 그의 탁월한 영어 지식과 명석한 두뇌와 성심으로 회사 발전에 많은 공헌을 남기고 규모가 더 큰 회사로 영전하여 갔다. 그 후에도 우리의 끈끈한 친분관계는 이어져 오늘까지 이어가고 있다.

내가 미국 이주 후 그의 외동아들 이성원이 중학생 어린 나이로 유학 차 미국에 왔을 때 뉴햄프셔까지 데리고 가서 면접을 도왔고 그 후 그는 카네기 멜론 대학을 졸업하고 대학원을 거쳐 미국에 정착하면서 결혼도 하고 컨설턴트 회사를 창업하여 크게 성공하여 잘 살고 있다.

근년에 이르기까지 그가 아들 집에 다니러 올 때마다 서로 연락하여 함께 식사를 하며 회포를 풀고 내가 한국에 갈 때마다 빠짐없이 우리 내외를 그의 골프장에 초대하여 골프도 같이 치고 만찬도 나누고 한다.

이숙자는 아내의 바로 아래 동생인 나의 처제이다. 그녀는 내가 회사 창립할 때 제일 먼저 입사한 사람이다. 그녀는 여자 상업고교를 나와 어떤 회사 경리과에 근무하고 있었는데 내 회사의 경리 책임을 맡기려고 스카우트 해온 셈이다. 맨처음 입사하여 회사 집기, 문방구류 등 일체의 사무용품 구비 등 회사 창립에 필요한 갖가지 일을 도왔다. 처제는 회사가 순조롭게 발전해가고 있던 1968년 9월에 현대 건설에 다니는 사원과 결혼을 한 후에도 경리과장으로 승진하여 회사가 폐업할 때까지 회사와 나를 위해서 성심을 다한 것에 감사한다.

회사 창설 후 섬유제품 수출로 순조롭게 발전해 왔으나 4년차에 접어들어 우리 회사 수출품의 주 종목인 화학섬유 제품의 주 원료인 나일론 실과 폴리에스터 실의 수입원가가 폭등하고 제조원가가 올라가니 채산성이 맞지 않아 고민하게 되었다. 생각과 고민 끝에 차제에 업종전환을 해보자 결심하고 시장조사를 한 결과 가발과 갈포벽지가 미국시장에 인기가 아주 좋다는 정보를 입수하고 담당 적임자를 물색한 결과 김종호 라는 나보다 5살 연상되는 연세대학 출신이 갈포벽지 전문가라는 심정수라는 60대 초반 노인을 데리고 회사에 찾아왔다.

무역업계에 장시간 종사한 이력서와 당시 갈포벽지 수출의

선두주자인 동남 갈포 주식회사에서 벽지 원자재인 갈포 수집 책을 했었다는 심정수를 소개하는 것이었다. 나 자신이 갈포벽지의 원료수집과 생산에 이르기까지 아무런 예비지식이 없으면서 이 두 사람의 말을 믿고 업종전환을 한 것이 천추의 한이 될 줄 은 당시 꿈에도 생각지 못했다.

여기서 잠시 그 당시 내가 투자해서 매입한 부동산 현황을 살펴본다. 당시에는 박정희 대통령과 현대건설 정주영회장의 경부 고속도로가 완공되어 강남지역의 개발이 한창이던 때다. 나는 경부 고속도로 서초 인터체인지 근방에 450평을 매입하였고 4개월 후 천호동 토 섬 넘어 천호동에 있는 전답 2천평을 친구 최상호와 공동으로 매입하였다.

최상호는 대구 상업고등학교 1학년때 만나 친구가 된 이후 내가 상고를 1년 중퇴하고 국립 체신고등학교로 가서 육군 중위로 제대하여 삼기물산 경리부장으로 올 때까지 서로의 행방을 모르고 있었다.

회사에 입사 후 그가 한국은행에 근무하고 있다는 사실을 알고 찾아가 반갑게 만나 그 후 자주 집에도 와서 아내가 차려준 술상을 마주하고 우정을 쌓아 갔다. 그렇게 서너 해를 지나다 내가 삼기 물산 경리부장에서 무역부장으로 전임하면서 경리부장 후임을 맡으며 한동안 같은 회사에서 근무하였고 내가 떠난 후에도 몇 년간 더 그 회사에 재직하고 있었다. 내가 천호동 땅 2000평 살 때 나의 요청으로 땅값의 반을 투자하였으며 다시 팔 때까지 내 이름으로 소유권을 등기하도록 나를 전적으로 신임하는 친구였었다.

그러나 후일 내가 갈포벽지 사업을 할 때 은행대출을 위한 담보물로 제공되었고 회사 부도로 은행 대출금을 갚지 못하여 소유권이 은행으로 넘어 갔지만 내 실정을 잘 알고 있는 그는 책망의 말 한마디 없이 나를 도리어 위로하던 진정 고마운 친구였다. 그 후 수년이 지난 뒤 내가 미국으로 가족이민을 떠난다는 것을 알고 나를 의정부 소재 로얄 골프장으로 초청 고별 골프를 쳤다. 그날 나의 골프는 뜻밖에도 너무 잘 되어 당시 내 핸디 8보다 8타를 적게 친, 72타를 생애 처음으로 무실점 이븐을 기록하여 평생 잊지 못할 추억으로 남게 되었다.

미국 이주 후 10여년이 지나 생활이 안정이 되자 처음으로 한국으로 부부동반 여행을 갔을 때 최상호를 찾으려 했으나 처가 쪽 가족들과 미국 서부 쪽으로 이민을 갔다는 확인할 수 없는 소문만 들었을 뿐 그의 생사여부도 알 길이 없어 안타까울 뿐이었다. 내가 그 땅에 공장을 지을 때에 내 몫의 천 평을 사용하고 그의 몫인 천 평은 공지로 두었지만 은행에 담보 제공 시 땅 전체의 소유주가 내 이름으로 되어 함께 차압 당하였으니 나의 실책이 뼈아프게 후회되고 잊지 못할 한으로 내 가슴에 못 박혀 있다.

갈포벽지 수출업으로 업종 전환을 하여 폐업에 이르기까지 내가 겪은 갖가지 어려움들을 여기에 모두 기록하기에는 내 가슴이 너무 쓰라린 것임을 밝혀 두고 앞으로 다시는 이런 전철을 밟지 않으리라 하는 다짐이 일성실업 7년 경영을 통해 얻은 수익의 전부임을 밝힌다. 사실 그 후 오늘에 이르기까지 두 번이나 더 부침을 경험하게 되지만 두 번다 정점에 올랐다가 내려간 원인은 나의 오판이 아니라 타의에 의해 침몰 하게 된 것이었다.

이 갈포벽지 사업으로 인한 재정적 손실을 살펴보면 섬유제품 수출로 4년간 수익금 전부 천호동 땅 2천평 그리고 서초동대지 450평등 이지만 따지고 보면 빈손으로 시작해서 다시 빈손이 되었을 뿐 나라는 자산은 잃은 것이 없다는 결론이다.

제조업

다양 운수 공사

일성 실업 주식회사를 폐업하고 모든 채무관계를 정리하고 나니 수중에 남은 돈은 얼마 되지 않고 그동안 늘어난 식구는 2녀 2남 도합 여섯 식구의 생계가 막막한 지경이 되었다. 당장 눈앞의 어려움만 생각한다면 그동안 경리 및 무역경험을 살려 취직이라도 하면 되겠지만 나의 의지는 어떤 어려움이 닥쳐도 이겨내고 자수성가를 해야겠다는 것이었다.

몇 주 일을 곰곰이 생각한 끝에 종암 아파트를 팔고 종암동에 조금 후진 곳에 방 세 칸 짜리 전세방을 얻었다. 그리고 나머지 돈으로 새로운 사업을 물색하며 몇 달을 헤매고 다녔다. 우선 소자본으로 운영자금이 적게 드는 업종으로 운수사업을 하기로 결정하고 평소 잘 알고 지내던 무역회사 사장들에게 수출입 물품운송을 전담키로 약속을 받았다. 그리고 중구 쌍림동에 있는 이천 물산 소유의 쌍림창고 내의 사무실 일부와 주차공간을 임대계약 하고 회사이름을 다양운수 공사로 등록하였다.

그런 다음 운송트럭 3대를 임차하고 운전기사 3명과 사무원 1명을 고용하고 영업을 시작하였다. 회사운영은 순조롭게 운영되고 있었으나 업종자체가 수익성이 좋은 것이 아님으로 현상유지만 겨우 하고 있었다. 그러던 어느 날 세 들어 있던 쌍림창고의 소유회사인 이천물산 주식회사의 상무이사인 이정두씨가 시찰 차 창고에 왔다가 나와 조우하게 되었다. 그는 깜짝 놀라며 일성산업 이사장이 여기 웬 일인가 하고 놀라는 것이었다.

내가 우리 사무실에 들어가 자초지종을 말하였더니 한참을 생각하다가 잘 알았노라고 하며 추후에 연락 할 테니 이천 물산 자기 사무실에 들려주면 고맙겠다고 하고 돌아갔다. 당시 이천 물산 주식회사는 전라남도 출신의 대표적 무역업체로서 재력도 튼튼하고 무역 실적도 좋아 그 명성이 널리 알려진 업체였다. 나보다 3살 위인 이정두 상무이사는 서울대학교 상과대학 출신으로서 이 회사 주식지분을 상당량 보유하고 있는 실력자였다. 며칠 후 연락을 받고 그의 사무실을 방문하였다.

그는 자기회사 소유인 쌍림창고 운영에 관하여 설명하면서 당시 쌍림 창고의 관리책임 운영자가 무책임하고 부실하게 창고를 운영하고 있어서 골치가 아프다며 나에게 사무실 임대와 함께 창고 전체를 임대해서 운영해보면 어떠냐는 제의를 했다. 물론 창고에 대한 임대료는 현재까지의 수년간 수입의 평균치를 계산하여 정하겠다며 수익 내역서를 보여주는 것이었다.

내가 그동안 같은 건물 안에 상주하고 있으면서 관리책임자의 허술한 경영관리를 보고 느낀 바가 있었던지라 개선의 여지가 많아 내가 운영하면 훨씬 더 많은 수익을 올릴 수 있을 것이라는 예감이 들어 즉석에서 수락하고 새로운 임대계약을 체결하고 그 다음달 1일부터 운영을 시작하니 예상대로 수익이 많아졌다.

이정두! 여기서 본론을 잠시 접어두고 이미 고인이 되어 저 세상 사람이 된 이정두씨와 나와의 인연을 살펴보고자 한다. 고인은 전라남도 여수출신으로 부유한 집안에서 태어나 명문 서울고등학교와 서울대학교 상과대학을 졸업하고 전라남도 굴지의 기업 인 무역회사 이천 물산 주식회사에 수재로서 같은 여수 부자 가문의 여식으로 이화여자대학을 나온 미모의 규수와 연애결혼 하고 종로구 삼청동에서 살고 있었다.

나와 고인의 첫 만남은 한국무역협회 회원 총회 때 행사 후 회원 만찬 때 우연히 같은 테이블에 앉게 되었고 나는 당시 최연소 정회원이었지만 그는 이천물산 상무 이사로서 사장을 대리하여 참석하였다. 그는 나에게 많은 관심을 보였고 나 또한 유명회사의 촉망받는 중역이면서 넉넉한 인품을 가진 그와 친분을 쌓고 싶어 서로 자주 만나기로 하였고 그 후 여러 차례 점심 식사나 술자리를 같이 하였다. 그렇게 수 년을 지낸 후 내가 일성실업을 정리하고 다양운수를 설립해서 쌍림창고에서 세 들어 있을 때 우연히 만나 사업관련 인연을 맺었다.

또 몇 년의 세월이 흐른 뒤 그가 주식회사 LM 이라는 무역회사를 설립할 때 나에게 투자를 요청하기에 당시에는 나의 재정 상황이 좋아진 때라 여유자금 일부를 투자하였는데 나를 신설회사의 비상임 감사로 등재하였었다. 주식회사 LM 은 그 후 고속성장 하여 한해 200 만불의 수출실적을 낼 만큼 성장하였으나 어떤 연유에서 인지 모르나 그의 회사는 도산을 하고 나보다 2년 뒤 미국으로 가족이민을 오게 되어 뉴욕에서 다시 상봉하게 되었다. 당시 나는 의류 소매상으로 조금은 안정된 상황이라 그의 이민정착을 돕기 위해 다방면으로 노력하였으나 별 성과를 보지 못하여 유감이었다.

고인과 그의 부인 모두가 부잣집에서 재정적 어려움 없이 유복하게 자라나 미국 이민자로서 정착하는데 그것이 걸림돌이 되었다. 내 추산으로 십만 불 정도 정착 자금을 준비해왔는데 그 정도 투자 하여 할 수 있는 업종은 부부가 함께 노동을 해야 하는 청과상이나 생선가게 등이라 그분들로서는 너무 벅찬 노동이라 감당할 수 없었고 비교적 가벼운 노동을 필요로 하는 세탁업을 추천하여도 우리가 어떻게 남이 입은 때묻은 옷을 빠는 일을 하겠느냐는 것이었다.

주류 소매상은 비교적 노동량이 적어 운영은 할 수 있겠다 하여 시장 조사를 한 결과 그 정도 투자해서는 흑인 빈민촌 등지에 알콜 중독자들이 우글거리는 위험한 지역에 목숨을 담보하고 장사를 해야 하는 그런 곳 뿐이었다. 나로서는 도울 수 있는 길이 한계가 있어 이정두씨는 마땅한 생업을 결정하지 못하고 주말에 나와 몇몇 친우들과 골프를 치는 동안 세월은 쉬지 않고 흘러 1년 여가 지나갔다. 그러던 어느 날인가 나를 만나 이제 살 길을 찾은 것 같다면서 자초지종을 말하는 것이었다. 자기가 다니는 단골 정비업소 사장이 자기가 운영하고 있는 정비 업소 옆에 자동차 세차장을 신설하는데 시설자금이 모자라 십 만 불을 투자하고 반반 씩 지분을 갖고 동업 하자는 제의에 합의하고 설립 허가 신청서에 공동대표로 서명한 뒤 1 차 5 만불을 지불하였다는 것이다.

나도 정비공장 사장과 골프도 몇 번 같이 친 사람이라 아주 잘하였다고 이제 노동하지 않고 생활안정을 할 수 있을 것 같다며 격려하였다. 그러나 열흘쯤 지난 어느 날 나에게 전화가 왔다. 사기를 당하여 투자한 돈 5 만불을 날렸다는 것이었다. 정비공장을 하고 있어서 믿고 돈을 주었는데 렌트로 운영하던 정비공장은 그대로 버려 두고 온 가족이 야반도주 해서 찾을 길이 없으니 투자한 5 만불은 흔적도 없이 사라져 버렸다 했다. 부자는 망해도 3 년은 간다는 속어가 맞는지 그 후 그는 2 년 이상을 버티다가 둘째 딸 내외가 의사로 성공하여 잘 살면서 부모를 모시겠다고 하여 귀국 하였다. 이정두씨는 귀국 후 딸과 한 집에 살다가 2 년쯤 되었을까 심장마비로 갑자기 별세하였다는 소식을 듣고 오랫동안 남달랐던 우의를 추억하며 그의 명복을 빌었다.

나는 운수업과 함께 창고를 관리하여 사업은 크게 수익은 없으나 순조롭게 운영되면서 2 년이란 세월이 흘렀다.

삼풍 산업 주식 회사

1974 년도 어느 날이던가 안방에서 TV를 보고 있었다. 당시 처음 출시된 TV는 네발이 달린, 화면이 24 인치 밖에 안 되는 소형으로 응접실 등 넓은 방에서는 보기가 불편하여 주로 안방 침실에 놓고 시청하고 있을 시기였다. 침대가 아닌 온돌방에 앉아서 장시간 TV 를 보려면 허리가 아파 베개를 몇개 포개 얹고 벽에 기대 앉아서 볼라 치면 엉덩이가 자꾸 미끄러져 내려가 고쳐 앉기를 반복하곤 했다. 그렇다고 소파를 안방에 들여놓으면 잠 잘 때 불편하고 또 혼자 맘 편히 앉아 볼 수도 없는 상황이라 이런 불편함 없이 TV를 볼 수 있는 방안을 없을까 하는 생각과 연구를 거듭한 끝에 한가지 아이디어를 착안해 내었다. 기존 시장에 유통되고 있는 두꺼운 스폰지를 3 등분으로 잘라 거기에 두꺼운 천을 입혀 연결한 것으로 평상시에는 접어 두었다가 잠 잘 때 펴서 침대처럼 사용하는 것인데 이것을 삼단요 라고 불렀다.

내가 창안한 새로운 제품은 3 단 중 2 단은 그대로 두고, 나머지 한 단을 접으면 등판 형태가 되도록 다시 세 쪽으로 잘라 같은 천을 입히는 것이다. 쉽게 말해서 전체가 5쪽으로 나누어져 있는 스폰지에 천을 입혀 5 단을 다 펴면 스폰지요가 되고 2개의 큰 부분을 접은 후 그 위에 등받이용 3 단을 접으면 완벽한 팔걸이 없는 소파의 형태가 되어 평상시에는 소파로 사용하고 잘 때는 스폰지 침상으로 온돌방에서 사용하기에 아주 편리한 다목적 가구인 것이다.

우선 시제품을 몇 개 만들어 직원들과 친지에게 무료로 제공하여 사용케 하고 의견을 수집한 결과 아주 반응이 좋았다. 그래서 바로 실용신안 특허를 특허청에 신청하기로 결정하였다. 실용신안 특허 출원을 위하여 유명 변리사를 찾아가 내가 고안한 새로운 제품의 명함을 삼풍 5 단요로 하여 특허 출원을 의뢰하였다. 현재까지 세상에 존재하지 않는 전혀 새로운 제품을 고안 또는 발명하여 시중에 팔려고 하는 개인 또는 단체를 일정기간 독점 판매권을 주어서 판매수입을 보장함으로써 발명자를 보호하는 국가 기관이 특허청이다. 특허청에 특허 출원을 도와주는 직업을 변리사라고 하는데 직접 특허청에 출원 신청도 가능하지만 변리사를 통하는 것이 비용은 더 들지만 심사기간도 단축되고 인준을 받을 확률이 좋아진다는 것이 중론이었다.

나는 특허를 받고 양산에 들어가기 전 시제품을 외피 천의 종류와 제품의 크기 등을 다양하게 만들어서 시중의 반응을 본 다음 본 제품을 결정하여 대량생산에 들어간다는 생산계획을 세우고 시제품 생산을 하여 1차 30개의 제품을 만들어 우선 동대문 시장에 한 점포를 대리점으로 정하고 시판에 들어갔다. 기존 제품인 3단요 보다 훨씬 고가인데도 일주일이 안되어 다 팔렸다는 보고를 받았다.

삼풍 5단요 판매에 대한 확신도 얻고 대량생산 계획을 세우고 우선 적당한 크기의 건물과 주차공간이 있는 공장을 물색하기 위해 다방면으로 물색한 결과 창신동에 우리에게 알맞는 공장을 물색하고 3개월 후 입주하기로 하고 계약을 체결하였다. 특허 변리사와 연락한 결과도 그 때쯤 이면 삼풍5단요에 대한 실용신안 특허가 결정할 것이라는 언질을 받았다.

이제는 삼풍산업에 전력투구하기 위하여 다양운수와 쌍림창고의 운영에는 손을 떼고 정리할 때가 온 것이다. 본사의 이정두 전무이사와 만나 자초지종을 설명하고 쌍림창고의 임대 운영을 계속 할 수 없으니 3개월 내에 적임자를 물색하여 인계할 수 있도록 해주십사고 간곡히 부탁하고 그의 동의를 받았다. 다양운수는 거래처에 거래중단 통보만 하는 것이므로 3개월 후 운송관계 계약을 중단해야 할 이유를 설명하는 것으로 매듭을 지었고 사용하던 트럭 2대는 삼풍산업에서 그대로 사용하면 되는 것이었다.

1974년 5월 1일에 창신동 공장으로 입주하면서 삼풍산업 주식회사는 본격적으로 생산에 착수하였다. 다행하게도 4 월에 삼풍 5 단요에 대한 실용신안 특허장을 받아서 순풍에 돛을 단 것처럼 자신감이 생겨 났다. 공장 입주하기 열흘 전부터 사무실과 공장내부 수리와 페인트 칠 등은 끝냈음으로 사무실 집기만 들여 놓고 공업용 미싱 20대와 외피용 원단, 주문 생산된 내장용 스폰지 판 등 제품생산에 필요한 재료와 제작용 가구를 사들였다.

또 한편 제품 생산과 판매를 위한 인력 보충은 우선 재봉사와 재단사를 20 여명 선발하여 완제품 생산에 대한 예비훈련을 마치고 5월 중순부터 완제품 생산을 시작하였다. 그리고 제품은 운송과 판매 인원은 다양운수 직원으로 대체하고 판매 부서에 3 명 충원한 것으로 제품 생산부와 판매 부서의 인적 구성을 완료하고 각 부서의 책임자는 당분간 내가 맡아서 하기로 결정하였다.

제품 생산과 판매가 순조롭게 진행되어 삼풍 5 단요의 인기가 점점 좋아져 생산부를 확장하고 더 많은 제품을 생산, 판매하여 반 년 정도 지나자 경제적 여유가 생겨 자가용 자동차도 사고 집도 종암동에서 동소문동 석조 건물로 이사하였다. 서울에 있는 각 시장에 대리점을 맺고 제품을 공급판매 하다가 전국 규모로 시장확장을 하고자 대대적 광고를 하기로 당시 탈렌트와 모델로 상한가를 누리고 있는 김창숙을 모델로 정하고 그녀가 삼풍 5 단요 위에 요염한 모습으로 비스듬히 앉아있는 광고 사진을 찍어 대대적인 광고도 하니 판매량이 크게 늘어났다.

일년 정도 순조롭게 영업실적이 늘어나더니 갑자기 여기저기서 우리 제품과 똑같이 생긴 모조품들을 생산하여 훨씬 더 싼값에 팔기 시작하니 우리 제품의 판매 실적에 영향이 왔다. 이런 상황을 예측하고 실용신안 특허를 받아 두었던 것이다. 사과가 나무에서 떨어지는 것을 보고 만유인력 법칙을 발견했다는데 간단한 아이디어로 제품을 고안해서 만든 것이라 5 단요 자체는 누구나 큰 장비나 기술이 없어도 모조품을 만들 수 있어서 모조품이 나올 것을 예상하고 특허를 받았고, 특허품을 특허권자 동의없이 만들어 판매하면 형사상 처벌과 민사상으로는 배상을 해야 하는 특허법이 있기 때문에 10 년간 특허법의 보호아래 독점 판매권을 보장받은 것이다. 모조품이 나올 것을 예상하고 서울시 경찰청 특허 관계 담당관과 친교를 맺어 만일의 경우를 대비하고 있었다.

일단 모조품 판매점 보고가 들어오면 그 위치를 알아보고 시경 특허 담당관을 대동하고 그 점포를 찾아가 모조품을 확인한 다음 점포 주인에게 삼풍 5단요의 실용신안 특허증을 보여주고 모조품 제조 또는 판매하면 법적 처벌을 받는다는 경고를 알린 다음 다시 모조품을 제조 또는 판매하면 어떤 법적 처벌도 달게 받겠다는 서약서를 받고 모조품 재고를 압수하였다.

모조품 판매하다가 적발된 대부분의 점주들은 특허법을 모르고 법을 위반한 것이라 특허법을 설명하면 쉽게 납득을 하고 중단하는 것이었다. 몇 달 동안 십여 건의 모조품 판매업자들을 정리하고 나니 시장이 안정되고 매상은 늘어나고 사업은 순조롭게 발전하였다.

이 홍 친형님! 여기서 어머님 서거 후 고아 삼 남매의 맏이인 친형 홍 형님의 일생과 나와의 관계를 되돌려 생각해 보려 한다. 내가 고령중학교 졸업 후 고향을 떠나 대구를 거쳐 서울소재 체신고등학교에 다닐 무렵 형님도 고향 작천을 떠나 대구로 무작정 왔다 한다. 그 당시 종조모님 (아버님이 돌아가신 후 방 한 칸 내주신 분)의 가솔이 대구로 이사와 계셨다.

아드님인 나의 5 촌 아저씨가 고등학교 서무주임으로 근무하고 계셨는데 자녀들 교육 차 대구로 이주 하셨다고 한다. 형님은 대구로 들어와 잠깐 신세를 지다가 자리를 잡기까지 모진고생을 견뎌내면서 그래도 야간 중고등학교의 졸업장은 받았다고 하셨다. 내가 육군 장교로 대구에 정착하고 난 후 우선 시골에서 반 식모살이 하며 고생하고 있는 여동생을 대구로 데려와 함께 살면서 미용학원에 다니게 하고 그리고 수소문 끝에 형님을 찾았더니 고생 끝에 이제 어느 정도 자리를 잡아서 살만 하다 하시고 부엌이 달린 단칸방에서 불편 없이 자취생활을 하고 있다 하셨다.

그날 밤 둘이서 소주잔을 나누면서 어려웠던 지난 날들을 회고하며 회포를 풀고 우리 어떻게 하든 열심히 노력해서 경제적 기반을 닦아 앞으로 갖게 될 자식들은 우리 같은 어려움 없이 공부 잘 시켜야 한다며 서로 다짐하기도 했다. 그리고 동생 유순이가 시골에서 초등학교 밖에 졸업을 못하여 어렵게 자랐지만 이제 결혼 적령기를 넘어가려 하니 서둘러 신랑감을 찾아 결혼을 시켜야 한다는데 뜻을 모았다. 그런 후 몇 달이 지난 후 형님께서는 여동생의 적당한 신랑감을 찾았다는 것이다.

형님의 초등학교 동기동창으로 공장 노무직을 하지만 착하고 생활력이 강한 친구라 하셨다. 그 후 둘이서 맞선을 보고 반대 없이 서둘러 결혼식을 올려서 동생에 대한 걱정은 덜게 되었다. 몇 해가 지나 형님도 내가 결혼하기 한 해 전에 오래 사귀던 여자와 결혼 하셨는데 결혼식에서 본 형수님은 키도 늘씬하시고 성격도 싹싹하고 매우 마음에 드는 형수님이셨다.

내가 삼풍산업 창업 후 삼풍 5 단요가 인기리에 판매고가 올라갈 때 형님을 서울에 올라오시게 하여 생산판매 상황을 시찰케 한 다음 대구지역 총판을 검토해 보시라고 권유하였다. 권유한 이유는 오로지 형님께서 경제적 기반을 닦으셔서 우리 형제 같이 잘 살면서 자식교육 잘 시켜 보자는 의도였을 뿐 내 사업을 키우는데 도움을 받고자 하는 의도는 전혀 없었다.

그것을 증명할 수 있는 것은 형님께서 총판을 하더라도 단 한 푼의 특허료나 이익 배당을 요구할 의도가 없었기 때문이다. 형님께서 그 당시 어떤 장사를 하고 있었는지 기억이 나지는 않지만 제품을 생산 판매할 자금력은 내가 염려하지 않아도 충분하니 귀가하는 대로 시작하기로 동의하셨다.

형님은 그 후 4,5년간 삼풍 5단요 사업을 착실하게 하여 상당한 경제적 기반을 마련하고 좋은 집도 사고 안정된 생활을 하게 되셨다. 그 후 내가 5 단요 특허 분쟁으로 사업이 부진해져 공장장으로 계셨던 이윤 사촌 형님에게 삼풍 산업을 양도하고 다른 사업을 했었지만 형님은 꾸준히 5 단요와 더불어 다른 침구류도 겸하여 내가 미국으로 가족이민 떠날 때 까지도 지속한 것으로 기억된다.

호사다마라고 하던가! 내가 도미한지 2 년 후까지도 삼남매의 자식을 두고 단란한 가정으로 행복하게 사셨다. 그런데 어느 해 추석 명절에 집에서 제사를 지내고 고향 작천에 있는 부모님 묘지를 참배하러 자가용에 형수님을 옆에 태우고 가셨다가 성묘를 끝내고 대구로 귀가하던 중 마주 오는 차와 충돌하여 형수님은 돌아가시고 형님도 중상을 입는 자동차 사고를 당하였다. 나는 당시에 영주권 신청 중이었고 장사도 자리를 잡지 못하고 있는 상황이라 장례에 참석하지 못하고 가슴 아파하며 장례비만 보내 드렸다.

그 후 언젠가 형님께서 미국에 오시겠다 하시기에 비행기표를 보내 드려 집으로 오셨다. 관광 겸해서 대학에 있는 아이들도 만나 볼 겸 새로 산 차를 몰고 나이아가라 폭포를 거쳐 토론토에 살고 있는 사촌인 이 용 형님 댁을 방문하여 하룻밤 자고 이튿날 메사츄세스 놀스 햄프턴 소재 스미스 칼러지에 있는 큰딸 인혜를 만난 후 보스턴 MIT를 방문하여 둘째 딸 영주를 만나고 돌아왔다. 그후 10여일을 머무시다가 LA쪽에 둘러보고 가신다며 떠나셨는데 그때가 우리 형제의 마지막 상봉이 될 줄은 몰랐다.

형님은 한국으로 돌아가 5년 후 지병으로 세상을 떠나셨는데 환갑을 앞둔 60세의 젊은 나이였다. 별세 연락을 받고 한국에 가서 장례를 모시고 온 지가 어제 같은데 어언 30년이라는 세월이 흘렀다. 다행스럽게도 큰딸은 일본에서 식당업을 크게 하고 둘째 딸 현정이는 내외가 한의사로 안동에서 유명한 한약방을 운영 중이고 아들은 대구에서 화장품 생산공장을 운영하며 사업가로 성장하고 있어 많은 위안을 받고 있다. 형님의 영원한 안식을 빈다.

본론으로 돌아와 모조품 판매자들을 설득과 회유로 몇 달에 걸쳐 정리하고 나니 시장도 평온 해져 매출도 순조롭게 늘어나니 재산도 늘어났다. 나의 업무량도 늘어나 고령중학교 1년 후배인 사촌 형이 그 당시 직업이 신통치 않아 우리 회사에 공장장으로 초빙하여 함께 일하게 되었다. 전술한 바 있는 이정두 부사장의 권유로 골프도 시작하여 주말에는 골프도 즐기면서 2년여간 순조롭게 지나갔다.

특허 분쟁과 전업

호사다마라고 했던가! 좋은 일에는 악마가 따른다는 뜻이다. 어느 날 남대문 시장 대리점에서 연락이 오기를 같은 시장에 우리 제품과 똑 같은 모조품을 대량 쌓아 놓고 장사를 시작 했다는 것이다. 이튿날 시경 특허 담당 경찰을 대동하고 상점 주인을 만나 판매 중단을 강력히 요구하며 순응하지 않으면 형사 고발하여 구속시키겠다고 하였으나 자기도 법적 대응할 준비를 하고 시작하였으니 마음대로 해보라는 것이었다. 법 절차에 따라 몇 번의 경고장을 보낸 후 형사고발을 하여 구속영장을 신청하였으나 뜻 밖에도 법원에서 기각판결을 하는 것이었다.

상황은 심각한 방향으로 선회하기 시작했다. 탐문한 바에 의하면 모조품 제조 판매하는 당사자의 이름은 최유락이고 이 사람은 청와대 내 경호처 일원으로 박정희 대통령의 딸 박근혜의 아동 경호관 최모씨의 친동생이라는 것이다. 구속영장이 기각 될 때 누군가 강력한 배경이 있구나 하는 느낌이 들었고 재판이 계속되는 동안 변호사를 선임하고 본격적이고 지루한 재판전으로 이끌어 갔다. 상대방 변호사의 변론 요지는 삼풍 5단요와 비슷한 제품이 일본에서 내가 특허 신청 이전에 특허신청 하여 허가 되었다며 증거품을 재판정에 제출하였다. 그리고 이 사실에 근거하여 우리의 특허는 무효임으로 같은 모양의 제품을 제조 판매하여도 위법이 되지 않는다고 주장하는 것이었다.

그런 와중에 시간은 몇 개월이 흘렀다. 정작 중요한 문제는 이 재판의 승 패소 문제가 아닌 다른 곳에 있었다. 최유락이 재판을 걸어 놓고 모조품을 공공연하게 싼 값으로 판매하여도 법적 제재를 하지 못하고 있는 사실과 법정소송으로 분쟁하고 있다는 사실이 언론에 보도되자 모조품이 범람하게 되고 따라서 가격경쟁도 극심해지니 회사의 판매량도 급감하게 되고 가격도 하락되어 경영도 난항을 겪게 되었다.

경영 속담에 이런 말이 있다. "죽은 돈이 산돈 잡아 먹는다" 날이 갈수록 적자만 계속되니 고심 끝에 결론을 내렸다. 인력과 경비를 대폭 축소하여 적자를 면하게 하고는 회사를 공장장을 맡고 있는 사촌 형에게 조건 없이 양도하고 4년여를 이끌어 오던 삼풍 산업 주식회사 사장직에서 물러 났다.

업종 전환과 두 번째 시련

삼풍 산업을 공장장인 사촌 형에게 양도하고 새로운 업종으로 전환코자 백방으로 노력하였으나 반 년이 지나도록 별다른 결정을 못하고 세월만 흘러갔다. 그러던 중 피혁 공장과 피혁 의류제품을 겸하여 운영하고 있는 권동만 사장을 만나 나의 현재 상황을 설명하여 아직 진로를 결정하지 못하고 고심하고 있다 하니 어쩌면 자기가 도움이 되어줄 수 있을지 모르겠다며 시간이 나면 자기공장으로 방문 하기를 권했다.

며칠 후 장위동에 위치한 그의 가죽의류제품 공장을 찾아갔다. 제품공장을 같이 둘러본 후 사무실에 앉아 그가 이런 제안을 하는 것이었다. 가죽원단을 가지고 각종 옷을 만들기 위해 재단을 하고 나면 옷 만들기에는 부적합한 작은 자투리가 많이 나오는데 이 자투리 조각을 일정한 크기로 잘라 지그재그 미싱으로 이으면 가죽 원단이 되는데 이 원단으로 옷. 가방. 핸드백 등을 만들 수 있어서 수지가 맞는 사업이 될 것이라며 원료는 자기가 염가로 제공 할 수 있다는 것이었다. 이런 사업을 하여 성공하고 있는 공장을 소개하며 가서 직접 보고 난 후 전망이 괜찮다고 판단이 되면 자기에게 오라는 것이었다.

소개받고 공장을 돌아보니 30 여명의 봉제사와 제단 공원들이 열심히 일하고 있었고 완성된 레터 패치(Leather patch) 원단이 보기에도 다양하고 아름다워 보여 상품성이 있어 보였다. 권사장님과 다시 만나 구체적 거래 조건들을 상의하였다. 공장 설립에 앞서 소규모 시제품 생산을 해본 후 전망이 확실히 판단되면 본 공장을 설립하기로 하고 종암동 소재의 빈 창고 건물에 6 개월 월세로 들어가 10 여명의 종업원을 고용 시제품을 만들기 시작했다. 경험 있는 숙련공 2 명을 스카웃 했으므로 오래지 않아 완제품 원단이 나오자 대동피혁 권사장에게 제시하니 그만하면

합격이라며 생산 전량을 인수하는 조건으로 원료가격과 제품가격에 합의하고 계약서를 작성 서명하였다.

6개월 기한 임차한 종암동 임시공장은 새로 임차한 장위동 공장으로 옮기고 시설도 확장하고 본격적인 가동을 시작했다. 1 년 3 개월 동안 열심히 일하며 주말에는 골프운동도 빠짐없이 하면서 공장은 순조롭게 돌아가고 수입도 순조롭게 상승하고 있었다. 그런데 언젠가부터 원단 판매 대금 결제를 미루기 시작하는 것이었다. 전화로 독촉하면 수출에 약간 문제가 생겨 클레임을 당하고 있어 자금 순환이 안돼서 그러니 조금 만 더 기다려 달라는 것이었다. 설상가상으로 Leather patch 제품이 미국에서 유행이 끝나 주문이 대폭 감소하고 있다는 것이었다. 나도 다른 루트를 통하여 미국에서 patch 제품의 인기가 폭락하고 있다고 들었다. 물품대금 회수와 관계없이 나는 공장 종업원들의 임금은 제때에 지급하여야 했다. 그리고 대금이 회수가 안되고 있는 상황에서도 설마 하면서도 공장은 그대로 가동하고 있었다.

그러던 어느 날 청천벽력 같은 소식이 날아 들었다. 마침내 채무자인 대동피혁이 부도가 나서 우리 공장 유동자금 전부가 동결되고 앞으로 회수될 가망도 거의 없었고 더구나 대동피혁 사장 권동만도 해외로 도피하고 없으니 절망할 수밖에 없는 상황이 되었다. 고심 끝에 공장 가동을 중단하고 임시 휴업을 종업원에게 공지하고 폐업 절차에 들어갈 수밖에 없었다. 종업원들은 공장이 폐업할 것임을 감지하고 대표를 앞세워 임금지급을 요구하며 즉시 지불하지 않으면 시위를 하겠다고 야단들이라는 것이었다.

내가 지금까지 임금 지급을 단 한 번도 늦춘 일이 없음을 상기시키고 회사의 사정을 설명한 다음 당장 현금이 없으니 며칠 후 지불하겠다고 약속을 하고 돌려보냈다. 반 달치 월급이라 큰 액수가 아니어서 약속한 3 일후 공장 경리 담당자를 집으로 불러 내가 일주일 정도 쉬다 올테니 임금을 지불하라며 돈을 주어 보냈다. 나는 그리고 계룡산 휴양지로 떠났다. 일주일 머물면서 중대한 결심을 한 것은 다음에 기록 할 것이다. 내 행선지와 연락처를 누구에게도 남기지 않고 떠났기 때문에 돌아와보니 사태가 심상치 않은 상황이 기다리고 있었다.

저녁 늦게 계룡산에서 집으로 돌아오니 아내가 뛰어나오며 집에 들어오지 말고 가까운 여관에 가서 연락하면 밤 늦게라도 찾아오겠다는 것이었다. 영문을 모르는 체 여관에 들어가 전화를 하니 밤늦게 아내가 찾아와 그 동안의 공장상황을 말하는 것이었다. 내용인 즉 계룡산으로 떠나면서 경리 담당 이성준에게 임금을 주라고 맡기고 간 돈을 종업원들에게 지급하지 않고 야반도주 해버려서 공장에서 소동이 일어나고 노동청에 고발하여 구인장까지 발급받아 나를 찾아 다닌다는 것이었다.

이성준은 같은 성주 이씨로 촌수는 없지만 그래도 한 핏줄이라 평소에 신임하고 경리 업무를 맡겼었는데 회사가 도산하니 배신하고 도주한 것이다. 그는 30 세가 넘도록 결혼도 하지 못해 가족도 없으니 찾을 길도 없었다. 사태를 수습할 때까지 여관에 머물기로 하고 우선 공장에 나가기 전 총무부장을 다방에서 만나 사태수습을 의논하고 제일 먼저 종업원 임금부터 먼저 지급하여야 내가 자유롭게 되니 공장의 공업용 미싱 50 대를 우선 처분키로 결정하였다.

그리고 총무부장에게 종업원 대표를 만나 상황을 설명하고 금명 간 자금이 마련되는 대로 전액 지급할 것이라고 지시했다. 나는 바로 미싱을 구입했던 미싱 상점으로 가서 주인과 만나 가격을 결정하고 이튿날 미싱을 인도하고 대금을 받아 이튿날 전 종업원을 공장으로 불러 모두에게 잔여 임금을 지급하고 지급 명세서에 날인을 받았다.

이튿날 이 지급 명세서를 가지고 노동청에 들어가 제시하고 노임 체불로 제소되어 강제 구인장 발급된 것을 취소하여 자유의 신분이 되어 공장으로 가서 며칠을 걸쳐 잔여 완제품과 기자재를 헐값에 처분하고 폐업절차를 끝 마쳤다.

이로서 자영업을 시작한지 10 여년 동안 성공과 실패를 반복한 결과를 되돌아 보며 자성을 해 보고자 한다. 첫째 나는 사업가로서 기질이 아니라 판단한다. 출생 후 지금까지 온 과정을 뒤돌아 보면 12 살에 고아가 된 이래 내가 걸어온 길은 내가 간절히 원해서 택한 것이 아니라 모두가 내게 닥친 현실을 타개할 수 있도록 최선을 다한 것 뿐이다. 나는 내가 원한 것을 할 수 있었다면 외과 의사 그것도 수술 전담 의사가 되었어야 했다. 왜냐하면 나는 손으로 하는 동작을 좋아한다. 머리도 비교적 좋은 편이고 수술은 손 만으로만 가능한 것이니 외과의사가 되었으면 틀림없이 유명의사가 되었을 것이다.

사업가는 이와 완전히 달라져야 한다. 첫째 돈을 사랑해야 한다. 그런데 나는 아니다. 나는 큰 부자가 되겠다는 생각을 해본 적도 없다. 둘째 사업가는 재산을 늘리는 것을 최우선 순위에 둔다. 나는 아니다. 셋째 치밀한 사업계획과 경제 정세에 밝아야 한다. 나는 아니다. 넷째 나의 관점이 틀렸다면 이 또한 내가 훌륭한 사업가 기질이 아니어서다.

내 친구들 가운데 가장 돈을 사랑하고 가장 큰 부자가 된 사람을 소개해 볼까 한다. 이름은 최철수, 나의 국민학교 동기 동창으로 내 고향 작천의 이웃 마을인 법살에서 태어난 사람이다. 내가 일성실업을 운영 할 때 일어난 일이다. 그는 당시 동신 양행 이란 대구 유수의 재벌 회사의 상무 이사로 있었다.

어느 날 그의 아내로부터 전화가 와서 제발 자기 집으로 와서 남편을 살려 달라는 하소연을 해왔다. 남편이 동신 양행 다니면서 저축했던 돈을 한성 타올이라는 회사에 사채로 빌려주었는데 그 회사가 부도가 나서 돈 받을 길이 어렵게 되자 두문불출하고 방에 칩거하며 식음을 전폐한지

사흘째가 된다며 빨리 자기집으로 와서 우선 식사라도 할 수 있게 도와 달라는 것이었다. 이게 도대체 무슨 일인가 돈이 아무리 중하고 사랑스러워도 자기 목숨보다 귀하단 말인가. 한 달음에 달려가 자초지종의 이야기를 들으니 한성타올 사장이 마침 내 회사 과장으로 있는 이용하의 친 매부가 되는 사람이었다.

무엇인가 해결의 실마리가 보이는 것 같아 최철수에게 말했다. 내가 우선 내 회사 이과장과 의논하여 부도를 내고 숨어 다니는 한성타올 사장과 대면하도록 할테니 우선 먹고 원기부터 차리고 보자고 설득하여 정상생활로 돌아 왔다.

내 회사 이과장에게 최철수 상무가 식음을 전폐하고 있으니 자네가 매형인 사장과 대면토록 주선하여 사람부터 살려 놓고 보라고 설득하여 그날 저녁 채무자가 유숙하고 있는 허름한 여관 방에서 네 사람이 소주잔을 기울이며 밤 늦도록 양쪽을 설득하여 밀린 이자를 삭감한 원금만 상환키로 하고 협상을 마무리 지었다. 과연 그 정도로 돈을 사랑해야 부자가 될 수 있었구나! 하고 지금도 감탄한다, 삼 년 전 한국에 갔을 때 그의 초청으로 신라호텔에서 저녁식사를 함께 했는데 부인은 병약해 보이나 나와 동갑인 최철수 회장은 비교적 건강해 보였다. 소문에는 몇 천억 원 재산가 이긴 하나 내 소유의 집에서 자식들 신세지지 않고 살아가는 나와 행복지수가 얼마나 차이 날까 생각해 본다.

Part III

미국 이주와 골프

계룡산 결심

공장 폐업을 작심하고 공장휴업을 종원들에게 통보한 다음 날 공장에서 임금을 지불하도록 조치했다. 폐업을 결심하기까지의 번뇌와 고심도 식히고 앞으로 무엇을 어떻게 해야 이 어려움을 헤쳐 나갈까 하는 심각한 문제를 해결할 방도를 찾기 위해 계룡산 휴양지를 향해 집을 떠났다. 요즘은 그곳이 계룡산 국립공원으로 지정되어 화려한 리조트와 호텔들이 들어서고 많은 위락시설들이 즐비하겠지만 당시에는 아주 고즈넉하고 한가한 휴양지로서 비포장 도로 양 옆으로 띄엄띄엄 여관과 구멍가게들이 있었고 가장 많이 눈에 뜨이는 가게는 뱀탕 및 보약 가게들이었다.

아마도 계룡산에는 많은 뱀들이 특히, 평지에는 별로 없는 독사들이 많이 서식하고 있기 때문이라는 뱀탕주인의 말이다. 별로 구경할 곳도 갈 곳도 없는 나는 등산로를 따라 산 정상을 향해 걷다가 전망이 좋은 곳에 앉아서 앞으로 우리 가족들의 장래에 대해 고심에 고심을 거듭했지만 쉽게 결론이 나지 않았다. 가랑비가 내리는 어느 날 여관방에 박혀 있기도 지루해서 여관집 바로 앞 도로 건너에 있는 뱀탕집에 들러 주인과 이런 저런 이야기를 하다 뱀의 약효가 과연 있는지, 있다면 뱀에 따라 약효가 다른 지 등에 대해 물어보았다.

가게 주인은 어쩌면 고객이 되겠다 생각이 들었는지 뱀 항아리에 들어 있는 뱀의 종류들을 집게로 들어 올리며 뱀에 따라 약효가 다름을 설명하였지만 그래도 조금은 내가 흥미가 있어 보였던지 이것이 저를 낳은 어미를 잡아먹고 자란다는 살모사라는 뱀인데 가장 약효가 뛰어나다는 것이었다. 나는 이렇게 한가한데 생계유지가 되는가 물었다.

지금은 초겨울이라 철이 조금 지났는데 성수기인 가을철에는 주문이 넘친다며 보기에는 하찮은 장사 같지만 이 장사 십여년에 아들 대학까지 공부시켰다며 자랑하는 것이었다. 사람이 먹고 사는 방법도 참 여러 가지구나 생각하며 무료했던 한나절을 보내고 또 산행길에 나서며 다시 원점으로 돌아와 나와 가족들의 갈 길을 모색하며 정상을 향해 걸음을 옮겼다.

정상에 올라 눈 아래 펼쳐진 풍경을 보며 오늘은 여기서 무엇이든 결론을 얻어 보자며 앞으로 내가 감당해야 할 난제들을 그 중요순서대로 나열해 보았다.

첫째 교육문제: 중학생 2명 초등학생 2명 모두들 저의 반에서 1,2등을 다투는 수재들이다. 이들을 어떻게 하든 일류대학을 졸업하도록 해야 하며 절대 나 같은 고초를 겪게 해서는 안 된다.

둘째 골프와 나: 나는 골프를 아주 좋아 한다. 골프 시작한지 4년에 공인 핸디캡이 7이다. 나는 일도 열심히 해야 하겠지만 가능하면 골프도 계속 하고 싶다.

셋째 자가용 자동차: 나는 지난 십 여년간 자가용을 타고 다녀서 자동차 없이 산다는 것 생각조차 하기 싫다.

이 세가지 난제들을 놓고 어떻게 해야 이 모든 것을 함께 이룰 수 있을까 고심에 고뇌를 거듭했다. 그리고 결론을 얻었다. 그렇다. 바로 이것이다! “미국으로 이주” 이것 만이 내가 이루어 내야 할 명제인 것이다. 나는 지난 내 인생동안 몇 번인가 시련을 겪었다. 그러나 단 한 번도 절망하거나 현실을 도피할 생각을 해본 적이 없다.

자갈마당 땅에서 돋아나 모진 풍상을 견디며 자라나 아름다운 꽃을 피우는 찔레나무와 같은 것이 나의 성격이라 할까 나는 반드시 온 가족 함께 미국으로 가서 나의 소박한 꿈을 반드시 이루어 내고 말 것이라고 다짐하며 하산해서 집으로 돌아갈 채비를 하고 계룡산을 떠났다.

미국 이민 결정

계룡산에서 돌아와 공장 폐업에 대한 잔무처리를 하는 한편 미국이주를 위한 수속을 밟기 시작했다. 전술한 바 있는 주식회사 L.M은 창립당시 이정두사장의 요청으로 내가 투자를 한 주주로서 비상임 감사로 있는 회사이다. 이정두사장을 만나 나의 사정을 설명하고 나를 미국 뉴욕의 지사장 명목으로 미국에 나갈 수 있도록 간곡히 부탁하고 승락을 받았다. 대신 내가 미국으로 이주하더라도 투자금 반환은 회사의 형편이 될 때까지 유보하기로 하였다.

당시 미국 뉴욕지사의 실질적 업무 수행은 최수용씨가 자기 사업을 하면서 잠정적으로 맡아서 하고 있었지만 법적으로는 주식회사 L.M과는 아무 관련이 없음으로 내가 미국지사장으로서 가족과 함께 미국 이주하는데 법적으로 아무 하자가 없었다. 그리하여 주식회사 L.M에서는 나를 감사에서 해임하고 미국지사장으로 발령하게 되었다. 또한 주식회사 L.M의 전년도 미국 수출액이 200만불 정도 되었으므로 지사설립과 동시에 지사장 파견에 아무런 하자가 없었다.

모든 서류를 완벽히 구비하여 미국대사관에 나와 내 가족에 대한 비자신청을 하였는데 나와 가족들의 비자 인터뷰를 함으로써 아무런 부대조건 없이 E1 비자를 받았다.

비자를 받아 놓고는 미국이주를 위한 준비를 시작해야 했다. 나의 미국 이주는 명목상 해외지사장 자격으로 나가지만 나는 일단 우리 가족이 정착하는 대로 미국의 영주권을 받아 영구히 미국에 거주하려는 나의 속셈은 나와 우리 가족만이 아는 비밀이었다. 만약 미국 대사관에서 내 속셈을 알았다면 비자를 절대 내주지 않았을 것은 명약관화 즉 불을 보듯 뻔한 일이었다.

우선 집을 팔아야 했다. 집을 팔아도 1차 은행담보 2차 사채담보까지 되어 있어서 손에 쥐는 것은 얼마 되지 않았다. 자동차를 팔려 하니 몇 년을 같이 했던 운전기사는 안타깝고 서운했던지 미국에 같이 가게 해 달라고 사정해 왔지만 당장은 불가능한 것이나 미국 가서 자리가 잡히면 데려갈 수 있도록 해보겠다며 얼버무리며 달랬다.

모든 것을 정리하고 나니 미화 만 불 조금 더 되어 미국으로 가져올 만 불을 외환은행에서 보증수표로 바꾸고 6명 비행기표를 사고 나서 나머지 돈은 아내에게 주어 내가 먼저 미국에 가서 거주할 집과 가구를 장만할 때까지 두 달 정도 생활비로 쓰게 하였다. 두 달 동안 남은 가족들이 거처할 곳은 처제의 집 방 한 칸을 빌려, 옹색하지만 아직 어린아이들과 아내 이렇게 다섯식구가 함께 기거하도록 하고 나는 1977년 4월12일 KAL기에 몸을 실었다.

내 인생의 진로를 바꾼 골프

한국에서의 나의 골프

1972년 늦가을 무렵 어느 날 이천 물산 주식회사 이정두 전무가 내 사무실에 들렀다. 이전무가 하는 말이, 당신 회사도 궤도에 올라 잘 돌아 간다 하니 이제 골프를 시작해 보자고 말하며 자기가 배웠던 삼청골프장에 데려 가려고 왔다는 것이었다. 얼떨결에 호기심도 나고 일부러 찾아온 선배에게 거절하는 것도 실례가 될 것 같아 따라 나섰다.

종로구 삼청동 언덕에 위치한 삼청골프장에 도착하여 박 프로를 부르더니 나에게 소개하는 것이다. 자기 보기엔 박 프로 스윙 폼이 여기 있는 프로 중에서는 제일 좋고 교습도 아주 잘 한다는 것이었다. 그러자 박 프로가 하는 말이 저에게서 골프교습을 받으려면 딱 한가지 조건을 수락하셔야만 한다며 다음과 같은 조건을 제시하고 그 조건을 따른다는 서약서에 서명해야 한다는 것이었다. 서약서의 조건은 간단했다. 골프 교습기간 3개월 동안 실제 골프장에 가서 골프 라운딩은 절대 하지 않는다는 것이었다. 나중에 알게 된 사실이지만 골프 연습교육을 한달만 받고도 이만하면 골프장에 가서 자기 골프실력을 확인하고 자기 골프스윙이 일정하게 자리 잡히지도 않은 상태에서 타수를 줄이려 하는데 집중하기 때문에 배운대로 스윙을 하지 못하고 자기 편한대로 하기 때문에 보기도 아름답고 공도 정확하게 때리는 자기스윙이 일정하게 자리 잡히지도 못한다는 것을 후에 내가 골프를 시작하면서 깨달은 사실이다.

그 당시 삼청골프장의 실태를 돌이켜 생각해본다. 교습비용인 월별 회원권을 사게 되면 골프공과 골프연습시간은 무제한이다. 그때에는 골프공이 티에 올려지는 자동장치가 없었기 때문에 여자 캐디가 앉아서 공을 티에 올려준다. 캐디를 쓰지 않아도 되지만 본인이 공을 티에 올려놓으며 연습을 하면 그만큼 연습량이 줄어들기 때문에 오히려 손해다. 당시에는 인건비가 매우 싸기 때문에 골프장에서도 한 사람당 여자 캐디 한 사람이 골프가방을 메고 따라다녔다. 연습장에서 공은 무제한 무료이기 때문에 캐디가 놓아주는 공을 치는 것이 훨씬 더 많은 스윙을 연습하게 되여 경제적으로도 이득이다.

그 당시 내 나이는 37세. 한창 때의 나이다. 집에서나 사무실에서나 왕복 30분이면 되는 거리이고 당시는 자동차가 지금의 100분의1도 안 되는 시절이라 교통체증이란 없던 시절이다. 아침에 한 시간 연습하고 와서 식사한 후 출근 하고 저녁 퇴근할 때 들려서 1-2시간 그리고 점심 시간에도 시간나면 30분 내지 1시간 연습했다. 한번 연습할 때마다 24개들이 엷은 나무 상자 10개 씩 도합 240개의 공을 치는 것이

보통이다.

2개월가량 각종 우드와 아이언 연습에 집중한 결과 박 프로의 말이 스윙이 자리 잡히고 거리와 정확도도 어지간히 자리 잡혔으니 이제 퍼팅과 벙커연습도 겸해야 한다며 교습을 받으며 연습했다. 어언 3개월이 지나며 교습을 끝내고 박 프로와 점심을 함께 했다. 헤어지면서 박프로가 하는 말이 지금까지 많은 골퍼에게 골프지도를 했지만 이사장님처럼 스윙이 좋고 거리도 체격에 비해 멀리 나가는 분은 필드에 나가셔도 100을 깨는 것은 시간 문제일 것입니다 하고 격려를 하며 자기 제자 중 No.1이라고 추켜세웠다.

드디어 박 프로의 말이 현실로 나타나는 사건이 일어났다. 초봄 3월 하순 어느 날 이천물산 이정두 전무께서 전화가 와서 삼청 골프장 박 프로의 말이 이상수 사장님 골프스윙과 공 때리는 실력이 보통이 넘는다고 하니 내 머리를 올려주겠다고 하는 것이었다. 골프에서 머리를 올려 준다는 말은 생전 처음 첫 골프 라운딩을 한다는 뜻이다. 골프클럽만 있지 골프 맴버쉽도, 골프 친구도 없는 터라 머리 얹어준다 하니 얼마나 고맙고 반가운 골프 초청인가!

전술한 바도 있지만 이정두씨는 친형님 같은 분으로서 골프뿐만 아닌 여러 분야에서도 도와준 분이시다. 돌아오는 일요일 태능 골프장에서 11시에 만나기로 하였다.

골프연습장에서 연습 좀 하고 클럽하우스에서 점심을 먹을 때 서울 상대 동창이고 모나미 화학 송사장이라는 분을 소개하면서 오늘 라운딩 같이 하실 분이라 하였다. 태능 골프장은 육군 사관학교 소유로서 국제규격에 맞고 골프장 디자인도 아주 잘된 골프장으로 정평이 나 있는 코스라고 하였다. 라운딩을 시작하기 전에 이정두씨가 귀속말로 송사장에게 오늘 골프 처음 친다는 말을 하지 말라 당부하는 것이었다. 내 생애 처음 라운딩하는 것이라 처음에는 약간 떨리는 기분이었으나 세번째 홀에서 처음 파라는 것을 하고는 자신감이 생기는 것 같았다.

워낙 처음이다 보니 지형이나 거리 판단이 서툴고 또 클럽선택도 익숙하지 않아 실점도 많이 한 것 같았다. 긴장과 흥분으로 정신없이 치다보니 어느새 18홀이 끝났다. 라운딩이 끝나고 캐디가 스코어 카드를 내밀었다. 합계103타. 생애 처음 골프 라운딩 스코어 103타 경이로운 숫자다. 대부분의 골퍼들의 한결 같은 말은100타 치는데 3개월이상 걸린다고들 하는데 역시 3개월동안 필드에 나가지 않고 꾸준히 연습한 보람이 있구나 하는 생각이 들었다.

샤워를 끝내고 클럽하우스에서 저녁 식사를 하면서 이정두씨가 모나미 송사장에게 자네가 기분 잡칠까봐 미리 말을 안 해서 미안한데 사실 이 사람 내가 머리 얹어주려고 오늘 처음 데려 나온 거라네! 하고 말하니 송사장이 깜짝 놀라며 첫 라운드에서 그 정도 치면 놀랍고 싱글 되는 데에도 한 두 해 면 될 것이라며 칭찬을 아끼지 않았다. 두 분은 그 당시 핸디가 15라고 하며3,4년 쳤는데도 그 정도라며 놀라워하였다.

우리들 한인 골퍼들이 미국에서도 골프 핸디캡이 10미만인 사람을 싱글 이라고들 흔히 말하는데 미국사람들 한테 저 사람 골프 싱글이라고 말하면 저 사람 골프 치는 홀아비 혹은 과부로 알아듣기가 십상이라 영어로 말해서 single digit handicapper가 정확한 표현이다.

나는 첫 골프 라운딩을 하고 나서 골프에 대해 더 흥미를 갖고 골프를 꾸준히 치려면 골프장 회원권을 우선 사야 했다. 1970년도 당시 한국에서는 모두 13개의 골프장이 개장하고 있었다. 서울 근방에 한양, 뉴코리아, 로얄, 안양, 남 서울, 오산, 관악산성, 여주, 용인 등 10개, 부산 근방에 동래, 부산 2개, 그리고 대전 근방의 유성 등 모두가 회원권제로 운영되고 있었다. 골프장 회원권을 살려고 알아보고 있는 것을 큰처남이 알고 자기 친구가 골퍼인데 용인골프장사장이 그의 외삼촌이라고 하니 한번 만나서 회원권도 알아보고 골프도 같이 치면 좋을 것이라고 하였다. 어느 날 다방에서 만나 통성명을 하니 박철호 대구상고 1년 선배이나 나이는 동갑이었다. 골프초년생임을 말하고 회원권을 알아보고 있다 하니 우선 외삼촌이 사장인 용인골프장에서 골프 라운딩을 해보고 그리고 마음에 들면 삼촌께 말해서 가격도 알아봐 주겠노라고 하며 자기도 골프 시작한지 1년 남짓 되니 우리 앞으로 같이 골프 하자며 말을 트기로 하였다.

일주일 후 일요일 아침 8시에 용인골프장에서 세 사람이 만났다. 또한 친구는 역시 대구 경북고 출신으로 박철호와 같이 라운딩 하는 이상기라고 하였다. 내 그린피는 프론트에서 자기 앞으로 처리 했노라며 끝나고 캐디 팁만 주라고 하였다. 그날 8시반에 시작하여 36홀을 돌고 나니 해가 서산에 기울고 있었다. 그 당시에는 그린피 한번 내면 무제한 골프를 치고 캐디 피만 추가로 내면 되었다.

그 당시 한국의 모든 골프장에서의 풍속을 적어본다. 골프장에 갈 때는 대부분 넥타이를 맨 정장으로 골프용 의복과 골프 구두를 가방에 넣고 들어가서 먼저 체크 인을 하고는 각자의 락카 룸으로 들어가 옷과 신발을 바꾸어 신는다. 대개의 경우 티타임이 남아있어 식당으로 가 같이 라운딩 할 사람들과 커피를 마시고 1번 홀에 가면 골퍼의 이름을 앞가슴위에 붙인 캐디가 대기하고 있다가 티 업 순서대로 골퍼에게 원하는 클럽을 건넴으로써 플레이는 시작된다.

어느 골프장이나 전반 9홀 후반 9홀 중간지점 티 가까이에 그늘집이라는 조그마한 간이식당이 있어 골퍼들이 원하든 원하지 않든 무조건 들어가서 무엇이든 먹거나 마시거나 해야하고 캐디에게도 먹거리를 사다 줘야 한다. 골프장 강제 규정은 아니지만 언제부터 인가 불문율처럼 되어있다. 아마도 그늘 집 운영이 골프장 수익에 한몫을 담당하는 것 같다. 설사 그늘집을 안 들린다 해도 앞 팀이 아직도 그늘집에서 나오지 않고 있는데 앞질러 갈수도 없거니와 밖에서 캐디들과 함께 기다려야 하니 그늘집에 갈 형편이 안 되면 골프를 치지 말아야지 하는 눈총을 캐디들에게서 받을지도 모른다.

전반 9홀이 끝나면 클럽하우스 식당에 들러 점심을 먹는다. 골프가 끝나면 락카 룸에 가서 옷을 벗고 바로 가까이에 있는 목욕탕으로 간다. 목욕탕이 간단한 샤워시설만 있는 것이 아니라 사우나, 냉탕, 온탕 등 온갖 시설을 갖춘 호화 목욕탕이다. 목욕이 끝나면 다시 정장으로 갈아 입고 클럽식당이나 근방 맛집을 찾아가 술과 음식을 먹고 헤어지는 것으로 그날의 골프일정을 마무리한다. 그러는 동안 운전기사들은 주인이 주는 돈으로 기사식당에서 점심을 먹고 하루 종일 기다렸다가 주인을 집까지 모셔다 드리는 것으로 일과를 끝낸다. 골프 풍속이 이러하니 일반 서민들은 골퍼들을 골프귀족이라며 질시한다. 미국과는 달리 당시 한국에서는 네 사람 한조를 만들지 않고는 예약이 불가하기 때문에 혼자서는 골프를 칠 수 없는 것이 당시 골프장의 실정이다. 용인골프장에서 골프 라운딩을 한 후 며칠 지난 후 박 철호에게서 연락이 왔다.

외삼촌인 용인골프장 사장님께 친한 친구이니 회원권 싸게 해달라고 사정했더니 20%할인하고 반만 내고 나머지 반은 1년 후에 내도록 허락 받았다고 하며 일요일에 만나 회원권도 사고 골프도 치기로 하였다. 용인골프장의 회원권 가격은 서울 근교에 있는 한양, 뉴코리아, 남서울 골프장의 회원권가격의 반값 정도로 싼 가격이었다.

용인은 서울 도심에서 가장 멀고 골프장의 지형이 산자락이라 코스 디자인도 약간 무리가 있다는 중론이라고들 하였다. 그런 연유로 회원권 가격도 명문코스에 비해 쌀 수밖에 없는 상황이라 생각됐다. 매 주말마다 나, 박철호, 이상기 그리고 친구(성명미상) 네 사람이 아침 일찍 시작하여 36홀 2라운드를 치니 몇 개월이 지나지 않아 핸디는 90아래로 내려가 3개월간 연습만 했던 보람이 나타나는 것이었다.

그해 7월 중순 삼청 골프연습장 주최로 남서울 골프장에서 회원 출신 골프대회가 있어 참가하였다. 참가한 골퍼 중 저명인사로는 권투 세계챔피언 김기수 핸디 14, 가수 최희준 핸디 15 등 40여명이 참가하며 열띤 시합을 한 결과 놀랍게도 참으로 놀랍게도 내가 78타를 쳐서 메달리스트 상을 받았다는 사실이다. 나만 놀란 것이 아니라 나의 코치였던 박 프로가 뛸 듯이 놀라며 자기의 연습생이 필드에 나온지 4개월 만에 78을 친 것은 경이적인 것이라며 시상식에서 나를 치켜 올리는 것이었다. 그것은 바로 자기자랑이기도 한 것이다. 그 날은 공이 잘 맞기도 했지만 운도 너무 좋았다.

어느 홀에선가 티 샷을 친 공이 훅이 나서 왼쪽 OB선을 넘어 나갔다가 나무 둥치를 맞고 페어웨이로 들어왔는가 하면 물에 빠져야 할 공이 물에서 튀어나오는 행운도 있었다. 시상식이 끝나고 나는 회사에 볼일이 남아 있기에 박 프로에게 트로피와 상품을 집에다 갖다 주라고 부탁했었다. 집에 들어오니 아내가 여보 오늘 회사 안 가고 무슨 일이 있었냐고 말하며 박프로라는 분이 이것들을 가져와서 잘 알아듣지도 못하는 말로 당신을 자랑하며 보통 분이 아니라고 한참을 신나게 떠들고 갔다는 것이었다.

한국에서의 겨울골프이야기를 해본다. 미국에서는 통상 눈이 와서 골프코스에 눈이 있으면 골프장은 열지 않는다. 어느 골프장이나 마찬가지다. 한국 골프장은 다르다. 골프 코스에 눈이 쌓여 있어도 당일 심하게 눈이 내리지 않는 한 골프장은 문을 연다. 골프장 관리인들이 눈이 그치면 1번 그린부터 눈을 치우는 작업을 먼저 하여 그린 위에는 잔디만 보이도록 깨끗이 치운다. 1번 티로 가기 전 캐디들이 각자의 흰 골프 공 위에 빨간 매직 펜으로 두껍게 열 십자 모양으로 칠을 한다. 그때는 색깔 있는 공이 없던 시절이라 하얀 눈 속에서 공을 쉽게 찾기 위해서다.

대부분의 골퍼들은 자기 캐디가 공을 못 찾으면 신경질을 내면서 골프공을 못 찾는 것을 심하게 나무란다. 한국에서 골프 칠 때 적든 크든 돈내기 골프를 하는 것이 관례처럼 되어 99%는 내기골프를 친다. 공을 잃어버리면 2타의 벌점을 먹기 때문에 제한 시간 3분내에 공을 찾지 못하면 그만큼 돈을 잃는 결과가 된다. 눈이 온 후 비가 내리면 표면의 눈이 녹아 얼음처럼 단단해 지기도 하는데 낙하지점에 가보면 구멍만 있고 공은 보이지 않을 경우 공이 얼음 밑으로 굴러서 한 두 발자국 밟아 나가면 공이 나온다. 얼음 밑으로 구르지 않고 표면으로 튀어나오면 멀리 미끄러지며 굴러 가기 때문에 거리상 득을 보기도 한다.

한마디로 겨울 골프는 운반 기술반이라 의외로 재미있는 골프 라운딩 이기도 하다. 한참 원기 왕성한 나이의 골프 광들이라 추위 따위는 신경 쓰지도 않았던 그 시절이 그립기만 하다. 삼청골프장 주최 시합 때 78을 기록한 이래 1년 반이 지나도록 78이하를 쳐본 적이 없던 걸 돌이켜보면 그날 운이 좋았음을 실감하게 된다. 시작한 지 2년 정도 되니 어느새 내 핸디는 싱글 소리를 듣게 됐다.

1976년도에는 사업도 부진하고 경제적 형편도 좋지 않아 골프를 자주 치지 못하고 한달에 한 번씩 12명이 모여 골프치는 백구회라는 친목에만 참석하곤 했다. 한국에서 미국이주하기 전 친한 친구 세사람이 송별회라며 의정부 소재 로얄 골프장에서 골프를 친 것이 1977년 4월1일이다.

전술한 바와 같이 이날 72타 무실점 골프를 친 것이 평생 잊지 못할 추억으로 남아 있다.

미국에서의 나의 골프

미국 와서 첫번째 산 것이 자동차이고 두번째 산 것이 골프 용구이다. 당시 노던 블루버드의 파슨스 블루버드 인근에 미국사람이 운영하는 골프 용품점이 있었는데 거기서 값이 제일 싼 Ram이라는 골프채와 골프용구 일습을 샀다. 점포 주위에서 가까운 골프장이 있느냐고 물었더니 Clearview 골프장이 있는데 자기는 아침 동틀 무렵에 나가 9홀 치고 가게에 나온다고 하면서 같이 가고 싶으면 안내를 하겠다며 집 주소를 달라는 것이었다. 다음날 아침 일찍 집 앞으로 왔기에 그를 따라 클리어뷰 골프장에 가서 미국서 골프 첫 라운딩을 했다. 나중에 알게 된 사실이지만 이 클리어뷰 골프장은 차츰 한인 골퍼들이 늘어남에 따라 미국전역에서 가장 붐비는 골프장으로 명성을 떨쳤다. 그 후 시간이 날 때 가끔 이 골프장에 나오면 한인 골퍼들을 만나서 라운딩을 같이 하며 친분을 쌓고 각종 정보도 얻고 하였다. 그리하여 뉴욕 한인골프협회라는 골프 친목회가 있다는 것을 알고 처음 참가하는 날 박 익수라는 골프 싱글을 만나 그가 지난주 노환으로 타계하기까지 반 백 년을 절친으로 또 골프 동호인으로 이 세상에서 함께 우정을 나누었다. 고인의 명복을 진심으로 기원한다.

MAPLE CLUB: 미국에서 골프를 친지 십 년 가까이 되자 많은 골프 친구들이 생기게 되자 박익수 김영용 나를 포함한 몇 사람이 골프 동호 친목회를 만들자고 합의하고 자천 타천으로 여덟 쌍을 정회원으로 하여 그 이름을 Maple Club이라 지었다. 그 명단은 초대회장 박익수, 김영용, 이상수, 옥병문, 이희경, 박창환, 박희병, 이미상 등이다. 모두 합포그 컨트리 클럽에 회원권 등록을 하고 매주 수요일 골프 친 후 저녁식사 그리고 매년 겨울에 남쪽 더운 지역으로 부부동반 골프여행 한 번 가는 것이 주요 설립 목적이다.

대부분 핸디가 비슷하여 싱글들이고 두 사람이 보기 플레이어였다. 부인들도 모두가 골퍼로서 엇비슷한 핸디여서 부부동반 일상골프나 골프여행의 걸림돌은 없었다. 겨울골프 여행지로는 머틀비치 플로리다, 바하마, 도미니카, 프에 르토리코 등등 20여년 존속하는 동안 참으로 많은 곳으로 골프여행을 했었다.

소나무회: 전혜상, 손문삼, 박노진, 이상수, 임광옥, 안주, 공갑원, 박동주, 이수철 도합 9명이 모두가 한 두살 차이의 친구들로서 이민 초기 목돈 마련과 친목도모를 겸한 계모임으로 시작한 친목회로 회의 이름을 소나무회라 지었다. 소나무처럼 변함없는 우정으로 소나무처럼 오래 살자는 뜻으로 지은 이름인데 지금은 두 사람만 남아 있고 모두 불귀의 객이 되고 말았다. 초창기는 한달에 한 번씩 만나는 친목회로 나 혼자만 골퍼였으나 세월이 가면서 모두들 골프를 배워 나중에는 골프회로 변신한 모임으로 변모하였으나 서너 명이 저 세상으로 떠나면서 소나무회도 사라지고 말았다.

돼지 네 마리: 김영용, 임세창, 정규식, 이상수 이 네 사람이 모두 1935년 을해생으로 모두 돼지띠다. 모두가 뉴욕에서 친구로 사귄 지가 40여년이 넘어 말 그대로 흉허물 없는 사이로 격의 없는 절친들이다. 아내들 끼리도 동반해서 여행도 가고 골프도 많이 쳐서 친하게 지낸다. 특히 나와 정규식은 Crystal Spring Resort에 콘도 멤버쉽이 있어서 매년 봄가을이면 부부동반으로 3박4일 골프 치고 귀가할 때는 Rt 80 Exit 35에 있는 유명한 Lobster에 들러 Lobster와 조개를 실컷 먹고 오는 것이 습관처럼 됐었는데 세월 이기는 장사 없다더니 2022년 5월에 임세창 돼지가 우리를 배신하고 저 세상으로 가버렸다. 코로나 때문에 장례참석도 못 하고 장례 3일 후 남은 세 쌍이 묘지로 가 미망인과 함께 간이 장례식 예를 갖추었다. 남은 돼지 세 마리 중 한 마리의 건강이 문제가 있어 앞으로 남은 세월이 얼마일지 모르지만 남은 돼지 세 마리의 골프회동은 어려울 것으로 짐작된다.

은퇴후의 골프: 은퇴 후 2개월 넘어 현재 사는 파라무스 주택으로 이사를 했다. 집을 사기 전 대학 후배인 이종석 부동산 중개인에게 골프장이 가까워야 한다는 것이 중요조건에 포함시켰다. 다행하게도 골프장까지 1마일도 안 되는 거리에 Paramus Golf Course가 있었고 다른 조건들도 다 좋아 그 집을 구입해서 살고 있다. 은퇴 직후 나의 여생을 어떻게 보낼

것인가라는 계획에 골프는 일주일 세 번 월, 수, 금요일에만 치고 다른 날에는 골프를 치지 않는다. 주말인 토, 일요일은 일주일 내내 일하고 주말에만 골프 치는 젊은 사람들에게 양보해야 한다는 것이 내 의도였다.

은퇴 후 10여년까지는 젊었을 때의 골프 맞수들과 일주일에 한 번씩은 라운딩을 함께 했으나 그 후에는 1년에 서너 번 만나서 라운딩 할 상황으로 변한 것은 나이 탓인 현상으로 돌린다. 103위 성당 젊은 교우들인 권혁만, 박명철, 이상규 네 사함이 매 월요일 라운딩 했으나 펜데믹과 더불어 중단되었고 그 후로는 동네 미국인 지인들과 주 3회 골프를 계속하고 있다. 이 또한 내가 나와의 약속을 지키는 일환으로 본다.

미국 정착 1

맹모 삼천지교 孟母三遷之教 의 실현

孟母三遷之教 라는 뜻은 중국고대사에서 유래된 것으로 당시 유명한 학자인 맹자가 어린 시절 그의 어머니가 아들의 교육을 위해 세 번이나 이사를 하며 공부를 시켰다는 뜻이다. 교육에는 주위환경이 매우 중요하다는 뜻의 고사성어이다.

나는 이 가르침을 따라 우리 아이들의 교육에 활용함으로써 네 자녀들의 교육을 잘 시켜 주변의 모든 사람들이 한결같이 칭찬하고 부러워한다. 첫째 Christine은 중학교 2학년에 미국에 와서 여자 명문대학인 Smith College를 졸업하였고, 둘째 딸 Jessica는MIT대학 졸업 후 Columbia 대학에서 심리학 박사 학위를 받았다. 장남 Junno는 Columbia 대학을, 막내아

들 Jae는 Dartmouth 대학과 Fordam Law school을 졸업하였다. 이렇게 되기까지 나도 세번이나 이사를 한 결과임을 되새겨 본다.

첫번째 이사: 145-36 34 Ave. Flushing N.Y.

1977년 4월 12일 자녀교육을 위해 미국 행 KAL기에 몸을 실었다. 가족모두 EI 비자를 받아 놓고 나 혼자 먼저 가서 살 집을 마련하러 떠난 것이다. 먼저 LA에 내려 친지 집을 찾아 하룻밤 유숙하고 호텔로 옮겼다. 렌터카를 해서 LA 일원을 관광 겸 사업 구상을 위해 돌아다녔다. 목적지와 거주는 뉴욕이어야 했기에 만일의 경우를 생각해 일주일간 답사를 하고 뉴욕으로 향했다. 뉴욕에는 김세진이라는 동향 인이면서 내가 삼기 물산 재직시 무역부에 취직시킨 친구가 2년 전에 와서 자리 잡고 있었다. 김세진이 공항에 마중나와 함께 플러싱 소재 그의 아파트에서 저녁식사를 하고 인근 호텔에 내 집을 구할 때까지 머물렀다. 복덕방 한인 중개인의 소개로 Flushing Union St. 선상에 TV 수리점을 운영하고 있는 이형이라는 사람 소유로 3층이었는데 주인은 2층에 살고 우리는 3층에 세를 들었다. 주소는 145-36 34 Ave. Flushing이었다.

월세 계약을 하고 가구를 장만하기 위해 Flushing Main St.에 있는 가구점에서 가구를 주문했다가 셋방살이 처지에 새 가구가 가당치 않다고 생각해서 주문을 취소하였다. 그리고 미국 지역신문에 나는 중고 가구 판매 란을 찾아 가구들을 장만하였다. 다만, 덮고 자는 침구류 등은 새것으로 준비했고 식기류들은 가족이 올 때까지 기다렸다가 샀다. 1977년 6월4일 온 가족이 도착했다. 그 당시에는 뉴욕으로 오는 직항이 없었다. Kal기가 LA까지 오고 미국 국내선으로 비행기를 갈아타야 했다. 그런데 가족 중 아무도 영어를 하는 사람이 없는데다 비행기 환승하는 곳까지 무거운 이사 보따리와 아이들을 데리고 먼 길을 걸어야 했으니 그 고충을 알만 하다. 게다가 자칫 했으면 비행기를 놓칠 번 한 아찔한 상황까지 겪었으니... 승무원이 영어를 못하는 우리 가족들이 불안 했던지 출구까지 나와서 나와 상면하는 것을 확인하고 돌아갔다고 아내는 말 했다.

이삿짐도 풀고 시차 문제도 안정되자 시급히 아이들 학교를 찾아 전학 시킬 준비를 했다. 그 당시에는 나 자신이 미국의 교육 전반에 대한 상식이 거의 없었고 물어볼 사람도 없었기에 일단은 담당 구역 내에 있는 중학교와 초등학교를 찾는 것이 급선무였다. 아이들이 입학하면 영어 공부부터 열심히 시켜 영어를 알아듣고 영어로 말할 수 있는 것이 최우선 과제였다. 둘째 딸부터 막내아들까지, 초등학생 셋은 별로 걱정을 않아도 잘 따라가리라 믿고 걱정하지 않았으나 중학교 2학년이되는 큰 딸 Christine은 대학에 갈 날이 4년 정도 밖에 남지 않았으므로 조금 걱정이 되었다. 맏이인 Christine이 일류대학에 입학하는 것은 나머지 동생들에게 좋은 모범이 되기 때문에 내가 가장 정성을 쏟아야 했다. 먼 훗날 동생들에게서 언니에게만 너무 신경 쓴다고 불평을 듣기도 했지만 내 심사를 “너희가 어찌 알겠느냐” 하고 속으로 웃어 넘겼다.

Christin의 한국 이름은 인혜이다. 맏딸인 인혜가 학교에서 돌아오면 영어교과서를 보며 쩔쩔매는 모습이 보기에 너무 안타까워 나는 영어사전을 들고 같이 교과서 공부를 했다. 무역회사를 운영하여 어느 정도 나는 영어를 한다고 생각 했는데 중학교 2학년 영어 교과서를 읽어보니 한 페이지에 모르는 단어가 수십 개가 되었다. 영한 사전을 들고 같이 공부하기를 몇 주일을 했는지 기억할 수는 없지만 그때의 안타까운 심정은 아직도 기억 속에 선명히 남아 있다. 그러면서 두세 달을 지나며 미국사정에 조금씩 익숙해지고 학교에 대한 정보도 조금씩 알게 되었다. 특히 인혜가 다니는 중학교는 생활 환경이 여러 계층의 학생들이 있어 불량한 학생도 많고 학교 전체 평점이 C급에 해당된다는 정보를 알고나서 학군이 좋은 곳으로 이사를 가야 하겠다는 생각을 굳히게 되었다. 또 한가지 문제는 집 주인의 아내 되는 사람이 간호사로 야간 근무를 하는 분이니 셋째아들 준호와 막내 재욱이 초등학교에 다니는 어린이들이라 방과 후 집에서 장난을 치며 놀기를 자주 하는데 안주인이 잠을 잘 수 없다고 얼마나 야단을 치던지 아이들은 이사 갔으면 좋겠다고들 했다. 어차피 학교 문제 때문에 이사를 가야 할 참이야! 하고 나는 아이들을 달랬다. 그때는 맨해튼 다운타운에 의류소매상을 개업하고 있을 때인데 가게에 오는 의류 세일즈맨이 내 사정을 듣고 저지시티가 여기서 가깝고 학군도 좋다는 말을 하는 것이었다. 저지시티 저널스퀘어에서 그리 멀지 않은 곳에 3 Bedroom 아파트가 있다는 것을 알고 계약을 하였다. 그때나 지금이나 3 Bedroom 구하기가 쉽지 않고 백인들이 많이 입주해 있는 아파트라 지역도 괜찮다 생각하고 성급히 계약을 한 것으로 기억된다. 이틀 후 이사를 하는데 이사비용을 아끼기 위해 소형트럭을 한 대 빌려 이삿짐을 싣고 내가 트럭을 운전해서 갔고 아이들은 이사를 도와주러 온 가게 종업원이 운전을 하여 뒤따라온 것으로 기억된다.

두번째 이사: Duncan Ave. Jersey city NJ

이사 온 이튿날 아내를 가게에 데려다 놓고 돌아와서 아이들 학교문제로 집으로 돌아왔다. 전에 아파트 계약하러 왔을 때는 가게 문을 닫고 왔기에 주변을 돌아볼 짬도 없었고 복덕방 말만 믿고 백인촌으로 알고 이사 왔었다. 그런데 낮에 아이들 학교인 Lincoln high school에 찾아가서 며칠 간 학생들의 분위기를 관찰해 본 결과 장발에 불량기가 있어 보이는 학생들이 많고, 몰래 담배 피우는 학생이 있는가 하면 남녀 학생이 어울려 있는 모습도 보였다. 게다가 인혜는 영어도 서툰데 체격조차 왜소해서 견뎌내지 못할 것 같아 그 학교에 입학시킬 엄두가 도저히 나지 않았다.

걱정으로 밤을 새운 이튿날, 멀지 않은 곳에 Catholic School 이 있다는 말을 듣고 찾아가서 의논한 결과 아이들의 수업료가 당시 내 형편으로는 부담이 너무 커서 등록을 할 수 없었다. 고민 끝에 얻은 결론은 아파트 계약기간인 1년은 여기서 버티면서 지내는 동안 폭 넓고 정확한 정보를 얻어 뉴욕 일원에서 가장 좋은 학군을 찾아내어 거기로 이사 가서 반드시 맹모삼천지교를 이루어 내리라 속으로 다짐했다. 그리고는 우선 8학년까지 있는 초등학교가 구역내에 있어 거기에 맏딸을 제외한 자녀 셋을 전학 시켰다.

그런 다음 맏딸 인혜를 위해 이웃 백인구역에 있는 William Dickinson High School로 찾아갔다. 수소문 한 결과 그 학교에 다니는 학생을 알게 되었는데 그 학교는 대부분이 백인 학생이고 평판도 좋은 학교라는 정보를 들었기 때문이다. 그래서 무조건 그 학교에 찾아가서 입학 담당자를 만나 우리 아이가 미국에 온지 얼마 안 되어 영어를 잘 못 하는데 마침 가까이 사는 한국계 학생으로부터 도와주겠다고 약속을 받았으니 이 학교에 입학할 수 있도록 도와 달라고 사정을 하였다. 나의 사정을 딱하게 여겼는지 입학 담당자는 교장과 의논하더니 교육구청에 가서 허락을 받아오면 입학시켜 주겠다고 했다. 이튿날 가게로 가는 길에 Holland Tunnel 입구 못 미쳐 큰길 옆 빌딩 5층에 있는 저지시티 교육청으로 가서 상황을 설명하고 내 딸을 우리 관할 학교가 아닌 다른 관할에 있는 고등학교에 전입할 수 있도록 허가해 달라고 청원서를 써냈다. 처음에는 자금까지 그런 전례가 없다며 거절하는 것이었다. 그러나 내가 아침마다 가게 가는 길에 방문해서 사정을 했더니 닷새째 되던 날이던가 “정 그러면 학교에 가서 교장 승인서를 받아오면 허락해 주겠다” 고 했다. 나는 곧장 학교로 가서 학교장 승인서를 받아 교육청에 제출하고 허가를 받아 마침내 Dickinson High School에 큰 딸 인혜를 전입학시켰다. 그 후 둘째 딸 영주가 Lincoln High School 9학년 마치고 Dickinson High School에 입학할 때는 언니인 인혜가 재학하고 있어서 수월하게 입학할 수 있었다.

세번째 이사; 110-30 64 RD. Forest Hills NJ

Jersey city에 산지도 1년 4개월이 지났다. 그 동안 옷 가게에서 장사하는 동안 미국의 교육제도 및 교육환경에 대해 많은 정보를 얻게 되었고 어떻게 해서든지 아이들을 모두 아이비리그 대학에 보내야 하겠다고 굳은 결심을 했다. 우선 Queens 에서 제일 좋은 중고등학교가 있는 Town 을 수소문한 결과 Forest Hills라는 것을 알게 되었다. 어느 토요일 오후 가게를 아내에게 맡기고 Forest Hills에 집을 알아보려고 갔다. Forest Hills High School 근방을 차를 몰고 다니면서 답사를 하고 있는데 110st 64 rd. 교차지점에서 젊은 한국사람을 만나게 되었다. 서로 수인사를 하고 나는 이 근방에 집을 알아보려 왔음을 말했다.

그 사람은 김 양주라고 하며 한국 대사관에 근무하고 자기는 바로 근처에 산다고 하며 자기 집을 가르켰다. 그러면서 설명하기를 이 블록 전체가 한 회사 소유로 2층 연립주택으로 2 bed Room 집이지만 지하실이 있어서 3Bed room으로 쓸 수 있다고 하며 자기집으로 안내하여 보여 주었다. 우리 여섯 식구가 살기에 불편하지 않을 것 같아 관리실에 가서 수퍼 노인을 만나 렌트하고 싶다 하니 지금 당장은 없지만 한달 후 빈 집이 나온다 하여 500불을 디파짓 하고 한달 후에 입주하였다. 집에서 고등학교까지 4 블록, 중학교까지 3 블록이라 통학 거리도 가깝고 이웃도 백인 중산층이었다. 이 집에서 10여년 렌트를 내고 살다가 코압으로 바뀔 때 그 집을 매입하였고, 2007년도에 현재 살고 있는 집을 사서 이사 올 때까지 28년동안 거기에서 살았다. 이로써 맹모삼천지교는 이룩한 셈이다.

의류 소매상 Mustell fashion inc.

미국 이주 후 3개월 동안 마땅한 사업을 찾아 돌아다니며 나에게 맞은 비지니스가 무엇일까 생각하며 이곳 저곳을 기웃거리고 때로는, 일 주일 가량 파트타임으로 식품점에서 일도 해보았다. 야채 장사, 생선장사 등은 육체적 노동이 많아 내 체력에 적합하지 않았고 내 적성에 맞는 것은 의류 소매상이라 마음을 굳히고 있던 차에 의류 도매상을 하는 이수철이라는 사람이 옷가게를 같이 할 동업자를 찾는다는 정보를 듣고 맨해튼 36가 사무실에 가서 그를 만났다. 서로 인사하고 보니 대구 출신으로 나보다 2살 연하이기는 하나 믿을 만한 사람으로 보였다. 그가 하는 말이 의류 도매상을 하다 보니 재고가 많이 쌓였는데 자기는 재고품을 투자하고 나는 현금을 같은 액수로 투자하여 51:49의 비율로 주식 배분을 하되 내가 51%지분으로 사장이 되어 점포를 운영하고 이수철은 경영에 관여하지 않는다는 조건으로 합의했다. 경험 있는 동업자 이수철의 제안으로 Orchard St.인근에 가게를 열기로 하고 탐문한 결과 한 블록 떨어진 104 Rivington St.에서 옷가게를 하다 어떤 사정으로 폐업하려는 사람을 만나 재고품을 인수하는 조건으로 key money없이 가게를 인수하였다.

여기서, 미국 이주 초창기부터 우리 가정을 위하여 헌신적 노력으로 인하여 빠른 경제적 안정과 네 자녀들의 교육에 크게 공헌한 아내 이 남숙에게 치하와 더불어 감사와 경의를 표한다. 미국 이주 후 나는 적당한 사업을 찾아 몇 개월 동안 수입없이 허송세월을 하고 있었는데 아내는 한달도 되기 전에 봉재 공장에 나가 평생 밟아보지도 않던 공업용 미싱을 배워 가정경제에 도움이 되었다.

아내가 몇 푼 안되는 첫 주급을 받아 바나나를 한 꾸러미 사 왔다. 한국에 있을 때는 바나나가 금값이라 내가 술 취해 들어오는 날이나 가끔 몇 송이 사다 주곤 했는데 아내는 그 생각이 났던지 바나나가 하도 싸서 많이 사 왔다는 것이었다.

그날 아이들이 뛸 듯이 좋아하며 얼마나 탐스럽게 먹어 대던지 순식간에 그 많던 바나나가 다 동이 났다. 나는 그 생각이 날때마다 혼자서 빙그레 웃곤 한다.

그 후 내 가게가 안정적 수입을 올릴 때까지 2년 여를 아내는 맨해튼에 있는 봉제 공장에 다녔는데 내가 출근할 때 자동차로 공장 앞에 내려주고 퇴근할 때 들려서 데려 오기를 반복했다. 그리고 집에 오면 아침 저녁 부엌 일을 아내는 혼자서 도맡아 했다. 지금 생각하면 한국 풍속에 젖어 있어 부엌 일을 도와주지 않았던 일이 후회막급이다. 그 벌을 받는지 87세가 된 내가 세끼 부엌일을 맡아 하고 있으니 참으로 인간만사 새옹지마란 말이 명언임을 깨닫게 된다. 여담으로 "인간만사 새옹지마" 고금의 진리를 해설해 보려 한다. 인간의 모든 일은 새옹의 말(馬)과 같다. 그러면 새옹의 말이 무슨 뜻인지를 말해 보고자 한다.

옛날 중국 변방에 새옹이란 늙은이가 조랑말을 키우고 있었다. 어느 날 재산목록 일호인 그 조랑말이 도망가서 사라지고 말았다. 그래서 온 집안이 초상난 집처럼 야단 법석을 떨며 실의에 빠져 있는데 사흘째 되는 날에 이 조랑말이 늘씬한 준마를 한 마리 데리고 집으로 돌아왔다. 새옹을 비롯한 온 식구가 잠시 전까지의 실의에 젖었던 일은 깡그리 잊고 조랑말 보다 몇 배 비싼 준마가 생겼으니 큰 경사가 났다며 즐거워하였다. 그런데 어느 날 새옹의 외동아들이 그 준마를 타다가 떨어져 다리 하나가 부러져 병신이 된 것이다. 그러니 준마를 얻은 기쁨은 사라지고 외동아들 병신 된 것을 슬퍼하게 될 수밖에 없었다. 마침 그 무렵에 변방 쪽 국경을 넘어 오랑케 들이 침범해와 전쟁이 일어나자 마을의 젊은이들은 모두 징집이 되어 전쟁터에서 모두 전사하고 말았는데 다리가 부러져 병신이 된 새옹의 외아들만 살아서 혈통을 이어갈 수 있어 행운으로 바뀐 것이다. 이와 같이 새옹의 조랑말때문에 집안의 희비가 바뀌듯 인간에게 일어나는 일들이 복이라 좋아하던 것이 화가 되고, 화라고 실망하던 일던 일도 복이 될 수도 있으니 복이 되는 일이 생겨도 너무 좋아하지 말며 화가 되는 일이 생겨도 너무 실망하여 좌절하지 말라는 의미로 쓰이는 명언이다.

옷가게를 시작한지 2년 반 정도 되었을 때 가게 수입이 늘어나 아내가 고생하며 봉제일을 안 해도 되겠기에 그만두게 하고 같이 옷가게로 나와 함께 일하던 중, 길 건너 코너에 자그마한 신발가게가 이전하자 그 가게를 임차하여 Lee Sportwear 라는 간판을 달고 옷가게를 열고 내 가게에서 일하던 남미 직원을 보내어 장사를 돕게 하였다. 잘 되지는 않았지만 아내도 인건비 정도는 버는 것 같았다.

아내 운전 면허취득

함께 차를 타고 출 퇴근하기를 일년 여를 하다가 아내에게도 운전을 가르쳐야 하겠다는 생각이 들었다. 미국에서 일생을 살아가려면 여자도 반드시 운전을 할 수 있어야 본인도 나도 서로 편리 할 것임을 아내에게 주지시켜 동의를 받았다. 운전학원에 보내지 않고 내가 운전을 가르쳐야겠다 결심하고 퇴근 후 동네에서 기초연습을 몇 달 시키다가 어느 정도 숙련이 되었다 싶어 출 퇴근시에 운전을 시키기로 작정을 했다. 자동차 뒷 유리창에 Student Driver를 크게 써 붙이고 아내가 운전 하도록 하였다. 사실 이렇게 하는 것이 위험하긴 했지만 교통 법규 위반이 된다는 것을 운전시험 치러 가서 알게 되었다. 첫 운전 시험에 불합격이 되어 운전 학원에 일주일 정도 다니며 시험요령을 배우고 나서 2차시험에 합격했다. 지금 돌이켜 생각해도 위험하긴 했지만 그때 배워 둔 것이 그후 아이들이 대학에 갈 때나 내가 골프 갈 때 등 온 가족이 서로 덕을 본 셈이다.

미국 이주 초창기 자동차에 대한 기초상식이 없어 낭패한 경험을 말한다. 뉴욕에 도착하자 마자 제일 처음 산 것이 자동차였다. 식구가 여섯이라 일반 승용차는 안되기에 크라이슬러 웨이건 중고차를 샀다. 운전하고 다닌지 한 해는 훨씬 지난 어느 날, 퇴근 길에 B.Q Highway에서 여태껏 아무일 없던 자동차가 엔진에서 연기가 조금 나는 것 같더니 결국 차가 서 버렸다. Towing car가 와서 정비소에 갔더니 정비공이 자동차를 점검 하고서는 자동차 엔진 오일이 한 방울도 없어 엔진이 타버렸다는 것이었다. 나는 그때서야 자동차는 매 3000 마일 또는 3개월 마다 오일을 바꿔야 한다 것을 알았다. 내가 한국에 있을 때는 십여 년을 자가용을 타고 있었는데 운전 기사가 오일 체인지를 하는 것을 한 번도 본 적이 없었고, 기사 없이 내가 가끔 운전을 하기도 했지만 이런 기초상식도 없이 자동차를 운행하고 있었다는 내 자신이 너무 한심스럽고 부끄러웠다. 그 차는 수리 불가능이라 폐차 처분하고 승용차를 샀다.

Rivington St.의 Mustell Fashion을 개업한지 2년여가 지나면서 수익성이 좋아졌을 때 이수철 업자의 요청으로 그의 투자금을 전액 환불하고 이익분배를 함으로서 그와의 동업 관계는 해제되었다. 그 무렵 영주권 신청이 가능한 여건이 되어 이민 전문 변호사에게 영주권 신청을 의뢰하였다. 그 후 변호사의 요청대로 보안 서류들을 제출함으로써 8개월 후 온 가족이 영주권을 받게 되었다. 그리고 개업 4년 반 뒤에는 내가 애타게 원하던 Orchard St. 가게로 이전할 수 있게 되었다. Orchard St.이 뉴욕 일원에서는 널리 알려진 유태인 옷 소매상들의 집합지역으로 발전한 연유를 설명한다. 19세기 전후에 뉴욕에서는 백화점이 일요일에는 개점을 못하는 법령이 있었다.

정통 유대교의 휴일은 토요일이다. 유대인의 의류 소매상들은 백화점이 일요일에 개점을 못하는 것을 활용하여 Orchard St.에 각종 의류 소매점 집합지를 형성하여 그 후부터 뉴욕 일원에 널리 알려진 명소가 되었다. 나의 가게는 Orchard St.에서 한 블록 떨어진 곳에 위치하고 있어 여러가지로 영업상

불리하여서 언젠가는 Orchard St.로 가게를 옮길 기회를 노리고 있었다. 그때 내가 골프를 통해 잘 아는 사람이 Orchard에 비싼 권리금을 주고 들어가서 1년 가까이 장사를 했으나 여러가지 사정으로 적자를 면치 못하고 있는 상황 인 듯 나를 찾아와서 자기 가게를 좋은 조건으로 양도할 터이니 인수해달라는 요청을 해왔다. 나는 그 가게에 대한 정보를 자세히 알고 있었다. 집안 사정과 경영상의 허점을 짐작하고 있었기에 인수조건도 생각보다 좋아 쉽게 합의하고 인수했다.

184 Orchard St. New York NY. 가게 위치도 아주 좋아서 그 전 가게보다 훨씬 많은 고객들이 드나들고 고객의 수준도 많이 좋아서 매상도 많이 늘고 이윤율도 훨씬 좋아졌다. Rivington St. 가게에는 저 소득층을 위한 염가 제품들이 주 품목이었으나 새 가게의 고객 수준이 높아져 취급품목은 고가의 고급품목이 주류가 되어야 했다. 또한 당시에는 가죽의류들이 유행하는 시절이라 가죽옷도 많이 취급했다.

그 당시 우리 가게 뒤편에는 창고와 화장실 위에 MEZZANINE이 있어서 거기를 내 사무실로 쓰고 있었다. 역시 본정통은 달랐다. 이때는 시내 각 백화점들이 일요일에 개점을 하고 있었지만 자동차 통행이 금지되어 있는 점포 앞의 ORCHARD 거리는 하루 종일 붐비고 있었다. 일요일 한참 붐빌 때는 가게에 손님들이 너무 많아 점원들이 서너 명 있음에도 도둑들이 고가의 옷 만을 골라서 훔치려고 틈을 노리고 있기 마련이었다. 이러한 상황이 생길만큼 사람이 붐빌 때는 내가 위층 MEZZANINE에서 내려다보고 감시를 하고 있으면 도둑들이 눈치를 채고 나가버리곤 했다. 성수기 일요일에는 중고교에 다니는 준호와 재욱이가 가게에 나와 도둑들을 감시하는 등 도와주곤 했다.

이렇게 가게의 수익이 안정되자 자동차를 한 대 더 샀다. 내가 수요일 마다 롱 아일랜드 Expressway exit 46근처에 있는 골프장에 매주 수요일 골프 모임에 참가하기 위해 자동차를 타고 가면 아내는 부득이 지하철로 출퇴근을 해야 했다. 이는 너무 불합리한 일이었다. 일하러 가는 사람 특히 여자인 아내는 지하철을 타게 하고 놀러가는 나는 자동차를 타고 감은 내가 생각해도 불공평하고 미안해서 부득이 내 골프를 위해 자동차를 하나 더 사야만 했었다.

오차드 가게는 주말만 바쁘고 주중에는 비교적 한가해서 종업원 두 명과 나와 아내 중 한사람 있으면 별 문제가 없었고 내가 상품 주문 등을 위해 가게를 비우지 않는 날은 아내는 집에서 쉬거나 집안 일을 했지만 언젠가부터 아내도 골프를 배워야겠다 생각하고 연습장에 등록하고 골프연습을 시작했다. 언젠가 경제적 안정이 되면 일요일에 문을 닫는 사업을 해야 한다는 아내의 요구도 염두에 두어야 했다.

과욕은 화를 부른다: 오차드에 온지 5년이 지난 어느 날 오후 3시경, 마도로스 복장을 단정하게 입은 백인 중년이 가게에 와서 주인을 찾는 것이었다. 내가 주인이라고 하자 정중히 인사하며 그는 명함 한 장을 내밀었다. 자세히 읽어보니 배 이름과 선장 이름이 적혀 있었다. 그리고 조용한 곳으로 가자고 하기에 사무실로 안내하였다. 그 선장은 자신의 손가방에서 미식 축구공 모양의 작고 누런 황금색깔의 물건을 꺼내 보이는 것이었다. 그리고는 하는 말이 선장으로서 해서는 안 되는 일인 줄 알지만 가정 사정상 목돈이 필요해서 이런 금을 상당량 아랍의 어느 항구에서 밀수를 했다며 현금으로 사준다면 시세의 반값에 팔겠다는 것이었다.

나는 솔깃했으나 이것이 100% 순금인지 어떻게 알겠느냐고 반문했다. 그랬더니 선장이 의심하는 것은 당연하다면서 그 금덩어리를, 지금의 기억으로 100그람 되는 것을 두고 갈 터이니 어디든 가져가서 테스트해보라면서 이틀 후 오겠다 하고 태연히 가버리는 것이었다. 그날 가게문을 닫고 32가에서 자그마한 금은방을 하고 있는 박 여사를 찾아가 자초지종을 설명하고 이 금덩어리를 놓고 갈 테니 순금여부를 감정해 달라고 부탁하며 다음날 퇴근 후에 들르겠다고 하고 귀가했다. 밤과 낮 하루를 금덩어리에 대하여 생각의 생각을 거듭했다. 이것이 어쩌면 인생에 한 두 번 온다는 행운의 기회가 될 수 있겠다는 쪽으로 차차 마음이 기울어져 갔다. 금은방 박 여사에게서 전화가 와서 감정결과 100% 순금이 맞다고 하였다.

시가 5천불이 넘는 금덩어리를 보관증도 없이 맡겨 놓고 가버린 그 선장의 인자한 모습이 뇌리에 떠오르며 내가 가진 현금만큼 사야 하겠다는 쪽으로 마음이 기울었다. 퇴근 후 박 여사 금은방으로 견본 금덩어리를 찾으러 갔더니 금을 살 것이냐고 묻기에 내가 가진 현금만큼만 사려고 한다며 내가 사게 되면 박 여사가 팔아 주면 좋을 것 같다고 이야기하고 귀가했다. 다음날 박 여사로부터 전화가 와서 얼마나 살 것이냐고 다시 묻기에 8만불 준비되었다고 했더니 자기도 2만불 어치 사고 싶다며 거래할 때 자기도 함께 하며 진품여부를 확인하고 싶다 하기에 내가 바라는 바라고 대답했다. 그리고 더 안심이 되었다.

약속한 날 11시에 선장이 와서 진품여부를 확인했느냐고 하기에 그렇다고 하니 얼마 정도를 사겠느냐고 묻기에 10만불 어치 사겠다고 하였다. 자기가 가지고 있는 금이 전부 15 만불 어치 되는데 이따 5시경 올 때 전량 다 가져올 터이니 더 사고 싶으면 그때 말하라며 가게를 나갔다. 나는 금은방 하는 박 여사에게 전화해서 그 사람이 5시에 금을 가지고 온다 하고 돌아 갔으니 4시 반까지 돈과 저울을 준비해 오고 오늘의 금 도매 가격도 알아오라고 부탁하였다. 박 여사는 정시에 모두 준비해 가지고 왔다. 5시에 선장과 항해사가 상자모양의 가죽 가방을 가지고 왔길래 메자닌(Mezzanin) 내 사무실로 네 사람이 올라갔다. 그들이 가죽 가방을 여니 견본과 똑 같은 모양과 크기의 금덩어리가 들어있었다. 책상 위에 금덩어리를 쏟아 놓고 박 여사가 하나씩 견본 금덩어리와 대조했다. 색상도 크기도 무게도 똑 같았다. 그날의 금 도매시세를 쌍방 확인하고 10만불에 해당하는 금을 저울에 달아서 인수하고 돈을 지불하고 쌍방 간에 웃으며 악수하고 거래를 끝냈다. 그들은 내일 아침 9시에 출항한다며 다음에 오면 인사차 꼭 다시 오겠다며 가죽옷을 몇 벌 현금을 내고 산 다음 돌아갔고 나는 가게 문을 닫았다.

나와 박 여사는 8대 2의 비율로 금을 달아서 분배하고 박 여사는 자기 가게에 돌아 갔다. 이 상황을 시종 지켜본 아내도 나도 오늘의 거래가 잘 성사되었음을 자축하며 금이든 가방을 가지고 귀가하였다. 다음날 아침 정시에 출근하여 일하고 있는데 박 여사로부터 전화가 와서 하는 말이 어제 산 금덩어리들이 전부 가짜이고 금은 한 개도 없다며 분통을 터뜨리는 것이었다.

전부 가짜라니! 이런 청천벽력 같은 일이 어찌 있을 수 있단 말인가! 어제 박 여사가 하나씩 전부 다 검사하지 않았느냐고 물었더니 쇳덩어리 위를 순금으로 입혀 도금을 했기에 자기도 완전히 속았다는 것이다. 이런 황당한 사기에 말려 들다니 나의 어리석은 과욕이 이런 큰 피해를 당하고 또 남에게도 피해를 입히다니 참으로 통탄하지 않을 수가 없었다. 그러나 어찌하랴! 아마 그 사기꾼들은 밤 비행기를 타고 이미 미국을 떠났을 것이다. 하루 이틀 곰곰이 생각해보니 그 돈은 내가 소유할 수 있는 돈이 아니었구나 하는 결론에 도달했다. 내가 십여 년 장사하면서 냈어야 할 세금인지도 모른다. 또한 네 아이들의 사립학교 1년 학비만해도 최소 20만불은 넘었을 텐데 장학금, 학교 보조금 등등 얼마나 많은 혜택을 받았던가. 이미 내 수중을 떠난 돈은 내 돈이 아니다. 이 또한 새옹지마의 일환으로 보고 깨끗이 잊어버리기로 다짐했다.

어쨌든 나로 말미암아 적지 않은 피해를 보게 된 금은방 박 여사에게 미안해서 견본으로 받은 단 한개의 순금 덩어리를 박 여사에게 주면서 시세로 5천불은 갈 것이니 이것으로 일부라도 피해를 줄였으면 좋겠다고 말했다. 박 여사는 자기도 감정 부실의 책임 있다며 사양했으나 억지로 손에 쥐어 주었다. 이 사건 후 영업은 순조롭게 발전하여 유휴 자금도 쌓여 갔다. 살고 있는 아파트가 코압으로 바뀌자 약 18만불에 매입하여 내부 수리도 새 집처럼 꾸몄다.

아내는 언제부터 인가 인혜의 권유로 가까이에 있는 한인 교회에 다니다가 플러싱 제일 교회로 옮겨 세례도 받았다. 아침 8시 예배가 끝나면 바로 아내와 함께 가게로 가야 하기에 나도 함께 예배에 참석하다가 이승훈 목사님의 권유로 세례를 받았다. 아내는 믿음이 깊어질 수록 일요일에 일 하지 않는 다른 업종으로 바꾸자고 줄기차게 요구하고 있었다. 마침 오차드 장사도 전반적으로 쇠퇴하는 무렵이라 결단하고 새 사업을 물색한 결과 Brooklyn Bayridge에 아담한 식품점을 아내가 마음에 들어 해서 계약을 했다. 옷가게의 재고들은 한달 동안 Bargain sale 하고 13년간의 의류 소매업을 청산했다.

미국 정착 2

자녀교육

맹모 삼천지교의 실행에 따라 세번째로 이사한 포레스트 힐에서 우리 네 자녀들의 교육성과가 과연 어떤 결실을 맺었는지 살펴보려 한다.

첫째 딸 인혜, CHRISTINE은 한국에서 도봉중학교 2학년을 다니다 미국으로 이주해왔다. 인혜는 초등학교 때나 중학교 때나 저희 반에서는 늘 1,2등을 놓치지 않았다. 반 학기가 한국과 서로 다른 미국의 학기제도에 따라 편 입학을 하게 되니 한국에서의 중학교 교과과정 중, 2학년 반 학기만을 공부하고 미국에 와서 한 달 공부를 하고는 중 3이 되는 형국이었다. 문제는 영어였다. 영어만 제대로 하면 다른 과목들은 문제될 것이 없었다.

Dickinson high school에 일 년여 다니다가 Forest high School 10 학년으로 전학 와서 졸업할 때까지의 성적은 English Handicap 때문에 모든 과목의 시험 성적에 불리한 영향을 끼쳤을 것은 불을 보듯 뻔한 일이었다. 나는 평소에 아이들이 공부하는데 좋은 환경을 만들어 주는데만 신경을 썼지 공부하는 데는 일체 관여하지 않았다. 몇 시까지 공부해라, 더 좋은 성적을 내라, 공부에 도움되지 않는 친구는 사귀지 마라 등등...충고라고 해봤자 사춘기 아이들의 반감만 살 뿐 하등의 도움이 되지 않음을 알았다고나 할까.

어쨌든 대학입시 결과 인혜는 몇 개 대학에 합격하였으나 미국의 Seven Sister 라는 여자 명문대학의 하나인 SMITH COLLEGE에 입학하기를 원하였고 나도 동의하였다. 돌이켜 보건데 인혜가 2년만 더 먼저 왔어도 아이비 리그 대학에 갔을 것으로 지금도 확신하고 있다. 인혜는 SMITH COLLEGE를 졸업한 후, 내가 의사가 되어 작고하신 아버님의 유업을 잇지 못한 것을 대신하여 의사가 되고자 NY STATE UNIVERSITY MEDICAL SCHOOL을 졸업하고 내과 의사가 되었다. 의과대학 재학 시 무슨 전공의가 됐으면 좋겠는지 나에게 의견을 묻기에 "너는, 아내와 엄마의 역할이 직업보다 더 중요하다는 것을 인식하고 내과의사가 되기 비란다" 고 나는 말 했다.

둘째 딸 영주 JESSICA

영주는 사 남매 중 머리가 가장 좋지 않나 생각 할 때가 많다. 출신학교의 이력을 보아도 그렇지만 평소의 대화 중에도 기지가 넘치고 나의 생각이 불합리할 때는 어김없이 반론을 제기한다. 그러면 나는 꼼짝 못 하고 승복할 수밖에 없다. 영주는 FOREST HILLS High School에 10학년으로 전 입학했던 것으로 기억되는데 그때 그녀는 영어로 인한 Handicap 은 거의 해소되었다. 11학년 때부터는 자신감도 넘치고 과외 활동도 하며 성적도 상위권으로 올라선 것으로 짐작했다. 특히 인혜도 영주도, 한국에서 선생님을 존경하고 순종하던 태도 그대로 변함없이 선생님들을 대하니 모든 선생님들이 좋아할 수밖에 없지 않았나 짐작된다. 영주는11학년 때 일류대학에서 중요시하는 특별활동 등도 간파하고 그에 대비하고 있었던 것 같다. 학교의 추천으로 GEORGIA주에 가서 여름방학 동안 특별 활동을 하였다.

영주는 학교 성적도 좋았지만 특별과외 활동과 담임선생님의 추천사도 좋아서인지 YALE UNIVERSITY 와 MIT 두 학교의 합격통지서를 받아 우리 가족과 학교 당국을 깜짝 놀라게 했다. 사실 미국 전역에 있는 일류 사립 고등학교와 공립학교에 비하면 FOREST HILLS High School은 정말 초라한 하나의 지방 고등학교 임에도 불구하고 미국 전역에서 초 일류대학인 이 두 대학에 합격한 것은 깜짝 놀랄 뉴스였다. 영주는 YALE를 버리고 MIT에 가서 졸업하고는 COLUMBIA UNIVERSITY 대학원에서 심리학 박사학위를 받아 또 한 번 우리 가족을 놀라게 하였다.

맏아들 준호 JUNNO

준호는 FOREST HILLS Middle School을 졸업하고 시험을 쳐서 BRONX SCIENCE High School에 입학하여 3년 동안 결석 한 번 하지 않고 졸업했다. 솔직히 말해서 나는 준호가 그 학교에 시험 치는 줄도 몰랐고 그런 학교가 있는 줄도 몰랐는데 이 학교가 뉴욕시 1,2등 안에 들어가는 명문 고등학교로서 높은 경쟁률의 시험을 쳐서 들어가는 학교라는 것을 뒤늦게 알고 준호의 합격을 축하해주었다. 어렴풋이 기억나는 그때의 상황을 돌이켜 생각 해보면 두 딸의 대학 입학만을 중요시하고 고등학교는 일반 공립학교나 특수학교나 간에 별 차이가 없다고 생각 했는데 나중에 자세히 알고 보니 높은 경쟁율의 시험을 거쳐 입학하는 특수 고등학교인 BRONX High School

은 전 미국 고등학교 랭킹 No.39 위의 명문고등학교임을 알고는 마음이 흐뭇하고 준호가 자랑스러워졌다.

QUEENS, MANHATTAN, BRONX 3개 Brough를 넘나들며 전철을 몇 번씩 갈아타고 다니면서 한 시간 넘게 걸려서 가는 학교를 3년 동안 결석 한 번 없이 졸업한 준호의 성실과 끈기를 나는 높이 평가하지 않을 수 없었다. 준호는 고등학교를 우수한 성적으로 졸업하고 IVY LEAGUE 대학인 COLUMBIA UNIVERSITY에 입학하여 철학과 수학 2개의 전공과목을 이수하고 졸업했다. 북부 맨해튼에 있는 이 대학이 BONX에 있는 고등학교보다 훨씬 가까운데도 집에서 통학하지 않고 기숙사로 들어간 이유는 부모를 떠나 독립하려는 의지가 아닌가 생각된다.

막내 아들 재욱 JAE

재욱이도 FOREST Middle School을 졸업하고 맨해튼에 있는 특수학교인 STUYVESANT High School에 높은 경쟁률을 거쳐 입학했다. 이 고등학교는 뉴욕주에서는 제일 경쟁률이 높고 전 미국 고등학교 랭킹 NO.35위로 알려져 있다. 근래에 와서는 이 학교의 아시안계 학생이 60%를 넘는다는 여론으로 입학시험 성적을 차등제로 하여 흑인이나 히스페닉 계의 합격자 수를 늘려야 한다는 설이 있었으나 확인된 바는 모른다. 재욱이도 졸업성적이 좋아서 아이비 학교인 DARTMOUTH COLLEGE에 입학하여 4년후 졸업하고 FORDHAM LAW SCHOOL에 입학하였다. FORDHAM 졸업 후 2년 동안 로펌에서 Lawyer 보좌역으로 2년동안 근무하다 NYLL LAW SCHOOL에서 TAX LLM을 1년 전공했다.

건강식품점

13년간의 의류소매업을 청산하고 아내의 희망사항인 일요일 휴업하는 업종을 찾다 보니 건강식품점이 여자가 운영하기에 적합하다 판단하였다. 마침 BROOKLYN BAYRIDGE에 아담한 식품가게가 매물로 나와 있어 흥정 끝에 상호 적정가격에 합의하고 가게를 인수하였다. 인수가격 금액이 내가 가진 자금의 30% 정도로 아내가 소유주가 되어 가게를 운영토록 하되 주요사항은 내가 뒤에서 돕기로 작심하고 나는 나 대로 다른 사업을 할 예정으로 가게를 인수하였다. 가게를 인수할 때 매니져로 백인 중년 여성인 Olivia 라는 사람과 James 라는 젊은이가 보조로 일하고 있었다.

마침 가게 뒤편에 작은 사무실이 하나 있어서 나는 거기서 앞으로의 새로운 사업을 구상하며 가게의 paper work 들을 도와주고 있었다. 반 년 넘게 Olivia 와 James의 인성을 살펴보니 두 사람 다 신임이 가는 사람들이었다. 나는 고용한 사람을 한동안 지켜보다 믿을 만하다 싶으면 100% 전적으로 믿고 털끝만큼도 의심하지 않으며 좋은 인성만을 기억한다. 87년 지나온 내 인생을 통하여 딱 한번 배신당한 사건은 장위동 공장 청산할 때 종업원들 임금 주라고 맡긴 돈을 가지고 도주한 먼 일가 이성준 한 사람뿐이다.

앞서 말 한 두 종업원의 인성을 살펴보니 믿을 만하다 확신하고 1977년 한국을 떠나온 이래 한 번도 고국 방문을 하지 못하고 있었던 한을 풀어보자며 한국행을 결정했다. 1977년 고국을 떠나온 14년만의 부부동반 방한이었다. 입국 절차를 마치고 공항을 나오니 이른 아침이었는데도 사촌동생 이 심 회장이 기사 딸린 차를 타고 마중나와 반가운 해후를 하였다.

일산 고급아파트에 있는 이회장의 자택에 짐을 풀고 시내 호텔을 잡아 나가기까지 며칠간 머물며 극진한 환대를 받았고 그의 소유인 노인시대 신문사옥과 부속업체들도 돌아보았다. 그동안 상상을 초월한 한국의 발전상도 놀라웠지만 사촌동생 이 심의 인성과 경제적 변화가 더욱 놀라워 혼자서 탄성을 질러야 했다.

이 심에게 강남에서 괜찮은 호텔을 추천해 달라 했더니 BEST WESTERN 호텔의 사장이 친구인데 호화 급 호텔은 아니나 중급은 되고 자기가 추천하면 가격도 할인해 준다 해서 그 호텔로 옮겼다. 호텔에 투숙해보니 말 그대로 아담하고 깨끗한 설비에 교통도 편리한 곳에 위치해 있었다. 미국에 있는 BEST WESTERN HOTEL의 CHAIN HOTEL 보다는 상급인 것 같았다. 귀국 차 HOTEL 체크 아웃 하면서 숙박비를 물으니 이미 이 심 회장이 내셨다고 해서 또 한 번 놀랐다. 한 달간 머무는 동안 친구들과의 만남, 체신고등학교 동문모임, 육군경리장교 동기생들의 나의 한국 방문 환영모임, 이이덕, 최철수, 이 심 등의 골프초대 그리고 대구에 있는 조카 정민의 집과 질녀 집 방문, 대구 친구들과의 모임과 골프 라운딩 이렇게 돌아다니다 보니 어느새 한달이란 세월이 흘러 미국 행 KAL기에 몸을 실었다. 건강식품점에 돌아와보니 아무 탈없이 가게를 운영해온 Olivia 와 James가 반갑게 맞아주었다. 감사의 뜻으로 그들에게 한국서 준비해온 선물을 건네 주었다.

건강식품점을 1년 넘게 운영해본 결과 예상대로 생활비 정도의 수익이 날 뿐이라 저축은 기대하기는 어려운 실정이었다. 그런대로 아내가 소일하며 인건비 정도 버는 것으로 자족해야 했다. 나는 그동안 가게 뒤 사무실에서 건강식품을 생산 판매 할 목적으로 연구도 하고 정보도 수집하며 제품명과 회사명을 결정하였다.

회사명: HEALTH ONE INC. 제품명: ALOE GINSENG DRINK
여기에 대해서는 4절에서 이어 가기로 한다.

건강관리

내 나이 50세를 넘어가면서 건강관리에 대해 관심을 가지게 되었다. 처음에는 단순히 신체 단련을 해야 하겠다는 결심을 하고 달리기를 시작하였다. 그때 내가 살던 FOREST HILLS 집에서 나와 Grand central pkwy 육교를 건너면 Meadow Lake

가 나오는데 그 호수 주위를 한 시간 정도 천천히 뛰는 것으로 하체단련을 시작하였다. 달리기를 몇 년 지속하다가 막내가 대학을 입학하자 집에는 아내와 나 두식구만 살게 되었다. 두사람만 살게 되니 생활방식도 자연히 우리 두사람의 편의대로 살게 되고 누구의 눈치도 간섭도 없게 되어 삶의 방식도 차제에 건강위주로 바꾸어야 하겠다는 생각을 하게 되었다. 첫째 건강하게 살려면 건강한 체질이 되어야한다.

체질은 물과 음식으로 구성되어 있으니 건강한 체질을 만들려면 맛있는 음식을 골라서 먹을 것이 아니라 건강한 체질을 만드는 음식을 먹어야 한다는 것에 착안하게 되였다. 오랫동안 생각하고 연구한 끝에 이 세상에 존재하지 않는 특유의 식단을 만들어 그 명칭을 이상수식 건강식단이라 이름하였다. 이 식단은 그때 시작하여 87세가 된 오늘날까지 꾸준히 시행해왔다. 오늘날 나와 내 아내의 육체적 건강이 잘 유지되어 온 것은 이 이상수식 식단과 더불어 다음장에서 거론할 이상수식 건강증진 운동에 기인한 것이라 확신한다.

이상수식 건강식단

아침식단 (1인분)

1. 자몽 또는 큰 오렌지 반 개 - 과육을 잘라먹고 난 후 순가락으로 액즙을 내어 처방약과 영양제를 삼키는데 쓴다
2. 삶은 검정콩 두 술 + 볶은 깨 약간. + 물한컵을 믹서에 갈아서 만든 죽 (쥬스)에 Walnut, Almond, Pecans, cashews, pistachios 등을 반 순가락 씩 넣어서 한 보울
3. 삶은 계란 반 개 사과 1/4 바나나 1/4 감 1/4 토마토 1/4 당근 등 청과류 한 접시 - 계절에 따라 변경
4. 2를 먹을 때 간이 필요하면 소고기 장조림 또는 마른 멸치를 먹으면 단백질과 칼슘 섭취에 좋다.

점심식단: 잡곡밥 정식. 기타 기호식품

저녁식단:

1. 적포도주 한잔
2. 기름기 적은 육류로 안주와 반찬
3. 야채 샐러드 한 보울
4. 가벼운 식사: 밥 또는 면 종류

이상수식 건강증진 운동

A. 기상 후 아침운동 시작 전에 **생수 한 병** 내지 두 병 꼭 마신다
준비물: 5 파운드 아령 2개 AB Wheel 1개

1. **준비운동**으로 아령을 양손에 들고 국민체조 (인터넷 참조) 를 2회 실시한다

손뼉을 강하게 240번 치되 매 40번마다 눈동자를 상하, 좌우, 우시선, 좌시선, 우측으로 360도 회전. 좌측으로 360도 회전을 시킨다.
뒤꿈치 들기 백 번

2. 윗몸을 반쯤 일으키면서 동시에 좌우 다리를 열 번씩 교대로 들어 올린다. 잠시 쉬었다 2회 더 반복한다
숨 고르기 하는 동안 두 주먹으로 중 복부 두드리기 200번

3. **엎드려 팔 굽혀 펴기** (PUSH UP) 50번
하복부 두드리기 200번

4. 누워서 양다리 함께 들기 50번
상 복부 두드리기 200번

5. **AB WHEEL 두손으로 잡고 무릎 꿇고 온몸 펴기 50번**

B. 매일 한시간 속보로 걷기 운동: 어떤 핑계도 용납하지 않는다. 비가오면 우산 쓰고 걷고, 눈이 오면 MALL에 가서 걷는다. 여행 갈 때는 공항에서 대기시간 동안 걷는다. 몇 년전 14일간 크루즈 배를 타고 여행할 때도 갑판 위에서 한 시간 걷기운동을 계속 했었다. 아마도 고령중학교 다닐 때 하루 20km 즉 12.5 mile을 3년동안 걸어서 통학하면서 내 다리가 건강하게 단련된 것으로 짐작해보면 이 또한 새옹지마가 아닐까 생각된다.

건강식품 제조업

HELTH ONE INC.를 설립하고 건강음료 제조 판매 업으로 등록을 하고 GINSENG POWDER 와 ALOE VERA 원액과 FRUCTOSE의 배합으로 Aloe Ginseng 이라는 건강 음료수를 만들어 판매한다는 나의 아이디어를 실현하기 위하여 기초조사를 시작했다.

첫째, 원재료 조달문제: 주요원재료인 Aloe Vera 원액을 싼값에 대량 구매할 수 있는 곳을 찾아 원산지인 TEXAS 주 DALLAS에 있는 원액 제조 공장 두 곳을 돌아본 후 마음에 드는 한 공장과 원료 가격과 수송에 대한 조건을 협의하고 돌아왔다. 두번째 주요 재료인 GINSENG POWDER는 뉴욕에 있는 수입상과는 가격 및 수급문제는 몇 달 전 Sample 구입시 합의한바 있었다.

둘째 Bottling 문제: Aloe Ginseng Drink 를 제조하기 위해서는 각종 원료를 공급하면 그것들을 조합하여 원액을 만들어 병에 담아야 제품이 완성된다. 이 작업을 전담하는 공장이 Bottling 공장이다. 이를 전담하는 하청공장을 정하기 위해 뉴저지와 뉴욕 몇 군데를 둘러본 결과 대량 생산시설을 갖춘 곳은 뉴욕 주 Sloatsburg 에 하나가 마음에 들고 소량

생산시설은 Brooklyn Williamsburg 에 있는 아담한 공장이 있었는데 사장 이름은 Goldman 으로 전통 유태 교인이었다. Goldman 과 상담결과 견본제작 후 생산까지 합의하였다.

셋째 사무실과 창고: 본격적인 제품과 판매를 위하여 HELTH ONE INC. 사무실과 원자재 및 제품 보관 창고가 필수요건이라 Queens Borough Bridge 근방인 Long Island City ND 에 대형 Trailer 가 드나들 수 있는 창고에 사무실이 있는 건물을 임대하고 건강식품점 뒤 방 내 사무실을 이전하였다. 판매 사원을 비롯한 직원을 채용하고 운반차량인 중형 트럭도 매입하였다.

이런 판매준비 작업과 병행하여 제품공장에서는 여러 번 시제품을 제조하며 맛과 향을 주위의 많은 사람들에게 시음케 하여 그중 가장 좋아하는 시제품을 선택하여 제품하기로 결정하였다. 그런데 제품 생산하기 전 한가지 중요한 문제가 발생하여 의견 대립이 되는 상황이 생겼다. 드링크 병에 붙이는 Label의 표기 문제였다. 당시에도 동 서양인을 막론하고 GINSENG 과 ALOE VERA 가 건강에 아주 좋은 식품으로 알려져 있기에 드링크제의 이름을 직설적으로 ALOE GINSENG으로 명명하였었다. 그런데 이 두가지 원료만으로 만들면 ALOE는 무미하고 인삼가루는 약간 쓴 맛이 나기 때문에 약품으로나 팔릴까 대량판매를 목적으로 하는 Drink 제로는 팔리지 않을 것이다. 그래서 약간의 향료와 조미료를 첨가하여 영양가도 좋고 맛도 좋게 하여야 대량소비가 가능하고 사업도 잘 되기 때문이다. 그런데 병에 붙이는 LABEL 에는 반드시 사용재료들의 명세서를 기재해야 한다. 그런데 내용물에 단맛을 내기 위해 약간의 FRUCTOSE 라는 과당을 첨가하는데 공장 사장인 GOLDMAN 은 LABEL에 NO ARTIFICIAL SUGAR라는 문구를 넣어야 제품이 잘 팔릴 것이라 주장하는 것이었다. 이론적으로는 맞는 말이었다. 그때나 지금이나 설탕이 건강에 좋지 않다는 것은 상식에 속하는 것이지만 FRUCTOSE 가 인공 설탕이냐 아니냐 하는 것이 문제인데 거기에 대해서 잘 알지 못하는 나는 그에게 그 문구를 넣어도 법률상 하자가 없다는 것을 확인한 다음 제품에 착수하였다.

고급영양제 음료로서 유리병에 예쁜 LABEL을 붙인 제품은 출하한 후 세일즈맨의 활동으로 차츰 수요가 늘어났다. 언론사를 통한 광고는 너무 비싸 엄두를 못 내고 한국신문에 세일즈맨을 모집 판매 수당제로 고급 동네 식품점 위주로 시장을 넓혀 갔다. 한때 장남 준호도 New York Times를 그만두고 방황하고 있을 때 여러 달 동안 회사일은 도와준 적도 있었다. 장사 시작 후 4년여가 될 때까지 회사는 순조롭게 운영되고 있었다. 어느 날 BOTTLING 회사의 GOLDMAN으로부터 만나자는 연락이 와서 그의 공장에 갔다. 그가 하는 말 이 유태계 대형식품회사인 STEINBURG PRODUCT에서 ALOE GINSENG의 대량주문요청이 왔는데 수락할 용의가 있으면 그 회사로 가서 계약을 하자는 것이었다. 수락여부는 그 회사에 들어가 여러가지 조건이 맞으면 계약할 속셈으로 일단 그 회사를 방문하였다. BROOKLYN 항구에 인접한 회사의 외관상 규모는 실로 어마어마하게 컸다. 몇 개 동의 큰 창고에 대형 TRAILER 들이 몇 십대 하역작업을 하고 있고 3층 건물의 사무실에는 수많은 직원들이 있었다. GOLDMAN의 안내로 담당자의 사무실에서 거래 조건에 대해서 상담하였다.

자세한 내용은 지금 기억 못 하지만 전체물량은 기차 CONTAINER로 10 CONTAINER 금액으로 약 50만불가량인데 2개월내에 납품하면 기차편으로 미국 서부 LOS ANGELES 지사에 보내 서부 지역에서 독점 판매권을 갖는다. 제품생산은 뉴욕주 Middletown에 있는 지정공장에서 Bottling 한다. 대금지불은 공장에 원료가 도착하면 10%인 5만불을 지불하고 잔액은 물품이 L.A 지사에 도착하면 즉시 지불한다는 대략 이런 조건이었다. 일주일내에 계약 여부를 결정하겠다 말하고 나와서 다방면으로 STEINBERG PRODUCT의 신용과 재정상태를 알아본 결과 한결 같이 특 A급으로 유태계 기업으로 유명하다는 것이었다. GOLDMAN 또한 자기는 뉴욕지역의 소요물량을 생산하기도 벅찬데 그런 대량생산은 불가하니 서부지역 총판을 맡기면 대량생산과 판매가 동시에 해결되고 자기 또한 중

개 수수료 수입도 늘어나니 계약하도록 설득했다.
우선 계약하기 전 Middle Town에 있는 Bottling 공장에 가서 사유를 말하고 공장설비 등을 돌아보며 10 Container 생산 기간을 물으니 한달이면 충분하다 했다. 그 이튿날 회사에 들어가 계약서에 상호 서명을 하고 일주일후 모든 원자재를 공급하고 계약금 5만불을 받았다. 그 후 일주일에 한 두 번 공장에 가서 생산 현황을 돌아보며 격려를 했다. 생산이 완료되자 생산 확인서를 받아 Steinburg에 제출함으로써 납품은 완료되었다. 이제 제품이 L.A. 도착하면 Bottling 비용을 상쇄한 잔금만 받으면 될 시점에 경천동지(驚天動地) 할 일이 일어났다.
F.D.A. 즉 연방 식품의약청에서 우리 제품을 수거해 가서 검사한 결과, LABEL에 기재된 내용과 실제 내용물과 차이가 나기 때문에 판매 불가하다는 통보가 STEINBURG L.A.지사로부터 왔기 때문에 물품 대급을 지불할 수 없다
는 것이었다. 더 구체적 내용은 LABEL에 NO ARTIFICIAL SUGAR 라 기재되어 있는데 내용물 검사결과 FRUCTOSE 가 혼합되어 있어서 이것은 ARTIFICIAL SUGAR 이기때문에 소비자를 기만하는 위법사항이라는 것이다. 처음 시제품을 만들 때 이 문구를 넣기를 반대했는데 GOLDMAN의 주장을 꺾지 못한 것은 사장인 나의 책임은 피할 길이 없는 상황이 되었다. 구입회사에서는 잔금지불 거절은 물론 잔량 폐기처분까지 하라는 요구인데 Goldman 이 도의상 책임을 지고 처리하는 것으로 거래는 일단락되었다. 이 거래로 인해 내가 입은 실질적 손실은 약 17만불 정도 추산되었다. 나는 심각한 고민에 빠졌다. 현재 가지고 있는 재고를 폐기처분 하고 LABEL을 다시 만들어 계속 할 것인가 차제에 업종전환을 할 것인가에 대해서다. 그러던 어느 날 뜻밖의 행운이 스스로 찾아왔다. BROOKLYN에 소재한 DUGLARY ENTERPRISE INC.의 사장이 사무실로 찾아와서 우리의 회사의 현재 상황을 모 인사로부터 소개받았다며 회사를 자기가 인수하고 싶다는 제의를 해왔다. HEATH ONE INC. 의 회사 등록 상호와 ALOE GINSENG 의 상표와 더불어 자산 일체를 인수하겠다는 제의였다. 그 사람은 Bottling 공장을 소유하고 있으며 DRINK 제품의 제조판매에

경험이 많다면서 이 상호와 상품명이면 크게 성장시킬 확신이 있으니 자기에게 인도하라는 요청이었다. 며칠동안 상호 교섭 결과 전체 대금을 50만불로하고 25만불은 인수인계 시 지불하고 잔액은 2년후 지불한다는 조건으로 합의하였다. 며칠 후 변호사 입회 하에 계약서 서명하고 절차대로 인수인계 함으로써 거래를 마쳤다.

주류 소매 업

HEALTH ONE INC를 판매 인계하고 다시 건강식품점 뒷방으로 돌아왔다. HEALTH ONE 4년여 운영 중 재정적으로는 손실은 없었으나 전혀 문외한인 분야에서 참으로 많은 경험과 지식을 얻었다. 앞으로 남은 내 인생에 어떤 영향을 미칠지 모르나 일단은 다시 새로운 사업으로 내 인생에 새로운 활력을 찾아야 할 시점에 온 것이다. 이제 내 나이도 어언 환갑을 지난 62세가 되었다. 이제는 새로운 것에 도전해서 모험을 해야 하는 나이는 아니다 라는 내 생각과 아내 또한 반대하는 입장이라 좀더 안정적인 업종을 찾기로 작심했다.

몇 군데 매물이 나와서 교섭했으나 마땅한 곳을 못 찾고 있었다. 그런 어느 날 미국신문 광고난을 보는데 눈에 띄는 광고가 있었다. Queens Bayside 번화한 곳에 대형 Liquor store를 판다는 광고였다. 대체로 Liquor Store 가 잘 되는 가게는 신문 광고 같은 것은 하지 않아도 소문이 나서 중개상을 통하여 매매가 되고 있음은 나도 아는 상식이었다. 어떤 사유가 있길래 안전지역에다 번화하고 기차 정거장 버스 정류장이 바로 옆에 있는 아주 목이 좋은 곳에 있는 술가게가 팔리지 않아 신문 광고에 냈을까? 의아하게 생각하며 우선 주인을 만나야 하겠다 싶어서 가게를 찾아갔다. 42-31 Bell Blvd Bayside에 위치한 점포는 매장 4000 S.F.에 같은 면적의 지하창고가 있는 반듯한 LIQUOR STORE였다. 주인을 찾으니 Absentee Store 라 주인은 STORE 가 두 개인데 다른 가게에서 근무한다면서 전화 연락을 하니 주인이 왔다. 사무실에 들어가 재무제표와 대차대조표 등 경영상태를 파악하기 한 자료를 검토한 결과 작년도 경영적자가 10만불에 가까웠다. Absentee Store 즉 주인이 경영에 참가하지 않는 가게를 말하는데 이런 가게는 주인이 경영상태를 파악하기 위해 매주 또는 매월 재무제표를 만들어 주인에게 보고 함으로써 주인이 가게에 나오지 않고도 경영실태를 파악할 수 있는 것이다. 내가 대학에서 상과를 나왔기 때문에 부기학 즉 Bookkeeping을 전공하였고 경리장교 과정에서도 배웠기 때문에 장부상에서 경영실태 파악이 가능하였던 것이다. 주인이 제출한 Balance Sheet 와 부대서류를 받아서 며칠간 가게에 나와서 실태를 파악한 후 매매계약 여부를 결정하겠다며 얼마의 Key Money를 원하느냐고 물으니 20만불이라는것이다. 며칠 후 결정하기로 하고 주말 3일 간만 가게에 나와서 관찰하도록 양해를 받았다. 3일간 영업상황을 지켜본 결과 장사는 잘되고 있는데 적자가 나고 있는 이유를 명확하게 파악할 수 있었다.
첫째는 인건비 과다 지출이었다. 매니저 연봉 8만불, 부 매니저 5만불, 캐셔 4명인데 내가 경영하면 인건비를 연 15만불 정도 절약 가능 할 것이고 단골손님에게는 10% 할인하고 있는데 연 매출 250만불에서 20만불 정도 절약할 수 있을 것이란 예측이 가능해 보였다. 이러한 운영상의 허점을 파악하지 못하면 연간 10만불씩 적자를 내고 있는 업체를 누가 20만불의 Key Money를 내고 사겠는가! 나는 확신을 가지고 이 STORE를 살 것을 결정하고 주인을 만나 협상을 한결과 KEY MONEY 12만불로 합의하였다. WINE 과 LIQUOR 재고품 실사하여 20만불을 5년간 할부로 지불하고 잔액은 전부 계약 시 지불하는 것으로 합의하였다. 그 달 말경 2일간 STORE CLOSE 하고 재고조사와 업무인수를 끝내고 1997년 3월 1일부터 개업했다.
다행스럽게도 내 여동생의 아들인 김성기가 유학 차 미국 왔다가 학업을 끝내고 귀국 여부를 결정하지 못하고 쉬고 있기에 그에게 우리 가게의 manager 로 일하다가 진로가 결정되면 떠나는 것으로 합의하고 계약때부터 나를 도와주고 있었다. 조카 김성기는 한양대학교 출신으로 학생때부터 문재인 대통령의 비서실장 하던 임종석과 함께 반정부투쟁을 하다 체포되어 2년동안 감옥살이를 했었다. 만기 출소 후 정권이 바뀌자 사면되어 대학을 졸업하고 모 무역회사에서 2년동안 일하다가 영화감독의 꿈을 실현 하고자 미국에 와서 영화관련 대학원을 얼마전 졸업한 것이 그의 경력이다. 학교 다닐 때 학비조달차 LIQUOR STORE에서 방과 후와 주말에 일한 경험이 있어서 피차 서로 도움이 되었다. 시작한지 반년쯤 되었을 때 20대후반의 백인이 일자리를 구한다며 찾아왔다. 이름은 ROMAN이고 POLAND 인으로 엄마와 같이 친척집에 왔다가 자기만 미국에 살려고 불법체류를 하고 있다고 솔직히 말하면서 어떤 일도 맡겨만 주면 열심히 하겠다며 구직을 원하는 것이었다. 건장한 체격에 온순한 인상이 마음에 들었다. 마침 STOCK BOY를 겸한 Salesman으로 채용하였다.
술가게를 시작한지 한 해쯤 지나자 BUSINESS 가 정상적으로 운영되자 Bayside에 있는 건강식품점을 팔고 아내가 술가게에 나와 Cashier 부의 책임을 맡았다. 여기서 한가지 언급하고자 하는 것은 이 가게를 살 때 인수자금이 모자라서 십여만 불을 큰 딸 인혜가 빌려주며 매달 얼마 씩 몇 년에 걸쳐 갚은 일이 생각나서 피츠버그에 있는 인혜와 사위 VIJAY 에게 고마운 말을 남긴다.

ROMAN 이 일 한지 2년쯤 되자 그의 성실하고 정직함을 인정하고 오래 같이 일하기를 상호 원하는 상황이 되자 그가 우리 회사의 직원으로 필요하다는 사유로 영주권 신청을 했다. 가게 내부에는 최신형 CCTV를 설치해서 내 사무실에서나 휴대용 컴퓨터에서 언제 어디서나 가게 내부를 볼 수 있도록 했으나 모든 종업원에게 경고성 장치일 뿐 단 한 번도 가게 외부에서 감시용으로는 사용한 적이 없다. 심지어 종업원들에게 맡겨 놓고 한달동안 우리 부부가 여행 갔을 때도 감시용 컴퓨터를 가지고 가지 않았다. 전술한바도 있지만 나는 종업원 중 중요직책에 있는 사람을 믿을 만한 사람으로 채용하되 100% 신임하고 추호도 의심치 않는다. 같은 주류상을 하는 친구에게 종업원에게 가게를 맡겨 놓고 한달동안 한국

갔다 왔다고 했더니 그 친구가 깜짝 놀라며 자기로서는 상상조차 할 수 없는 일이라며 혀를 내둘렀다.

ROMAN은 성실하게 일도 잘하고 신임이 가서 manager 로 승격시켜주고 wine 과 Liquor의 Buyer의 임무도 맡겼다. 그리고 가게의 KEY 도 오래전부터 그에게 맡겼다. 우리 내외는 6 PM 에 퇴근하고 Roman 과 다른 직원들은 8 PM 에 퇴근했다. 토요일은 10 PM 에 Close 하고 일요일은 휴무였다. 어느덧 가게의 10년 LEASE 가 만기가 되여 건물주와 다시 10년 LEASE 재계약을 할 때 RENT 인상을 조정 합의하는데 힘들었다. 그 무렵 ROMAN의 영주권 승인 나오면서 사의를 표 하길래 내나이도 72세가되었고 아내도 은퇴를 원하기에 가게를 팔려고 결심했다. 그전부터 가게를 팔려면 자기한한테 알려 달라는 사람이 둘 있었는데 그 중 마음에 드는 중국사람과 쉽게 합의하고 계약하였다. 내가 십년간 운영하면서 년간 매출이 많이 늘어나서 KEY MONEY를 내가 지불한 액수의 5배는 더 받을 수 있었다. 이 주류소매업을 끝으로 노후의 생활이 될 것으로 짐작하였고 내 나이도 72세라 은퇴가 마땅하다고 판단하였다.

Part IV

은퇴

은퇴 후의 주택과 환경

2007년 9월 27일 이사하여 지금까지 살고 있는 집

2007년 9월 27일 이사하여 지금까지 살고 있는 집

텃밭

Golden wine & liquor 를 판매한 자금과 10년 동안 저축한 자금을 합하면 여생을 보낼 한적한 곳에 주택을 마련하고, 남은 돈으로는 자식들의 도움 없이도 충분히 살아갈 수 있으리라 짐작했다. 집을 사기 위해서 부동산 중개인을 뉴저지에서 하고 있는 이종식이라는 대학 후배를 선임하고 다음과 같은 입지적 조건을 제시 하였다.

첫째 한인들이 많이 사는 포트리나 팰팍에서 20분 내외의 거리에 있을 것.

둘째 걷기 운동을 할 수 있는 공원이 가까이에 있을 것

셋째 골프장이 가까이에 있을 것

넷째 고속도로와 가깝지 않을 것

다섯째 집 주변에 채소밭이 있거나 만들 수 있는 공터가 있을 것

여섯째 자식들이 많이 모이는 Short hill 과 멀지 않을 것

이종식은 지도를 보며 한참을 생각하더니 이런 입지적 조건이 대부분 맞는 곳은 Paramus라며 이지역을 중심으로 위조건에 맞는 집을 찾아 보기로 하였다. 이종식 복덕방이 만들어 온 리스트를 가지고 여러 날을 돌아 다녔으나 위 조건에 맞는 집을 찾기란 쉽지 않았다. 새 매물이 나오면 가서 보고 실망하고 돌아오기를 여러 번 하였다. 그렇게 몇 주가 지난 어느 날 중개인 이종식군으로 부터 새로운 매물이 나왔는데 어쩌면 조건들에 가까울 것 같으니 가 보자는 것이었다. 첫눈에 이 집이 바로 내가 원하는 조건을 고루 갖춘 내 집이 되겠구나 하는 직감이 왔다. 딱 두가지 결점은 수영장이 뒷마당에 있는 것과 방이 4개나 돼서 두 노인이 살기에는 너무 크지 않을까 하는 점이었다. 그러나 그 결점을 덮고도 남을 좋은 점이 있었다. 뒷마당이 넓은 데다가 수영장 넘어 울창한 나무들이 County park과 연결되어 있어서 2층 부엌 식탁에 앉아서 보는 사계절이 아름답고 또 부엌 뒷문에 연결해서 설치된 덱이 영구히 변하지 않는 플라스틱 자재로 지어져 튼튼하고 좌우 옆집들 사이에는 사철 나무들로 가려져 있어 프라이버시가 보장된다는 등, 집 주인은 설명을 하였다. 여타의 입지적 조건이 내가 원하는 것들을 다 갖추고 있어서 이 집은 내가 사야 할 집이구나 하고 결정을 하였다. 흥정하다가 놓치기 싫어 단도직입적으로 주인과 담판을 하였다. 전액 모기지 없이 지불할 것이니 2만불만 깎자고 제안 한 것이다. 그러자 즉석에서 수락하여 계약체결을 할 수 있었다.

여기서 처음 제시한 입지적 조건과 어떻게 부합하는지 체크해 본다.

첫째 조건. 포트리에서 집까지 교통체증이 없으면 20분 OK

둘째 조건. 집 뒤 숲 90m 가면 Saddle river가 있고 바로 건너에 6 마일의 포장된 산책로가 있다. OK

셋째 조건. 집에서 파라무스 골프장 까지 자동차로 4분 OK

넷째 조건. 고속도로 RT 17. RT 4. RT 80. 가 7분에서 10분 OK

다섯째 조건. 채소밭 집 남쪽 옆 마당에 사방 철망을 쳐서 잘 만들어 놓은 채소밭 30평 OK

여섯째 조건. 둘째 딸 영주네 집 까지 운전해서 40분 거리 OK

4 Bed room 집이 두 노인이 살기에 크다 생각을 했었는데 살아보니 방 두개는 우리 둘이 하나씩 쓰고 하나는 내 서재로 나머지 하나는 Guest room으로 피츠버그에 사는 큰딸 식구들이 방문하면 쓰게 되니 이제 크다는 생각은 사라졌다. 그런데 문제는 수영장이었다. 우리 둘 다 수영을 별로 좋아하지 않아 사용을 하지 않는데도 돈 들여 관리 하면서 낭비만 하고 몇 년 동안 속만 썩였다. 보다 못한 둘째 딸이 몇만 불 자기 돈을 들여 수영장을 들어 내고 잔디 밭으로 만들어 주었다. 수영장 제거가 흙만 그냥 메꾸어서 되는 게 아니고 수영장을 구성하고 있는 시멘트를 전부 드러내어 몇 십 트럭을 외부에 갖다 버린 뒤 새 흙을 사다가 메우는 작업 이라 적어도 이 주일은 걸린 것으로 기억 된다. 수영장을 없애고 파란 잔디를 갖다 깔고 나니 마치 앓던 이가 빠진 것 마냥 기분이 날아갈 듯하여 잔디를 깎을 때마다 영주 내외에게 고마움을 느낀다.

이사 올 집의 계약을 끝내고 지금까지 28년 동안 살아온 코압 아파트를 팔기 위해 인근에 있는 복덕방에 집을 내놓았다. Real Estate Agent가 몇 사람 희망자가 있다며 연락이 되는대로 같이 오겠다고 했는데 그 다음날 아침에 그 사람을 데리고 왔다. 둘러보더니 썩 마음에 들어 했다. 왜냐면 집 내부를 새집처럼 수리하고 살았기 때문일 것이다. 가격흥정도 쉽게 되어 18년 전 산 가격의 3배 정도는 받은 것으로 기억 된다.양쪽 두 집의 클로징을 하고 2007년 9월 27일에 현재 살고 있는 이 집으로 이사를 했다.

무엇을 하며 어떻게 살 것인가

은퇴 후 이사오기까지 몇 년 동안 얼마가 될지 모를 나의 남은 여생을 무엇을 하며 어떻게 살아야 행복한 삶이 될 것인가를 줄곧 생각해 왔었다. 이제 여기서 나의 여생을 마감하게 될지도 모를 새 보금자리로 왔으니 새 삶에 대한 새로운 인생설계를 하고 살아야지 무위도식 하는 일 없이 밥 만 축내며 물 흐르는 대로 따라 내려 가는 삶을 살아서는 절대로 안 된다고 다짐을 하면서 여생 설계를 했다. 노인 사고라는 말이 있다. 노인들에게는 네 가지 고통이 있다. 병고, 빈고, 무의고, 고독고, 즉 병들어 아픈 고통, 가난의 고통, 아무것도 할 일이 없는 고통, 외로움의 고통이다. 무위도식 하고 살면 이 네 가지 고통에서 벗어나지 못하고 허망한 인생의 말년이 되기 마련이라고 생각된다. 그래서 심사숙고해서 노후 생활 계획을 정하고 어떤 핑계도 대지 않고 실행할 것을 스스로 다짐하여 다음과 같은 일상생활 계획을 수립하였다.

건강 관리

1992 년경에 시작한 이상수식 건강 관리 요령 그동안 꾸준히 시행해 왔었다. 그러나 이제 내 나이도 72세의 노년에 접어 들었고 은퇴도 하였으므로 건강 관리 또한 나이와 신체 조건 변화에 알맞게 수정하여야 합리적이라 생각 했다.

첫째 아침 식단은 약간의 변화는 있으나 대동소이 했고 점심과 저녁은 대체로 기호식품으로 기울었다.

둘째 건강 관리 운동 또한 대체로 비슷했지만 80세를 넘어서는 과격한 운동 즉 Push up과 AB wheel 은 반으로 줄였다. 걷기 운동은 주로 오후 3시경으로 하고 한시간 하던 것을 50 분으로 줄이고 속도도 또한 자연스레 느려졌지만 빠지는 날은 예나 지금이나 없다. 골프 칠 때 난 특별한 사유가 없는 한 걸어서 18홀을 친다.

종교

2007년 9월 뉴저지로 이사오기 전에는 후러싱 제일 감리교회에서 이승운 목사님으로 부터 세례를 받고 열심히 주일 예배에 참례했다. 뉴저지로 이사 한다고 하니 이익화 사모님께서 두 교회를 소개 하셨다. 이사 온 다음 날 한국 신문을 보는데 광고난에 백삼위 성당에 대한 광고를 우연히 보게 되었다. 이 자리를 빌어 솔직히 고백 하건데 나는 10여년 교회를 다녔으나 하느님이 임재 하시고 성령님이 나에게 오셨다는 확신을 갖지 못하고 있었다. 그 광고를 보는 순간 천주교에 나가면 깊은 신앙심을 갖는데 도움이 되지 않을까 하는 생각이 들었다. 아내에게 내일 토요일 오후 8시 특전 미사가 백삼위 성당에 있는데 같이 가보자고 제안 했더니 즉시 수락하는 것이었다. 그녀는 천주교에서 운영하는 대구 효성초등학교를 졸업한 관계로 천주교에 호감이 있었던 것이다. 토요일 밤 8시 나는 생애 처음으로 미사에 참여 하였다. 개신교 예배와는 너무 달랐다. 개신교 예배는 대표기도 목사 설교 그리고 찬송가로 끝나는데 천주교 미사에서는 신부님 강론은 매우 짧고 대부분 신자들의 성경 봉독 신앙 고백 하느님 찬양 등으로 진행되어 신선한 인상을 받았고 이렇게 미사를 계속하면 언젠가 주님을 영접할 것이라는 기대감을 갖게 되어 다음날인 주일 미사에도 참석하자고 아내와 합의 하였다. 미사를 끝내고 친교실에 들어 갔는데 “형님 여기에 웬일 이에요?” 하고 반갑게 악수를 청하는 사람을 보니 십 오륙 년 전에 브르클린에서 건강 식품점을 할 때 자주 만나 골프를 치던 이모씨였는데 사유를 설명하니 그가 “형님 마침 잘 오셨네요. 이 성당에 꼭 나오세요. 마침 이번주 목요일에 성당 시니어 골프대회가 있으니 참석 만 하시면 돼요. 골프비와 식사 일체 무료이니 꼭 참석하세요. 그리고 다음주에 새 신자 등록을 주선 하겠습니다” 하면서 간곡히 입교를 권하는 것이었다. 여하튼 골프 초청은 마다할 이유가 없어 참가 하였는데 공교롭게도 내가 메달리스트 (골프 시합에서 최저 타수를 친 사람에게 주는 상) 를 타게 되었는데 시상식때 주임 신부님이신 박홍식 신부님께서 골프장에 오셔서 시상하셨다. 시상 후 Mr Lee가 신부님께 이분이 친형 같은 분으로 기독교에서 천주교로 개종하기를 원하는 분이라고 소개하니 무척 반가워 하시며 환영하여 주셨다.

그 다음주 새 신자 등록을 하려 는데 문제가 있었다. 교회 회칙상 세례는 매년 부활절에만 주어지는데 내년 부활절에 세례를 받는 새 신자 교육반은 시작한지 4개월이나 지났으므로 나는 6월에 시작하는 새 신자 반에 들어가야 한다는 것이었다. 그래서 신부님과 면담을 통해서 내 나이가 72세라 언제 타계할지도 모르는데 세례 받는데 2년 가까이나 기다려야 한다면 천주교 입교를 재고 할 수 밖에 없다고 말씀드리고 저와 제 아내가 지나간 4개월 분은 앞으로 4개월 동안 집에서 공부하여 시험을 치루어 합격하도록 하겠으니 내년 세례반에 참여 시켜 달라고 간청하여 허락을 받고 새신지 반에 등록하였다. 그리하여 매주 일요일 10시 미사 후 진행하는 교리반에서 열심히 공부하고 이듬해 4월 부활절에 세례예식을 통하여 사무엘이라는 세례명으로 세례를 받았다.

취미 생활

내가 제일 좋아 하는 취미활동은 골프다. 그러나 내가 아무리 골프를 좋아한다 해도 매일 골프를 치는 것은 불가능 할 뿐만 아니라 좋은 노년생활이 아니다. 그래서 나는 다른 여가 활동과 균형을 위해 일주일에 월 수 금 3일만 골프 치기로 정하고 은퇴 후 지금까지 그대로 시행하고 있다. 그러나 월 수 금에 다른 중요한 일이 생기거나 우천 또는 겨울철 눈이 오면 골프는 불가하다. 따지고 보면 1년 평균 100여일 정도는 골프날이 아닌가 짐작해 본다.

두번째는 은퇴 후 새로 시작한 취미 활동으로 악기 연주이다. 처음 시작한 악기는 플룻인데 주로 고전음악용으로 많이 쓰이는데 1년 넘게 연습을 해도 별 진전이 없어 고민 중 이였는데 주위에서 대중음악 용으로는 섹소폰을 권유하기에 악기점에서 빌려서 연습하다가 둘째 딸 영주에게 부탁했더니 야마하 알토 색소폰을 사줘서 지금껏 이용하고 있다. 2년 정도 열심히 연습하고 나니 대중가요 100여곡 정도는 한국에서 사가지고 온 반주기와 함께 연주하여 혼자서 여가를 즐긴다. 때로는 자천타천으로 친지 파티나 양로원 등에서 공연 한다. 양로원 위문공연은 다음 장 봉사활동 난에서 언급하고자 한다.

세번째, 나의 취미 활동은 텃밭 가꾸기 이다. 전 주인이 차고 옆에 약 500 Sq Ft 의 텃밭을 만 들어 놓은 것을 사방을 높이 2m 정도의 철망으로 울타리를 설치하여 어떤 짐승도 채소밭에 들어 올 수 없도록 만들었다. 해마다 철이 되면 내가 밭을 갈아 엎고 밑거름을 준 후 각종 채소의 모종을 사다가 심고 가꾼다. 고추 상추 쑥갓 파 부추 토마토 가지 등을 가꾸어 이웃과 친지들과 나누어 먹는다. 그리고 15년전 이사 온 후 현관 앞에 심은 이스라엘 감나무가 해마다 7.80개의 감이 열린다. 늦가을 잎이 단풍 저 떨어진 나무에 달려있는 주황색 감들이 보기에도 아름다워 지나가던 길손들이 사진을 찍어 가기도 한다. 감이 추위에 얼기 전에 따서 우리집 근방에 사는 한국인 가정 4 가구에 나누어 주고 추수 감사절에 온 가족이 모이는 영주네 집으로 한보따리 가져가서 디저트로 먹고 남으면 나누어 가지고 간다.

네번째 가사 활동, 앞뒤 마당의 잔디 깎기와 정원 가꾸기 이다. 잔디에 비료와 약품 살포는 Lawn Dr 이라는 회사에 일임하고 잔디 깎기는 기계를 이용하여 내가 직접 한다. 앞뒤 마당 잔디 깎기는 한시간 정도 걸린다. 걷기 운동이 되고 돈도 절약하니 도랑 치고 가재 잡기이다. 나는 앞으로 구십 살이던 백 살 이던 잔디 깎기도 계속할 작정이다.

봉사 활동

레지오 마리애 활동

사무엘 악단, 은혜 양로원 공연, 가수 김요안나, 사회자 권요한, 필자 (중앙)

나는 2008년 부활절에 세례를 받고 나자 바로 세례동기 부인의 추천으로 레지오 마리애 단원으로 아내와 함께 입단했다. 레지오 마리애란 성모님의 군대란 뜻인데 가톨릭 교회의 평신도 신앙공동체로서 그 조직이 꼭 군대의 조직과 같아서 붙여진 이름이다. 레지오의 다양한 신심활동 가운데 나는 오직 나의 봉사활동에 관련된 사항 만 언급하고자 한다. 레지오는 매주 한 번씩 지정된 장소와 시간에 단원들이 모여서 회합을 하고 한주간 동안 행한 활동 보고를 해야 한다. 참고로 레지오 조직을 간단히 요약해 보면

쁘레시디움(분대로 10명 내외), 꾸리아(소대), 꼬미시움(중대),레지아(대대),세니뚜스(연대),꼰칠라움(사단),이렇게 된다. 각 쁘레시디움은 제각각 독특한 이름을 갖는데 내가 속한 쁘레시디움은 '사랑하올 어머니' 였다.

나는 사랑하올 어머니 쁘레시디움의 단원으로서 매주 참석하

면서 여러가지 신앙활동 가운데 봉사활동에 해당하는 활동 보고에 관해서만 여기에 언급하고자 한다. 레지오 규칙상 활동 보고는 지난 한주일 동안 나나 내 가족이 아닌 타인들과 사회를 위하여 그들에게 도움이 되는 행동이나 봉사 기부등 행위를 한 것을 보고 하는 것이다. 나와 아내는 매주 목요일 오전에 파리무스에 위치한 양로원과 병원에 있는 가톨릭 신자들을 병실로 찾아가 한 분씩 휠체어로 지정 장소에 모은다. 한국양로원에는 대체로 15명 내외 그리고 병동에는 6~7명의 신자들이 모인다. 지정 시간이 되면 신부님이 오셔서 기도와 성체예식을 거행한다. 끝나면 환자 신도들을 각자 방으로 데려다 놓으므로서 봉사활동이 끝난다. 이 활동을 십여년 하다가 코로나로 출입 금지가 시행 되자 중단되어 오늘에 이르고 있다.

양로원 위문 공연

전술한바 알토 색소폰이란 악기로 인터넷을 보며 연주 연습을 시작한지 1년 정도 지나자 혼자서 연주 하려면 한국에서 제작되어 유행하고 있는 반주기가 반드시 있어야 하기에 막내 며느리에게 한국 다녀오는 길에 1600불 가량 주고 반주기를 부탁하여 사왔다. 반주기에 휴대용 스피커를 연결하니 훌륭한 일인 악단이 되었다.그리고 전에부터 재미로 인터넷을 통해 배운 마술을 조금 더 레파토리를 늘려 30분 가량 할 수 있도록 연습을 했다. 이만 하면 싱글 악단이 되겠다고 자신감을 가질 때 까지 집에서 홀로 연습을 두어 달 가량하다가 파라무스에 있는 한국양로원 봉사 활동 나갈 때 연주용 기구를 가지고 가서 가톨릭 신자 성체의식이 끝난 후 양로원 오락담당자의 입회 하에 대중가요와 마술을 적당히 혼합하여 한시간 가량 연주회를 끝냈다. 모두들 박수를 치며 격려를 아끼지 않았다. 그리고 오락 담당자와 상의 하여 양로원 전체 참가하는 연주회를 한 달에 한번씩 정기적으로 하기로 합의 하였다.악기 연주와 마술을 섞어서 하면 호흡 조절에도 도움이 되고 청중들도 지루함을 못 느끼고 재미있어 좋은 아이디어라고 자찬 하였다. 며칠 후 집에서 30분 정도 가야 되는 은혜 양로원에 찾아가 오락 담당자와 정기 공연에 합의하였다. 내가 돌이켜 생각해 보면 양로원 입원 환자들이 대부분 7.80대 노인들이였는데 같은 또래의 노인이 혼자서 색소폰 악기, 스피커, 반주기, 마술기구 가방 등을 혼자 끙끙대며 들고 와서 설치 하고는 연주하고 마술을 하는 자체가 더 구경거리고 그들에게 위안을 주지 않았을까 하는 생각이 들었다.

이렇게 혼자서 원맨쇼를 일년여를 하다 보니 관객도 나도 식상하다는 느낌이 들었다. 오래 지속하려면 작으나마 악단을 조직하여 공연을 하면 다양성이 있어 보다 좋은 공연으로 오래 지속 할 것이라는 생각을 하고 멤버 구성을 사회자, 가수, 악기 연주자 등 삼인 악단을 만들기로 작정을 하고 이미 생각해둔 후보자 설득에 나섰다. 우선 마음에 둔 사회자 권혁만을 만났다. 그는 같은 성당의 교인으로서 나와는 호형호제 하는 형제 같은 사이로 나이는 60대 후반이었다. 그는 배태교인으로 신앙심이 두텁고 봉사정신도 남달라서 우리 성당의 2개 단체장을 맡아 봉사하며 기둥 같은 역할을 하고 있었다. 그리고 팰팍 주민으로 한인 주민들의 정치력 신장을 위해 유권자 협의회를 창설하여 회장직으로 봉사하며 한인 주민들의 투표 참여를 위해 열성적으로 활동하고 있었다. 그의 활약상을 한국 신문을 통해 알고 그를 독려하기 위해 나는 팰팍 주민이 아님에도 후원금을 일천 불을 유권자 협의회에 기부한 적이 있었다. 그에게 나의 취지를 말하고 악단의 사회자 역을 맡아 달라고 부탁하니 첫 마디에 수락하면서 시간 관계로 두 달에 한 번씩 공연 하자기에 수락 하였다. 가수 후보자 김양숙은 우리 성당 레지오 단원의 부인으로 나이는 60대 초반이나 노래 실력이 가수 빰칠 만큼 잘한다는 소문이 자자한 미인이었다. 평소에 잘 알고 지내는 사이라 내 제의를 바로 수락하여 주었다. 이제 3인조 악단이 구성되었으니 악단 이름을 내 세례명을 따서 사무엘 악단이라고 하고 악단장에 내가 자천 추대 되었다. 삼인조 악단이 되어 여러 양로원에 가서 공연하니 분위기가 달라져 모든 환자 관객들이 환영 일색이었다. 이렇게 공연을 지속하기 몇 년 코로나 팬데믹으로 인해 모든 양로원이 앞 다투어 폐문하니 사무엘 악단도 같은 운명 되었다. 그때가 내 나이 85세 였었다.

실로암 회장

나는 실로암회 2대 3대 회장을 연임 하면서 4년간 봉사활동을 하였다. 성경에서 실로암의 뜻은 예루살렘에 있는 연못의 지명이기도 하면서 신약에서는 '보냄을 받았다' 또는 '도와 주세요' 등의 의미를 지니고 있다. 여기서의 실로암회는 우리 성당의 신자로서 60세 이상의 남녀 노인들로 구성된 친목 단체의 이름이다. 그러나 실제 등록된 회원들을 보면 60대는 거의 없고 7.80대의 노인들이 대부분이다. 월례 모임은 매월 셋째 주 일요일 10시 미사 후 2층 회의실에서 개최 한다. 개회사와 시작 기도 그리고 신부님 격려사를 하고 나가시면 토의 사항과 건의 사항 등을 하면서 자유로운 분위기에서 환담을 한다. 환담 도중 봉사자들이 준비한 다과를 먹으면서 계속하다가 특별사항이 없으면 폐회한다. 연례 행사로는 신년 하례 축하연과 가을 단풍놀이가 있다. 신년 하례 행사에는 매년 음력 설날 전후로 일요일 미사 후인 2시에 시작하여 7시경에 끝나는데 대게 1부 2부 3부 순서로 진행된다. 1부는 교인들의 장기 자랑과 단막극 어린이들의 노래와 재롱잔치 등 한시간, 2부는 초청 악단의 연주와 노래 자랑 그리고 회원들의 사교 댄스 등으로 한 시간 가량 진행한다. 3부는 저녁 만찬이다. 뷔페 식으로 잘 차려진 고급음식들과 각종음료로 식사를 하면서 회원들 간의 친목을 다진다. 6시 반경 식사가 끝나면 실로암 임원들과 봉사자들이 청소와 잔무

처리를 끝내고 축하 공연을 끝낸다. 또 하나의 연례 행사로는 가을 단풍놀이 야유회다. 이 야유회는 대게 10월 중순 토요일에 행해 지는데 행사 전 나와 총무가 당일 왕복이 가능하고 왕복 길에 아름다운 단풍이 있는 코스를 미리 답사하고 목적지를 정한다. 매년 시행하기 때문에 2.3년 동안 갔던 곳은 피한다. 행사 당일 오전 9시에 본당 주차장에 대기하고 있는 대형 관광 버스에 탑승이 완료되면 신부님이 오셔서 안전 운행을 위한 기도를 하시면 버스는 출발한다.

신청 인원이 정원을 초과하면 미니 밴을 준비 한다. 버스가 출발하면 오늘의 안전운전을 성모님께 부탁드리며 묵주 기도를 드린다. 왕복 중 지루함을 덜기 위해 내가 정성껏 녹음한 색소폰 연주를 틀기도 한다. 대부분의 경우 목적지는 과수원이다. 과수원에 도착하면 대게 12시 전후라 바로 준비해 온 도시락과 음료수를 배분한다. 청명한 가을 하늘에 친구들과 모여 앉아 간단한 반주와 먹는 도시락은 맛이 있어 고급식당 일류요리를 뺨칠 정도이다. 식사가 끝이 나면 두어 시간 가량 자유 시간으로 각자 필요한 만큼의 사과를 딴다. 돌아오는 버스 안에서는 노래 자랑도 한다. 웬만큼 신청곡은 내가 녹음한 녹음기로 반주를 하면 노래 소리가 한결 흥겨워 진다.

이제 마지막으로 회원들의 건강관리에 대해 언급하고자 한다. 회장 취임 초부터 나는 나의 건강과 더불어 회원들의 건강관리에 대해 지대한 관심을 갖고 어떻게 하면 회원들의 건강을 증진 시킬 수 있을까 생각했다. 또 많은 회원들이 나의 건강에 대해 관심을 보이며 어떻게 하면 그런 건강체질을 유지할 수 있는지 물어 오기도 했다. 그래서 어느 날씨 좋은 날 가까운 공원에서 건강 강좌와 실습을 준비했다. 그래서 나의 건강 비결인 사무엘 (나의 세례명)식 건강 식단과 건강 증진 운동을 회원 수 만큼 인쇄하고 식단에 대한 음식도 준비하여 회원들에게 열람 시켰다. 그리고 사무엘식 건강증진 운동도 시범을 하여 보였다. 많은 노인들이 건강관리에 대한 상식을 알아도 그것을 실행할 의지력과 인내심 부족으로 반면 교사가 되고 만다.

아내 간병기

아내 이남숙은 2020년 말 부터 단기 기억력이 감퇴되는 징후가 보여 몇 군데 정신과 의사진단을 받은 결과 '경도 인지장애' 라는 진단을 받았다. 진단 의사는 증상을 치유 하거나 완화 시키는 약품이 없어 처방전도 주지 않았다. 2021년 11월 초에 의사의 처방을 받아 머리 CT 촬영을 했으나 아무 증상도 나타나지 않았다. 그러나 겨울철은 왔는데 집에 만 갇혀 있는 것 보다 외부 활동이 도움이 되지 않을까 생각하고 1월 한달 동안 플로리다로 골프 여행을 가기로 했다. 둘째 딸 영주가 Port St Lucie. FLodida 에 집을 하나 렌트 해 주어 자동차로 운전을 하고 이틀에 걸쳐 도착 하였다. St. Lucie에는 내 친구들 열 쌍 정도의 부부가 피한 겸 골프를 위해 매년 내려와 월,수,금 주 삼일 골프 모임을 갖는 곳이다. 아내는 정신 질환도 있지만 오랜 지병인 척추 협착증이 있어 걷는데 통증이 수반하고 빨리 걸을 수가 없다. 평소에는 파라무스 골프장에서 정신 건강과 육체적 건강에 도움이 된다고 확신하고 일주일에 한두 번 골프 라운딩을 한다. 아내는 골프 카트를 끌고 다닐 힘이 없기 때문에 골프가방 하나에 여성용 아이언 셋트, 각자의 드라이버와 퍼터를 넣고 내가 전기 카트를 끌고 다니면서 골프를 친다. 통상 5홀 까지 걸어서 치고 나면 아내는 더 이상 치지 못하고 클럽 하우스에 돌아와 쉰다.

내가 전반 9홀을 걸어서 끝내고 나서 카트를 빌려서 후반 9홀을 같이 타고 골프를 치고 끝낸다. 말은 이렇게 쉽지만 실제 전반 5홀을 걸어서 끝내는데도 어려움이 많다. 골프 없는 날 걷기 운동 또한 마찬 가지다. 아내의 정신 질환이 있기 전까지는 공원 속에 있는 산책로를 한 시간 동안 서로 다른 속도로 걷다 집으로 돌아 온다. 2년 전 언젠가 정신 질환이 시작되자 가끔 방향 감각을 잃어서 헤매는 경우가 생겨 그 후로는 동네 집 앞 도로를 걷기로 코스를 바꾸었다. 2022년 여름 초부터 혼자 걷기가 힘들어 워커를 사서 의지해 걷다가 힘이 들면 워커에 앉아 쉬었다가 걷기를 반복 한다. 걷기 속도가 빠른 나는 코스를 왕복 하면서 혹시나 있을지도 모를 사고를 체크 한다. 어떤 때는 두 번 왕복 할 코스를 한번 만 하고는 힘들다고 집으로 들어가 버린다. 그러면 달래서 데리고 나와 끝마치게 한다. 이런 전쟁은 사흘이 멀다 하고 치루는 일과가 되었다.

2022년 1월 한달 플로리다 골프는 매주 월,수,금 12시에 만나 남녀 따로 조편성을 해서 라운딩을 하기 때문에 아내는 다른 여자들과 라운딩을 할 수 밖에 없었다. 평소 여기서 친하던 부인들과 한 조가 되면 별 문제 없었으나 그렇지 않을 경우에는 아내와 한 조가 될 수 밖에 없었다. 그런 것에 대한 불평이 많았음을 감지하고도 남았다. 그래서 2023년 1.2월 골프 여행이 지난번과 같은 곳으로 갈 예약이 되었으나 이번에는 어떤 경우에도 아내와 내가 한 카트를 타고 골프 라운딩을 하였다.

2021년 9월 김동수 박사 임상신경 심리과의 진단에서 아내는 치매 판정을 받고 치매 치료를 시작했다. 아직은 전 세계적으로 치매를 치료하여 완치하게 하는 약은 존재하지 않는다. 다만 치매 증상을 완화시키거나 지연시키는 약 밖에는 없는 것으로 알고 있다. 주치의인 김정원 노인 전문의 의사 진단에 의하면 아내의 치매 증상은 온순한 치매에 속하며 앞으로 십년동안 크게 악화되지 않을 것이라 하니 안심은 되지만 내가 아내의 병을 낫게 할 수는 없지만 치매 증상의 완화를 위해 할 수 있는 모든 방법을 동원한다. 나는 아내에게 당신은 치매 환자라는 말을 단 한 번도 한일이 없고 당신의 기억이 나빠지고 있으니 더 이상 나빠지지 않기 위해 내가 하는 모든 일에 협조하고 따라야 한다고 하루에도 몇 번 씩 되풀이

한다. 단기 기억 저하가 문제이지 일상생활에는 크게 불편하거나 간병인이 필요한 상태는 아니다. 약 일년 전부터 세끼 식사와 식료품 구입은 내가 한다. 설거지 빨래는 아내가 맡고 있다. 증상지연에 도움이 된다는 정보를 듣고 반년 전부터 청소부를 시켜 청소를 하던 것을 멈추고 우리 둘이서 청소를 하기 시작했다. 아내는 진공청소기로 먼지를 제거하면 나는 물걸레 기계로 마루 바닥을 닦는다. 하루는 2층 거실과 3층 침실 청소하고 다음날은 1층 응접실과 지하실을 같은 방법으로 청소한다. 다음날은 물 걸레로 가구와 창, 문틀, 싱크대 등을 닦아 먼지를 제거하는 것으로 청소를 끝낸다. 대청소는 한달에 한번 한다. 앞으로 언젠가 증세가 악화되어 나 혼자서 간병을 하지 못 할 경우를 대비하여 어떻게 할 것인가를 판단하기 위하여 한국의 양로원 실태를 조사하고 또 미국의 Assisted Living Dimertic Hospital 한인 양로원 등 여러 곳을 다니며 실태를 파악했다. 대부분 월 만 불 정도다. 혼자 보낼 수 없으니 둘이 입원하면 2만불이 소요 된다. 메디케이드 환자를 무료로 수용하는 한인 양로원에 메디케어 환자가 입원 할 경우 얼마를 받느냐고 물었더니 드물게 있지만 월 만 불을 받는다고 한다.

여러모로 생각 끝에 결론을 얻었다. 내가 만약 치매 환자가 되지 않는 한 집사람을 나 혼자서 간병을 할 수 없는 경우가 되면 금액의 고하를 막론하고 상주 간호원을 채용하여 같이 동거할 계획을 세워 두고 있다.

성 백삼위 성당 성지 순례

동유럽 및 러시아 성지 순례

본당설립 25 주년 기념 성지 순례 여행을 박홍식 주임 신부님의 기획과 안내로 2012 년 5 월 2 일 JFK 공항을 떠나 같은 날 Poland Krakow에 도착하였다. 5월 3일 자비의 성모 수녀원에서 파우스티나 성녀의 깊은 신앙을 추모하며 미사를 봉헌한 후 세계 문화 유산에 등재된 유명한 소금광산을 관람하였다. 5월 4일에는 블랙 마돈나라 불리우는 성화가 소장된 야스나고라 소재 은수자 수도원에서 오랜 세월 동안 폴란드를 지켜주신 블랙 마돈나 성화 앞에서 미사와 찬송을 드렸다. 5월5일은 비극적 나치 만행의 장소인 아우슈비츠 도착. 위대한 순교자 콜베 신부님을 묵념기도 하고 이튿날 주일 크라쿠프 성당 에서 주일 미사를 드리고 폴란드를 떠났다. 5월 7일은 체코의 수도 프라하 시를 관람하고 저녁식사 후에는 시내를 관통하는 몰다우강을 유람선으로 오르내리며 야경을 감상하였다.

5월 8일 새벽 프라하를 출발 모스크바에 도착 크레물린 궁전과 붉은 광장을 둘러보고 호텔에서 러시아를 성모님께 봉헌하는 미사를 드렸다. 5월 9일 아침 일찍 모스크바를 출발 소련 제 2의 도시 St Petersburg에 9시 반에 도착, 베드로 대제 의 여름 궁전을 관람 후 저녁에는 차이콥스키의 백조의 호수 발레를 관람했다.

5월 10일에는 이도시에 있는 4개의 성당을 순회하고 오후에는 국립 박물관을 관람하였다. 성지 순례를 마무리 하면서 본당 교우들의 기도지향을 하느님께 바치기 위해 한적한 북해 해변을 찾아 소각하는 것으로 순례 일정을 마치고 5월 11일 오전 7시 피터스버그를 출발 귀국길에 올랐다.

폴랜드 아우슈비츠 형무소 앞, 성지 순례시 성당교우들과

포르투갈과 스페인 횡단 성지 순례

2016 년 10 월 17 일 김 미카엘 신부님과 두 분 수녀님과 함께 성지 순례.

교우 51 명이 JFK 공항을 출발 당일 늦게 포르투갈 수도 리스본에 도착하였다. 10 월 18 일 버스로 리스본을 출발하여 파티마에 도착하였다. 이튿날 성모님께서 루치아 수녀에게 발현하신, 성지에 세워진 소성당에서 미사와 묵주 기도를 드렸다. 10 월 19 일 부터 25 일 까지 스페인 서북단에서 수도 마드리드를 거쳐 스페인 제 1 도시 바르셀로나에 도착할 때까지 많은 유서 깊은 성지와 성당들을 순례 하였으나 기록해둔 것을 잃어버려 유감이다. 바르셀로나에서 가장 인상 깊었던 건축물은 세계적 건축 설계사인 안토니오 가우디의 작품인 사그라다 파밀리아 대 성당의 웅장하고 아름답고 섬세한 대형 건물의 모습이다 가우디가 1882 년 착공한 이래 140 여년이 지난 오늘날 까지 공사가 진행중에 있었다.

사그라다 파밀리아 성당

성경 필사

천주교로 개종하고 성백삼위 성당에 다닌 지도 십여 년의 세월이 흘렀다. 영세 후 레지오 봉사단에 입단하여 매주 봉사 활동과 더불어 주 회합에 빠짐없이 참석하여 왔고 성령 대회 등 기타 신심 활동에도 참여하여 나의 신앙심을 진작하는데 애써왔다.

이러한 신앙 생활 중에 나는 나 자신의 신앙심에 대해 자성하며, 나는 과연 성부 성자 성령 삼위일체의 하나님의 현존을 확신 하며 신앙생활을 하고 있는가에 대해 자문 할 때 나의 대답은 언제나 회의 적이었다. 그러던 어느 늦은 봄날 성경 필사를 하면 매일 하나님과 만나는 날이 되니 성령을 받게 되지 않을까 하는 생각이 들었다. 성당에서 "성경쓰기" 노트북을 사서 매일 한 시간씩 성경쓰기를 시작하였다. 매일 빠짐없이 성경을 쓰면 정신 건강에도 도움이 되고, 노인 사고의 하나인 무위고의 고통도 해방되니 일석이조란 생각을 하게 되었다. 성경 순서대로 하면 구약성경을 먼저 시작해야 되지만 신앙심이 약한 나에게 재미 없는 구약의 성경 구절에 식상하여 중도하차 하지 않을까 하는 기우 때문에 이해하기 쉬운 신약부터 먼저 쓰는 것이 신앙 심을 굳히는데 효율적이라는 판단 하에 신약 성경부터 먼저 쓰기로 했다.

성경 필사 일지

신약 시작	2017년 6월 5일	노트 4권
마침	2018년 3월 14일	280일
구약 시작	2018년 3월 15일	노트 15권
마침	2021년 11월 13 일	1321일
합계	180 쪽 노트 19권	1601 일 (4년 141 일)

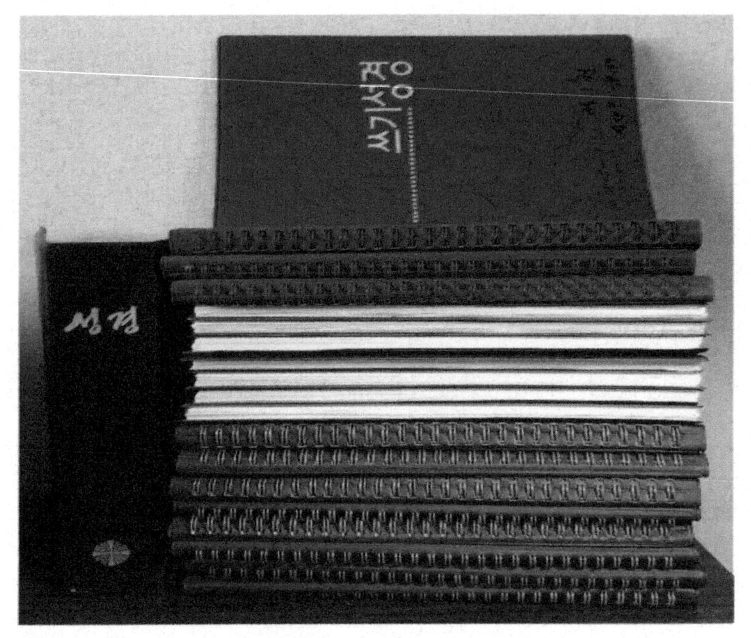

성경 필사 "쓰기 성경" 180 쪽 노트 19 권

내가 지금까지 88년을 살면서 나의 가장 큰 장점이 무엇인가를 꼽으라면 단연코 약속을 열심히 잘 지키는 것이라 자부한다. 남 들과의 약속은 물론 나 자신과의 약속도 잘 지키는 것이다.

한번 정하면 상황에 따라 조정은 하되 계획대로 시행한다. 성경쓰기를 하는 동안 매일 빠짐없이 써야 한다는 나와의 약속을 4년 141일 간 지키며 끝을 맺었다.

그런데 이렇게 열성껏 시행해온 성경 필사의 결과가 과연 나의 기대와 같이 신앙심이 굳어지고 주님의 임재하심을 확신하게 되었는가 자문해 보면 머리가 앞뒤로 끄덕여 지지 않음이 유감이지만 그렇다고 실망하지는 않는다. 유명을 달리하는 그날까지 하나님의 임재하심을 믿으며 열심히 신앙생활을 할 수 있는 확신이 있게 되었기 때문이다.

가족 소개

87년이라는 긴 세월 동안의 파란만장한 지난 삶을 되돌아보며 기억나는 한, 진솔하게 써 보려 애썼다. 그러나 문학과는 동떨어진 삶을 살아온 내가 꿈에도 생각하지 않았던 회고록을 저술하게 되었음은 나의 이력을 아는 한 친구로부터 권유를 받고 시작이 됐다. 오래 전에 잊혀졌던 가물가물한 추억을 끄집어내어 쓰다 보니 어휘도 어감도 제대로 표현하지 못한 어설픈 글들의 연속이었다. 부족한 글을 읽어 주신 분들께 감사한다.

이제 회고록을 마감하며 내 이민의 꿈을 현실화 시켜준 네 명의 자녀에게 진정한 고마움을 전한다. 또한 이 넷이 모두 천생연분의 짝을 만나 금슬 좋게 경제적으로도 안정된 삶을 살고 있어 안심되고 또, 사 남매가 늘 사이 좋게 지내고 서로 위하고 우애 넘치게 지내는 모습을 보는 것이 우리 내외 행복의 원천이고 살아가는 기쁨임을 고백한다. 이에, 자식자랑 팔불출 이라는, 독자들의 예상되는 비난을 무릅쓰고 그들의 사는 모습을 사실 그대로 적어본다.

첫째 딸 인혜Christine(1962년생)과 사위 Vijay Gulati(1965년생)

인혜 결혼 사진

인혜는 뉴욕 주립 의과대학을 졸업하고 피츠버그에 있는 University of Pennsylvania Medical Center에서 인턴을 하고 있을 때 같은 인턴인Vijay Gulati를 만나 연애결혼을 했다. Vijay는 코넬대학과Tufts 의과대학을 졸업하고 심장내과 전문의로서 전술한U.P.M.C에서 근무하여 고액 연봉을 받고 있고 인혜는 내과 의사로 근무하고 있다. Vijay는 혼혈아로서 인도계 의사인 아버지와 독일계의 간호사 어머니 사이에서 태어났다.

인혜 결혼 에피소드 한 토막: 둘째 딸 영주가MIT 동기생과 연애 끝에 결혼하겠다는 의사를 말하며 언니 보다 먼저 결혼하게 됨을 주저하기에 적령기가 지나가고 있는데 먼저 준비된 사람부터 결혼함이 마땅하다고 허락하였다. 다음 날이 결혼식이라서 큰딸인 인혜가 왔다. 저녁식사 후 신부 영주가 나에게 주저하며 물었다. “아빠는 저희에게 한국계가 아닌 사위는 싫다고 평소에 늘 말씀하셨는데 만약 언니가 한국인 신랑감을 만나지 못하면 평생 독신으로 살아야 할까요? 아니면 만약 외국인이라도 좋아하는 사람이 생겼다면 아빠께서 그 결혼을 허락 하시겠어요?” 하고 묻는 것이었다. 내가 “이 바보야 아빠가 평소에 그런 말을 한 것은 나와 엄마가 영어가 서툴러 이왕이면 한국사위가 좋겠다는 연막 전술로 말한 것이지 그 말을 그대로 믿었어? 혹시 심리학 박사 학위 가짜 아니야?” 하고 웃었다. 그런데 우리가 하는 말을 가만히 듣고 있던 인혜가 훌쩍이며 눈물을 닦는 것이었다. 그제서야 영주가"언니가 깊이 교제하고 있는 사람이 있어요" 라고, Vijay에 대해 말하는 것이었다. 나는 인혜한테 바로 Vijay에게 전화하여 내일 결혼식에 참석하도록 초청하라고 말했더니 그제야 희색이 만면해지는 것이었다. 이튿날 영주 결혼식 할 때 나는 밖에서 손님을 맞이하고 있었는데 아담한 백인 청년이 악수를 청하며Vijay 라고 자기 소개를 하는 것이었다. 나는 오늘 만찬 파티에 연주할 디제이로 알아듣고 다른 하객을 맞이하느라 지나쳤다. 결혼식이 끝난 이튿날 Vijay 와 함께 온 가족이 롱아일랜드 어느 파크로 골프 겸 피크닉을 갔다. 점심을 끝내고 Vijay와 함께 라운딩을 하면서 요모조모 사람됨을 살펴보니 성격이 온순하고 참을성도 있고 체격 또한 아담하여 인혜의 짝으로는 안성맞춤이라 아주 마음에 들었다.

영주가 결혼한 다음 해에 인혜는 우리가 다니는 플러싱 제일장로 교회에서 목사님의 주례로 결혼식을 거행하였고 메리어트 호텔 연회장에서 피로연을 마친 후 신랑측 요청으로 한국의 전통 혼례식으로 양가 가족의 축복을 받으며 출발하였다. 경제적으로 둘 다 의사 수입도 만만치 않지만 역시 혈관 전문의 의사였던 시아버지로부터 받은 유산도 적지 않아 그들은 지금 윤택한 살림을 살고 있다. 그들은 피츠버그 교외의 한적한 부촌 낮은 언덕 위에Vijay와 설계사가 합작으로 설계한 조금은 특이한 아름다운 집을 지어 살고 있다. Vijay는 특별한 취미로 비행기 조종사 면허를 받고 경비행기 한 대를 사서 주말에 혼자서 비행을 즐긴다. 나를 비롯한 가족들이 위험하다며 말려도 마이동풍이다. 내가 방문했을 때에 같이 타자고 하며 강청하기에 한 시간 가량 그가 조종하는 비행기에 탑승한 적이 있었는데 그의 말에 의하면 비행기 조종은 자동차 운전에 비해 몇 배나 안전하다며 걱정 말라고 나를 설득하니 나는 그의 말에 수긍 할 수밖에 없었다.

이들 부부에게는 두 딸이 있다. Chloe Gulati(1994년생)는 맏딸로 사립 중 고등학교와 코넬대학 호텔 경영학과를 졸업했다. 호텔 경영학과는 코넬대학에서도 가장 인기 있는 학과로 졸업 후 대학원 진학이 아니면 실업계통으로 취업을 하는 것으로 알려져 있다. Chloe는 졸업 후 금융회사에 취직하여 현재는 맨해튼에 있는 부서에서 일하고 있다. Chloe는 어릴 때부터 너무 예쁘고 착하여 주위의 모든 사람들로부터 사랑을 받고 자랐으며 현대 무용을 취미로 열심히 배워서 피츠버그 발레단에 출연하는 것을 극장에서 관람한 적이 있다. 나를 만날 때마다 한국말로 할아버지 할아버지~ 하며 애교를 부리니 너무 이쁘고 사랑스럽다.

Chloe는 지금28세인데 남자 친구가 있음에도 결혼생각은 꿈에도 없다고 한다.

Sabrina Gulati(1998년생)는 큰딸의 막내딸이다. 혼혈아 답게 예쁘고 애교가 많아 인기가 좋다. 피츠버그의 사립 중고교를 졸업하고 테네시 주에 있는Vanderbilt University를 졸업하여 지금은 콜로라도 주 덴버에 있는 회사에 근무하고 있다. 2년 전 그녀의 졸업식에 갔을 때 키도 늘씬하고 잘생긴 백인 청년이 우리 손녀를 너무 좋아해서 가는 곳 마다 따라다닌다고 하여, 아마도Sabrina 가 적령기가 되면 그와 결혼을 할 것 같다는 느낌을 받았다.

둘째 딸 영주Jessica Park(1964년생) 사위 John Park (1963년생)

영주는 MIT 를 졸업하고 콜롬비아 대학원에서 심리학 박사를 취득한 후 유명 잡지 회사에서2년가량 근무하다가 결혼하자 전업주부로서 오늘날 까지 아이들 교육과 남편 뒷바라지를 하고 있다. 어렵사리 취득한 박사 학위가 무용지물이 된 것이 못내 아쉽긴 하지만 우리 가족 전체를 두고 생각해 보면 오히려 전화위복이 아닌가 생각된다. 왜냐하면 영주가 전업주부로만 있었기에 남편 죤과 함께 우리 가족들 전부의 화합과 형제 간의 우애를 돈독히 하는데 크게 기여하였다고 생각하기 때문이다.

영주 결혼식 사진

그것은 아마도 영주의 남편 죤이 회사의 핵심 중역으로서 충분히 경제력 뒷받침이 되었기에 가능했을 것이다. 그러나 또 한편으로 생각 해보면 형제끼리 경제적 격차가 많이 날 경우 열악한 쪽에서 자격지심으로 인한 오해로 사이가 벌어지는 경우가 허다한데 영주 내외는 이런 점을 간파하고 세심하게 마음을 써주니 부모인 우리로서는 그들이 고마울 수밖에 없는 것이다. 이들은 Short Hills 부촌의 전망 좋은 주택에 살면서 우리 대가족19명이 모두 모이려면 부엌과 식당이 좁다고 거금30여만 불을 들여서 크게 늘린 것으로 알고 있다. 또한 영주 내외는 두 동생들의 자식4명이 장래 사립대학에 들어갈 때 학비보조를 위해 은행에 애들 이름으로 적금을 들고 있다는 말을 듣고 혼자 감격할 수밖에 없었다. 이런 모든 일들의 주역은 돈을 벌고 있는 사위 죤의 적극적 협조 없이는 불가하다고 볼 때 사위 죤이 형제 간의 우애와 평화의 주역이 될 수밖에 없다고 생각한다.

여기서 죤이 놓칠 뻔했던 영주와의 러브 스토리를 적어볼까 한다. 영주는 MIT 졸업반 때 하버드 대학원에 다니는 청년과 사귀고 있었다. 당시 영주를 좋아하고 있었던 죤이 영주에게 “너 만일 그 친구와 헤어지게 되면 나와 사귀자” 하고 진담 섞인 농담을 하고 서로 웃었다 한다. 어느 날 영주가 하버드 청년의 초청으로 그의 집을 방문하였을 때 청년의 어머니가 영주에게 너가 혹시 결혼하게 되면 더 이상 공부하는 것을 허락하지 못 한다고 단호하게 말했다 한다. 그 일로써 영주는 그와의 교제를 끊었다.

그러는 사이 죤은 MIT 와 NYU 비즈니스 스쿨을 졸업하고 W.P Carey라는 상장회사에 입사하였다. 회사가 뉴욕 중심가에 있으니 거처 또한 맨해튼으로 정하게 되었고 영주와 죤이 동기동창이고 서로 친하게 지내다 보니 사랑으로 발전되어 결혼에까지 이르러 학교시절 죤이 영주에게 말했던 진담반 농담반이 진담으로 현실화되기에 이르렀다. 결혼식은 뉴저지 테너플라이에 있는 교회에서 했고 대원각에서 피로연을 가졌다. 결혼 후 어퍼 이스트 맨해튼에서 신혼 가정을 꾸렸다가 아이들이 하나 둘 늘어나게 되자 교육상 현재의 Short hills 집으로 이주해 오늘에 이르렀다.

죤은 입사한지30여년이 되었으니 짐작하기에 회사의 고위 중역으로 연봉과 주식 배당금 등이 상상을 초월한 고액의 수입이 있는 것으로 짐작이 된다. 세간에 떠도는 말로는 많은 상장회사들이 결산 시 많은 경영이익이 나면 적당액만 주주 배당을 하고 나머지는 고위임원들의 연봉 인상, 상여금, 특별수당 등 갖가지 명목으로 나누어 가진다고 하니 죤도 그런 혜택을 받지 않았나 짐작해 볼 뿐이다. 죤은 취미가 다양하여 집 마당에 테니스 코트, 골프 그린, 수영장을 갖추고 있어 가족들과 또는 처남들과 테니스 시합도 하며 US Open, Wimbledon Open 등 테니스 결승전에는 부부가 함께 투어를 다닌다. 또한 프라이빗 골프 클럽에 가족 멤버십이 있어서 온 가족이 골프를 즐긴다. 또 이 부부는 여행을 좋아해서 여름, 겨울 방학때는 온 가족이 오대양 육대주 안 가본데가 없을 정도로 여행을 다닌다. 죤은 인상도 좋지만 원만한 성격에 리더십도 좋아서 회사에서 인기가 있으며 삼 남매 아이들도 저의 아버지를 존경하며 잘 따른다. 우리 내외가 그 집에 자주 가는데 단 한 번도 가족 간에 언성을 높이는 것을 들은 적이 없다.

나 자신의 남 부끄러운 죤과의 추억 한 토막을 말해본다. 20여년 전이던가. 죤 내외가 우리 내외를 초청하여 하와이에 여행을 갔을 때이다. 짧지 않은 기간 동안 같이 한집에 머물면서 내가 봉건적인 방식으로 아내를 함부로 대하는 것을 지켜보다가 참을 수 없었던지 죤이 내 앞에 꿇어 앉아 어머님께 함부로 하시는 아버님을 그냥 보고만 있을 수 없다며 나에게 어렵사리 충언을 하는 것이었다. 구구절절 옳은 말로 충고하니 말 그대로 유구무언이었다. 아마도 그 후로 내가 아내를 대하는 태도가 달라지지 않았나 싶다. 너무 오래 전 일이라 죤은 잊었을 것이나 나는 세상을 떠날 때까지 잊지 못할 그날의 일이다.

또 한가지 잊지 못할 추억은 불과 2년도 채 안 되던 때의 일이다. 큰딸 인혜의 둘째인 Sabrina의 졸업식때 하객 모두가 큰집 하나를 빌려 같이 기거하고 있었다. 그때 내 아내가 치매 초기임을 안 Sabrina의 이모부가 하는 말이, 자기 어머니가 치매 진단을 받고 한국의 삼성 실버 타운에 입원시켰는데 더 할 수 없이 좋다면서 조건은 일인당 50만불 적립에 월3천불 생활비로 낸다는 것이었다. 그 말을 들은 영주가 즉석에서 아빠가 삼성 실버 타운을 자세히 알아보시고 두 분이 입주하시면 보증금과 생활비를 자기가 부담하겠다는 것이었다. 내가 놀란 것은 적지 않은 돈을 부모를 위하여 아낌없이 내겠다는 그 효성도 고마웠지만 남편에게 의논도 없이 그렇게 결정할 수 있다는 것은 부부간의 신뢰가 완전히 일심동체가 되어 어느 한쪽이 어떤 결정을 해도 이의 없이 따른다는 신뢰가 있기 때문이라는 것을 짐작하고 그들의 부부애가 한없이 고마웠다. 그 후 한국에 있는 내 절친을 통하여 자세히 알아본 바 삼성 실버타운 입주를 접어야만 했지만 영주의 효심은 영원히 잊지 못할 따뜻함으로 남는다.

Tyler Park(1996년생)

사립 중고등학교를 거쳐Georgetown University 를 졸업하고 현재 맨해튼에 있는 회사에 취직하여 독립해서 살고있다. Tyler는 착하게 생긴 용모에 온화하고 리더십이 좋아 동생들을 잘 돌보며 우애 있게 지내고 우리 온 가족들의 사랑을 받고 있다.

Miles Park(1998년생)

둘째 아들로 Duke university를 졸업하고 중고등학교 선생이 되기 위해 사범 대학원에 재학 중이다. 키가 크고 미남형이며 성격도 온화하고 착하다. 눈이 높아서인지 다들 이성친구들을 사귀고 있는데Miles 만 아직 없는 것 같다.

Antonia Park(2000년생)

막내 딸로 사립 중 고교를 나와 Middlebury College 3학년에 재학 중인데3월에 한국 연세대학교에 한 학기 유학을 신청해 놓고 있다. Antonia는 4,5세 어릴 때는 조금 와일드하고 개성이 강한 성격이어서 조금 걱정스러웠는데 자라면서 가정 분위기에 영향을 받아서인지 너무 착하고 순박한 처녀로 변모해서 신기하기 짝이 없다. 우리 부부는 손녀 손자들이 재학하고 있는 대학은 빠짐없이 격려 차 방문하고 있는데 지난 여름에는 Antonia를 찾아가 대학을 둘러본 후 저녁 식사를 그녀의 친구와 함께하고 돌아왔다.

장남 준호 Junno Lee (1965년생)

준호 결혼식후 한복 사진

Columbia University에서 철학과 수학 두 과목을 전공하고 New York Times에 취직하였다. 무슨 바람이 불었는지 어느 날 회사를 그만두고 친구와 보트를 타고 미국 동해안 일대를 돌아다니다가 Miami에서 하선하여 LA에 와 있다는 연락이 왔다. 철학과 전공 탓인지 Bohemian 처럼 돌아 다니며 호구지책을 위해 Bartender 페인트공 등을 하며 허송세월을 하더니 몇 년이 지난 1999년 어느 날 월드 트레이드 센터 근방 소호에서 한식당을 오픈 한다는 연락이 왔다. 두 누나의 지원을 받아 바를 겸한 식당을 잘 운영하다가 2001년9월11일 월드 트레이드 센터 폭격 당한 후 경영이 급속도로 악화되어 적자가 누적되기 시작했다. 어느 날 준호가 내 가게에 왔길래 조언을 했다. '죽은 돈이 산 돈을 물고 간다' 는 말이 있다 하루라도 빨리 식당을 정리하고 새로운 일을 시작해야 한다. 내가 보기에 학교 교사가 너의 적성에 맞을 것 같으니 선생이 되라고 타일렀다. 준호는 이에 동의하고 교사 양성 학교인 Bard College 를 나와 공립 고등학교 수학교사가 되어 오늘에 이르고 있다. 교사가 된 후 친구의 소개로 민정을 만나 결혼하여 두 딸을 낳고 지금 South Orange에 아담한 주택을 사서 단란한 가정을 꾸미고 잘 살고 있다.

첫째 며느리 Min Chung (1973년생)

Min은 한국인 가정에서 태어나 Columbia University를 나와 월드 트레이드 센터 근방에 있는 초등학교 교사가 되어 오늘에 이르고 있다. 아담한 키에 착한 성품으로 공립학교 교사로 근무하면서도 아이들을 잘 키우고 시댁 가족들 과도 화목하게 잘 지내고 있어서 만족스러운 맏며느리이다. 여기서 Min의 친정어머니이자 나의 안사돈에 대해 조금 언급하고자 한다. 안사돈께서는 두 딸이 어렸을 때 이혼하고 자식들을 잘 키우기 위해 젊고 미인인데도 여인으로서 행복을 포기하시고 지금에 이르렀다. 두 딸을 잘 키워 결혼하여 아이들을 갖게 되자 또 외손녀를 돌보며 키우셨다. 특히 준호내외가 모두 학교 선생을 하고 있어서 누군가 아이들을 돌보지 않으면 엄마 Min이 교직을 그만 둬야 할 형편이었다. 친 할아버지 할머니인 우리는 멀리 살 뿐 만 아니라 둘 다 일을 하고 있어서 아이들을 돌 볼 형편이 못 되었는데 안사돈께서 집을 떠나 동거하다시피 하면서 키워 주신 은혜를 진심으로 감사하며 잊지 않을 것이다.

첫째 딸 Ava (2006년생)

공립학교10학년생으로 아빠를 닮아 키가 크고 미인형이다. 학교 성적은 All A이고 배구와 수영을 잘해 저희 학교 대표 선수이다. 내가 만날 때 마다 너는 틀림없이 하버드 대학을 나와 의사가 될 것이다 하고 격려 겸 칭찬을 하면 말없이 생긋 웃기만 한다. 맏딸 인혜가 내 아버지의 뒤를 이어 의사가 되어 온 가족의 건강에 도움을 주듯 그 다음 세대인 손주들 9명 중 한사람이라도 의사가 되었으면 하는 것이 나의 바램이다.

둘째 딸 Bridget (2011년생)

이제 겨우 열한 살인 소녀지만 남을 배려하고 도와주고자 하는 착한 마음은 천사와 같다고나할까. 내 손주 아홉 명 중 타인을 위하고 배려하는 마음은 으뜸이라 생각된다.

막내 아들 재욱Jae Lee(1968년생)

4 남매중 재욱이가 키가 제일 크고 잘 생긴 미남이다. Dartmouth College 와 Fordham Law School 대학과 재정관계 대학원을 졸업하였다. 법정을 드나들며 거짓말하기 싫다고 2년 동안 대형 Law Firm 에서 연수를 마치고 친구 셋이서 재정담당 Law Firm Drohan Lee LLP 를 동업으로 창설하여 오늘에 이르고 있다. 주 고정고객은 정부 기관들과 대형 회사들로서 재정관련 법률 자문 및 서비스가 주요 업무로서 경제적

으로 비교적 안정된 수입을 확보하고 있는 것으로 알고 있다. 재욱이는 골프를 좋아하고 잘 치지만 요리에 특별한 취미를 갖고 있어 온 가족이 둘째 딸 영주네 집에 모일 때 주요 메뉴와 식품 구입 및 요리를 맡아서 한다. 우리 가족들의 식성을 잘 알기 때문에 메인 메뉴들의 요리는 일류 요리사들 못지 않게 맛있는 요리를 하여 모두를 즐겁게 한다. 재욱이는 30대 초반에 한국계 여인과 사귀다가 헤어지고 난 후 몇 년을 독신으로 지내다가 40세가 넘어 한국에서 유학 차 온 아가씨와 만나 열애 끝에 결혼하여 두 딸을 낳고 저지 씨티 아파트에 살고 있는데 아이들 입학 적령기가 되어 집을 사서 이사하려고 물색 중에 있다.

막내 아들 재욱 부부

막내 며느리 Mina Kim (1979년생)

한국에서 대학을 졸업하고 장사를 조금하다가 유학을 결심하고 미국에 왔을 때 친구의 소개로 재욱을 만났다. 열 살의 나이 차이도 느끼지 못하고 첫눈에 반해서 사랑하게 되었다. 결혼을 서로 합의 할 때야 실제 나이를 알았지만 그것이 걸림돌은 되지 않아 한국에 계신 부모님을 초빙하여 간단한 결혼식을 하고 지금껏 행복하게 살고 있다. 남편 재욱이 6피트가 넘는 장신인데 며느리도 키가 커서 외관상으로도 잘 어울리고 지금도 신혼 때처럼 남편을 극진히 좋아하고 잘 따라서 만날 때마다 나도 기분이 좋다. 이들 부부는 효심도 남달라 매주 토요일마다 우리 내외가 좋아하는 음식들을 사가지고 온 가족이 함께 온다. 사돈 내외 분들이 군산에서 자동차 부품생산 공장을 운영하며 경제적으로 안정된 생활을 하시고 3년전 한국 방문하여 군산 공장을 방문했을 때의 교류를 통해서 두 분의 인품이 교양 있고 다정한 분으로 기억된다.

첫째 딸 Isabelle (2014년생)

현재 초등학교 3학년으로 너무 예쁘고 착하고 활달하다. 내가 가끔 너는 커서 Miss America에 나가라고 하면 무슨 뜻인지 몰라 어리둥절한다. 매주 토요일 한국학교에 가서 한국어를 공부하고 골프 연습장에 나가 스윙 지도를 받고 있다.

둘째 딸 Sophie (2015년생)

초등학교1학년생으로 예쁘고 매우 영리하다. 언니와 함께 한국어 학교와 골프 레슨을 받고 있다.

가족 소개를 끝내고 나니 나의 양딸과 양손녀 생각이 난다. 가족은 본인들의 의사와 상관없이 필연적 혈육관계로 맺어진 것이라고 본다면 양 딸과 양 손녀는 당사자간 정신적 가족이 되기를 원하여 맺어진 인연이라 내 가족의 일원으로 소개함

이 마땅한 도리라 생각한다.

양딸 이 원경 세례명 클라라(1965년생)

성 백삼위 성당의 교우로 우리가 처음 만난 것은 지금부터 13년전이다. 클라라의 남편은 전 뉴욕한인회 회장을 역임한 이경로씨이고, 대학을 졸업하고 취업한 이혜성이라는 아들을 두고 있다. 클라라는 식품영양학과를 전공했지만 문학에 소질이 있어서 가끔 한국 신문에 글을 쓰는 칼럼니스트이다.

요즘은 소설가가 되려고 소설을 쓰며 강의를 듣고 있다고 한다. 나와 클라라와 부녀 간의 인연은 십년은 된 것 같다. 내가 실로암 회라는 노인단체 회장을 역임하고 있을 때 그녀는 실로암회 서기역을 맡아 온갖 궂은 일을 도맡아 하면서 봉사를 아끼지 않았다. 언젠가 클라라가 자신의 가정환경을 말하며 한국에 노모가 살아 계시나 미국에는 일가친척 하나 없어 외롭다 하기에 그럼 너 내 딸이 되면 어떠냐 했더니 희색이 만면해지며 즉석에서 수락하는 것이었다. 그래서 젊고 미인이며 착한 딸을 돈 한푼 들이지 않고 얻었다. 부녀 인연을 맺은 후 명절 인사를 놓치지 않고 과일 꽃 등 갖가지 선물을 들고 가끔 집에 와서 놀다 간다. 특히 이번 회고록 집필 중 내 육필 원고를 한글 타자로 쳐서 파일을 만들어 보내 주는 일에 도움을 많이 받았다.

양손녀 최유민(1987년생)

유민은 Anchorage에 살면서 Michigan University를 우수한 성적으로 졸업한 후 서울대학교 의과 대학원 의과를 졸업하고 박사 학위 논문을 제출해 놓고 학위 취득을 기다리고 있다. 유민과의 인연은 참으로 기이 하다. 6년 전 내 친구 내외와 우리 부부가 Alaska 관광여행을 떠나 Anchorage 공항에 도착했다. 공항에는 관광 버스가 기다리고 있었다. 최고령자인 우리 넷 중 내 친구 내외가 운전석 뒤에 타고 우리는 관광 안내원 뒤에 자리 잡아 5일 동안 알래스카 명승지를 버스로 관광하는 스케줄이었다. 우리 좌석 바로 앞에 앉아 있는 관광 안내원이 나중에 양손녀의 인연을 맺게 되는 최 유민이라는 아가씨이다. 유민은 어머니가 재혼한 양아버지의 지원으로 대학을 졸업하였으나 꼭 가고 싶은 대학원의 학비 지원은 받을 형편이 되지 못해서 고민하며 관광 버스 안내원으로 허송세월을 하고 있을 때 나와 인연을 맺게 되었다. 길가다 소매 끝만 스쳐도 전생의 인연이라 했던가 아니면 5일 동안 지척에서 지내다 보니 정이 들었던가… 관광을 마치고 헤어지며 악수할 때 유빈의 눈에서 눈물이 맺히는 것을 보았다. 나 역시 그랬다.

돌아와서 며칠 후 카톡으로 대화를 시작했다. 나에 대한 유민의 호칭이 어르신이라고 계속하길래 너 할아버지 안 계시고 친아버지도 안 계시니까 할아버지와 손녀의 인연을 맺는 것이 어떠냐 하고 제안하니 유민도 좋다며 내 제안을 받아들이고 조손 간이 되었다. 그 후 유민의 진학 건으로 의견을 서로 교환하다가 내가 유민에게 전액 장학금을 받는 길은 한국에서는 가능 할지 모르니 한국에 가서 알아보도록 강권하였다. 몇 달이 지난 어느 날 유민에게서 깜짝 놀랄 만한 희소식이 왔다. 서울대학교 의과 대학원 의과 4년 전액 장학생으로 선발되었다는 것이다. 뛸 듯이 기쁜 소식이 아닐 수 없다. 아마도 미시간 대학교에서 4년간 학점이 거의 A인 성적증명서를 본 후 내가 한국에 가도록 강권한 보람이 아닌가 짐작한다. 유민은 일년 전에 서울대 문리대를 로스쿨에 다니고 있는 허준이 라는 청년과 결혼하여 미아리에 신혼 살림을 꾸려 잘 살고 있다 한다. 설, 성탄절, 생일 등 각종 명절에는 선물과 안부를 교환하며 정겨운 조손祖孫의 관계를 이어 가고 있다.

회고록을 마무리 하면서

나는 비록 조실부모하여 고된 생활을 하였으나 말년복은 넘치는 노인이라 자부한다. 세상에 부러운 것도 하나 없으니 만복이 넘치는 것이라 늘 하느님께 감사드리며 살고 있다. 이제 회고록을 마감하는 즈음에 이 책을 출간을 도와 주신 분들에게 감사한다. 첫째 나에게 회고록 집필을 강권함과 아울러 초고를 끝낼 때까지 격려를 아끼지 않았던 은퇴 문인 정 그레이스씨에게 감사를 전한다.

초고는 완성하였으나 회고록 출간에 가장 중요한 편집과 출판의 적임자를 물색하던 중 나의 고교 후배가 한국 정부 외교관으로 은퇴하여 워싱턴 DC 근교에서 작가겸 출판 관련 일을 하고 있어 많은 도움을 받았다. 그가 바로 나의 후배 노세웅으로서 발간 되는 책이 보기에도 아름답고 읽기에도 기분 좋은 책을 편집하여 주어서 고마움을 전한다.

또 한 사람 내가 고마움을 전할 조력자가 있다. 그가 바로 나의 양딸 이원경 클라라이다. 나는 타자를 칠 줄 몰라서 모든 원고는 육 필로 써야 했는데 이 육 필 원고를 타자로 쳐서 파일로 만들어준 공로자가 바로 그녀다.

그리고 바쁘신 중에도 회고록 초고를 다 읽으시고 격려의 추천사를 써 주신 데마레스트 성당 박홍식 돈보스코 신부님과 권혁만 요한 팰팍 유권자 협의회장께 감사를 드린다.

마지막으로 내 가족 전부에게도 고마움을 전한다. 첫째 모두 건강해서 고맙고 둘째 4남매 모두 금슬이 좋게 잘살면서 손주들 착하게 잘 키워줘서 고맙다. 셋째 모두들 바쁘게 살면서도 우리 내외에게 효녀 효자 노릇 잘해주고 우리를 편하게 해줘서 고맙다.

이제 이 회고록을 마무리 지으면서 집필 편집 유통과정에서 내가 얻은 손실과 이득을 계산 해 보고자 한다. 첫째 회고록을 편집 출판 배포하는데 금전을 지출해야 한다. 이 금전 지출이 내 재산을 축내는 지출일까? 나는 당연히 아니라고 판단한다. 내가 멀지 않은 장래에 저 세상으로 갈 때에 나는 땡전 한 푼도 가져 가지 못하고 이 세상에 남겨 두고 가야 한다. 나는 이세상에 남기고 가는 유산에서 가불하여 이 경비를 충당하면 나는 돈을 한 푼도 쓴 것이 없으니 손해 또한 한 푼도 없다. 아울러 내가 말년에 행운아 답게 내 자식들 중 누구도 내 유산이 줄어들까 걱정하는 이가 없으니 내 계산이 틀렸다고 할 사람은 아무도 없을 것이다.

반면에 내가 얻은 소득은 너무 많다. 88년 지내온 내 족적을 쓸려면 우선 기억력을 총동원해야 했고 그래도 부족한 정보를 얻기 위해 탐문과 서적도 뒤적거려야 했다. 이런 과정에서 자만과 반성 등 많은 정신적 위안을 받았으니 큰 소득이다. 또 이런 과정에서 소위 노인 사고 즉 병고 (病苦) , 빈고 (貧苦), 고독고 (孤独苦), 무위고 (無爲苦)에서 완전히 벗어났다는 소득이 있다.

또 한가지 소득은 이름을 남긴다는 것이다. 흔히들 말하기를 짐승은 죽으면 가죽을 남기고 사람은 죽으면 이름을 남긴다고들 한다. 내 이름으로 쓰여진 책이 오래도록 이 세상에 남아 있다는 사실이 내가 이 세상을 하직하며 눈을 감을 때 속으로 웃게 할지 누가 알겠는가.

“돌아본 팔팔 인생” 에 대한 감회

이 이석/ 서천무역 회사 회장

캄캄한 어둠속에서 한 어린아이가 한 걸음 한 걸음 빛을 향해 성장하면서 온갖 어려움을 극복하고 마침내 광명을 찾는 대 서사시였습니다. 역경을 이기고 대 환희에 이르는 베토벤의 9번 교향곡을 보는 것 같았습니다.

저는 어릴 때부터 영화를 좋아했는데 아마도 다른 사람의 삶 전체나 아니면 중요한 결정적 순간 혹은 사건 등을 축소시켜 놓은 내용들이 흥미를 끌지 않았었나 생각 합니다. 아카데미 작품상 급 영화 한편 본 것 같았습니다.

아는 스토리가 많이 나오고 재미도 있고 해서 하루만에 다 읽었는데 근래 읽은 하루 최고의 독서량이었습니다. 인생을 멋있게 행복하게 정리하시는 모습이 정말 부럽기만 합니다.

저자는 욕심이 너무 많으신 것 같습니다. 잘 성장하여 크게 성공한 자녀들이 주위에 꽉 차 있는데도 양녀도 두고 또 양손녀도 두었네요. 오래도록 복 많이 누리시기 바랍니다.

재욱이 어머님 건강이 염려되네요. 건강관리 잘하시고 편안하게 지내시기를!!

발문 Epilogue

노세웅 / 시인,수필가

아주 오래 전 이상수 선배님을 차경훈 선배님 댁에서 처음 만났을 때가 기억이 납니다. 8.15 해방, 6.25 전쟁, 4.19 혁명, 5.16 혁명후의 격변기와 사회적으로 혼란한 시기에 많은 시련을 겪었으나 현명하게 잘 극복하신 분이라는 인상을 받았습니다.

사업을 정리하고 은퇴를 하실 때였습니다. 먼저 취미 생활을 할 수 있도록 골프장, 매주 일요일마다 가야 하는 성당, 삶의 편의를 위한 교통을 고려하여 적당한 주택을 알아봐 달라고 부동산 에이젠트에게 부탁하여 그 조건에 딱 맞는 조건의 드림 하우스를 마련하여 행복하게 사신다는 말을 들었을 때 참으로 인생을 잘 사셨구나 하는 생각을 했습니다.

그 후, 자서전을 읽어 보니 학창시절, 군인시절, 사회생활 등 인생계획을 항상 잘 세워서 최선을 다하여 지금에 이르러 세상에 부러울 것 없는 성공한 인생을 사신 분임을 알았습니다. 진작 이런 이야기를 들었다면 저 자신도 좀더 계획적인 생활을 하여서 더 나은 삶을 살지 않았을까 하는 생각을 해 보았습니다.

자서전의 역사는 오래되었습니다. 마르쿠스 아우렐리우스의 <명상록>, 몽테뉴의 <수상록>, 앙드레지드, 사르트르, 벤자민 프랭클린 자서전이 많이 읽히고 있습니다. '삶의 이해를 돕는 가장 알기 쉬운, 최상의 형식' 이 자서전이라 동서고금을 막론하고 지금까지 자서전이 활발히 읽히는 이유입니다.

가문의 역사라 후손들에게는 선조의 삶을 알려 줌으로서 교훈이 되고 후손이 잘 될 수 있습니다. 역사가 기록으로 남아 있지 않는 나라를 상상할 수 없습니다. 그런 나라는 세상에서 사라지고 없습니다. 그런 이유에서 가정의 역사를 남겨 놓는다는 것은 후손이 잘되는 일이라고 할 수 있습니다.

조국에서는 가문과 핏줄을 중요시합니다. 조상이 어떻게 살았는지 보지 못해도 우리 몸 속에는 조상의 피가 흐르고 있습니다. DNA에 조상의 영향이 있는 것입니다. 그러므로 사람이 나이가 들어서도 후손을 위하여서 몸 가짐을 바르게 하고 후손들에게 늘 모범이 되는 삶을 살아야 합니다. 자서전을 쓰는 것이 자기 자신을 돌아보고 후손들에겐 교훈을 주는 일일 것입니다.

이 선배님의 삶을 보면 후손들 뿐 아니라 모든 사람들에게 교훈이 되는 사례가 많습니다. 어려운 여건에서도 포기하지 않고 계획을 잘 세워서 그 계획을 아주 열심히 실천을 하셔서 성공하게 됩니다.

일제 때 태어나서 해방을 맞이하고 6.25 전쟁을 겪으며 숱한 고생을 하셨습니다. 부모님을 여의고 어릴 때부터 홀로 앞날을 개척해 나가는 삶은 후손들 뿐 아니라 모든 독자에게 용기를 줄 것입니다.

지금은 미국에서도 부촌이라고 하는 동네에서 인생 후반부를 즐기며 여유 있게 생활하며 성공적인 삶을 사신 분이십니다. 인생 전반부에 고생하신 덕분으로 후반부에는 평안하게 즐기시며 사회에 봉사하며 이웃을 돕는 아름다운 삶을 영위하고 계십니다.

늘 이웃사랑을 실천하시며 오래 오래 건강하시고 행복하시기를 기원합니다.

2023년 5월 1일

워싱턴에서

화보(Pictorial)

체신고등학교 학생 (우) 신입사원 시절 (좌) Chesin High School Student (Right) New Employee of ministry of

3부자, 인혜 결혼식에서 준호(좌) 막내 재욱 (우) **Junho (left) Jaewook (right) at the wedding of Inhye**

금혼식 후 박홍식 신부님과

After the golden wedding ceremony, with Father Park Heung-Sik

결혼식후 한복입은 맏딸 인혜 부부 The eldest daughter Inhye couple wearing hanbok after the wedding

Iceland 아이스랜드 여행

Canada Banff 에서 우리 부부

The Forbidden City China

중국 자금성에서

The Great Wall of China *중국 만리 장성 옆에서*

브라질 거대 예수 상 밑에서
리우데자네이루 시내를 보며

Rio de Janeiro, Brazil

일본 일주 여행시 Osaka 오사카에서 질녀와 함께

Grand Canyon그랜드 캐년 산상에서

Yellowstone Park 에서 친구들과 함께

샌프란시스코 금문교 옆에서 친구들과
With friends by the Golden Gate Bridge in San Francisco

나이아가라 폭포 앞에서 **Niagara all**

Yosemite Park 에서

노르웨이 여행, 내가 그린 그림

Traveling in Norway, The painting I drew

코로나 팬데믹 기간 동안 내가 그린 그림들
The paintings I drew during the Corona pandemic

코로나 팬데믹 기간 동안 직접 그린 그림들

"Drawings made during the period of the COVID-19 pandemic."

약력 Bio

1935년 8월 8일 출생

1948년 지사 국민학교 졸업

1951년 고령중학교 졸업

1955년 국립체신고등학교졸업

1960년 청구대학교 상학과 졸업

1961년 육군 중위 제대

1962년 삼기물산 주식회사 입사

1967년 일성 실업 주식회사 설립

1972년 삼풍산업 주식회사 설립

1977년 4월 12일미국 이주

1977. Mustell Fashion Inc 설립

1992년 Health One Inc설립

1997년 Golden Wine & Liquor 설립

2007 년 은퇴

English version

My Turbulent Good Life

Part I

Historical Background of My Life

Location of My Hometown

The address of my hometown is Gyeongsangbuk-do, Seongju-gun, Suryun-myeon, Namdong-dong 2 ri. About 60 households made up this quiet rural village, affectionally called Jakchoen. It is located at the foothills of a mountain with beautiful scenery and good water. 20 kilometers to the south is Gaya Mountain (1,430 meters above sea level) which boasts a great dragon statue to the west and Haein Temple at the foothills. Haein Temple holds the Tripitaka Korean (one of the great collections of Buddhist writing).and is designated National Treasure Gaya Mountain encompasses Gyeongsangnam-do Hapcheon-gun Gaya-myeon, Geochang-gun Gabuk-myeon, Gyeongsangbuk Seongju-gun Gacheon-myeon, and Suryun-myeon. It is one of the 12 most famous mountains in Korea.

After passing about 400 meters of the farmland in front of the village, the Daegacheon flows down Gayasan Mountain and bends in the southerly direction. Daegacheon is a stream of clear and cool water which meanders through my hometown and does not flood in the summer. This stream holds a special place in my heart with beautiful memories of my childhood, playing and swimming with my friends in the summer and fishing in the spring and the autumn.

My ancestor's house is located in the center of the village. Being the only tiled house in the village, it is a house of imposing dignity, consisting of the main house and Sarangchae (welcome hall). Passing the front yard of Sarangchae and going out of the main gate, there is a large well that is shared with all the nearby neighbors. This well is the living water of our family and neighbors and never dries up even during dire drought. It is also a place where local wives gather and exchange greetings and gossip.

Right in front of the well is a square pond. At night, the chorus of frogs reverberates loudly throughout the town and beautiful lotus blooms cover the pond as if to complement the frog chorus. I can still see this picturesque scene in my mind's eye and it purifies my spirit.
Immediately behind the house is a hill with a low stone wall and a thick bamboo forest stretches out all around the house. Through the ten-meter-long bamboo forest, the wind blows throughout the seasons and shakes the bamboo branches. After passing the bamboo forest, there is a small hill behind the village with pine and cypress trees. On spring days, azalea blooms blanket the hill and one can conjure an image of beautiful and shy girls sitting pretilly, dressed in pale pink hanbok (Korean traditional dress).

About 200 meters east of the village past the fields is Wolgae stream. Crossing this small creek and going about 100 meters towards the foothills, there is a charming pavilion surrounded by a stone wall. When you enter the gate, in the center of the pavilion's eave hangs a sign reading "Open-Air Jeongsa".

Noh Cheon Jeongsa Temple

This is a villa that my grandfather built in his later years to use as a summer cabin and library. My grandfather was a scholarly gentleman and spent time there writing and lecturing. My grandfather's name was Guhyong. He died in 1952 at the age of 73.

During his lifetime, my grandfather wrote several books of literature. At the age of 17, he entered Suhdang (school for nobility where literature and philosophy were taught) and was educated alongside many prominent scholars and became the leading disciple of the great master, Mangu. In his later years, grandfather devoted himself to writing and teaching at this open-air pavilion, cultivating many disciples and leaving volumes of scholarly writings. Until his death, grandfather spent most of his time in this open-air pavilion and only went back to his main house in town for meals.

The Decline of Family's Wealth

Lootings by Donghak Rebellion Secret Enemy

Donghak Peasant Revolt, also known as Gabo Peasants War broke out in 1894. It was an armed rebellion led by peasants, students and followers of Donghak. During 1894, there were 3 phases of the rebellion: the Gobu Uprising in January of the lunar calendar, Jeonjuseong Uprising in April and Jeonju Gwangju Uprising in September.

What is Donghak ? Donghak is a new religion founded by Choi Je-woo in 1860 (11th year of King Cheoljong). It is a pantheistic religion viewed by the rebels as a political ideology. Choi Je-woo Choi who was from Gyeongju, had the support of the ordinary people, and in 1860 he advocated a national belief that opposed the Western religion (Catholicism). It's main stated aim is to build a new world in which all people can live as equals with dignity. He advocated that no one should be discriminated against. Subsequently, Donghak was subsumed into Chundoism by the new leader, Son Hyunghee. On the one hand, Donghak served as the starting point for the Donghak Peasant Movement based on the popular revolutionary ideology that opposed the hierarchical status system of Joseon dynasty.

In order to suppress the Donghak peasant army, two factions within the court emerged: the Queen Min faction and Heungseon Daewongun faction. When the Qing dynasty army and the Japanese army were brought in alternately to suppress the peasant movement, some of the survivors of the rebel army hid deep in the rugged Mt.Gaya. In order to survive, the rebels expropriated farms in the surrounding area.

At that time, our family was well known in the area as a wealthy farming family, so the family became a target of Donghak rebels. As I mentioned before, my grandfather was a prominent Confucian scholar for whom ancestor worship was very important. The rebels would dig up the graves of our ancestors and steal the remains and demanded large sums of money for returning the remains. My grandfather suffered this type of painful indignities repeatedly and was forced to sell many families plot to pay the ransom. I have no way of knowing how much land he had to sell during this time.

The Squandering of Family Inheritance

Grandfather had three sons and five daughters. I gather that he gave away some of his family land as dowry for the five daughters but most of family fortune was squandered by the three sons as follows.

Eldest Son (uncle): Lee Ki Seok (1895-1965)

He was born during the Japanese occupation and passed

away at the age of 70. When he was young, he dabbled in the gold mining industry and made investments by selling a large plot of the family land. Unfortunately, his investments failed repeatedly and this led to the dwindling of most of his inheritance.

Another way he wasted his inheritance was by maintaining multiples families with concubines. His first concubine was a madam in a brothel in Koryung township. He sired two sons and one daughter from this relationship. After the gold mine failures, he was able to study Korean medicine, in part due to the education he received on Chinese studies from his father. He opened an herbal medicine shop in the Yakjeon Alley of Daegu City, which is the nearest big city from our home town. At that time, uncle Ki Seok acquired a new concubine in Daegu and established a household in the neighborhood of his medicine shop. The details are unknown, but I suspect he spent most of his remaining fortune keeping up with multiple households with his wife and two concubines.

Second Son (middle uncle): Lee Dong Seok (1907-1982)

He passed away at the age of 75. According to stories I heard growing up, my middle uncle went to Japan to study and attended the prestigious Waseda University in Tokyo. After returning to Korea, he became active in the anti-Japanese movement and participated in the protests against the Japanese colonial occupation. He also maintained a concubine and had three sons and one daughter.

His wife kept a household in our hometown and his concubine lived in Heukseok-dong, Seoul, but I heard that he did not stay with them for any long periods of time. A part of his inheritance was spent for tuition fees for Waseda University and some land went to his eldest son to be cultivated as a farm. Presumably, the rest of the estate was spent on maintaining multiple households and travel expenses.

My uncle never held a job in his lifetime, so he had no income. He spent the rest of his life traveling and staying with friends and relatives. I surmise that he was pessimistic about the world and lived a nomadic life, whiling away time drinking and socializing.

My Father's Death and My Birth

Father's Life

My father's name was Lee Heung-seok. He was born on September 26, 1910, and died on May 15, 1937, at the age of 27. Born as the youngest of three sons, my father was known far and wide as a genius since childhood. Rumor has it that by the age of 7 or 8, there was no one in the nearby villages who could beat my father in the game of Go.

A significant event happened to my father around the age of ten. He nearly lost his little finger while working with a sickle and he was taken to Daegu Dongsan Christian Hospital and underwent surgery. This experience sparked an interest in medicine in my father. From that point on, he went to Daegu to study and completed 6 years of elementary school, 6 years of middle and high school curriculum in just 8 years. At that time there were only two medical schools in Korea, one in Seoul and one in Pyongyang. He chose to attend medical school in Pyongyang. After graduating and passing the medical license examination, he officially became a doctor in

Goryeong-gun, Gyeongbuk province. Subsequently he opened a medical office in Yongjeong-neighborhood.

During the summer of the second year of his medical practice, my father went on a boating outing in Nakdong River with some friends from town. A tragic swimming accident that day claimed his life. After three days of search mobilized by townspeople, his body was found and buried.

Father's Marriage and Birth of His Children

According to the customs of the time, my father's marriage to my mother was arranged by the families. My mother (Lee Soju) was from a town called Dasan Myun Surinam, about 12 miles away from my father's hometown. They had two sons and one daughter. The eldest son's name was Lee Hong and the youngest daughter's name was Lee Yusoon. I was born the second son. My sister was a posthumous child, born after my father passed away from the swimming accident.

By the time my father passed away, the family's fortune had been squandered by his older brothers. I surmised that my father's medical school tuition was considered his inheritance. My mother became a young widow with two small children and one on the way. With my father's family fortune gone, the only thing she owned was a small plot of rice paddy that was her dowry. How lonely and hopeless my mother must have felt at the time!

Childhood and Mother's Death

Mother's Life; Full of Sorrow and Hardship

Mother was born on April 6, 1912, and passed away on January

10, 1950 at the age of 37. When I consider my mother's life, I am filled with sadness.

The news of her father's drowning probably crushed her mother's soul. She always kept a tidy appearance with her neatly pulled back but after my father's untimely death, I can imagine her going through the days in a daze with disheveled hair, unable to concentrate on routine tasks. At the tender age of 25, she was left alone, pregnant and with two sons, five and two years of age. My older brother was perhaps old enough to realize what had happened, but I was only two and not able to comprehend the situation.

When village folks rushed to her with the news of my father's disappearance at the river, the elders in the family would have stopped her mother from rushing out to the river, telling her not to go there for the sake of her unborn baby. She must have lamented; this can't be happening. I'm sure he will return to me as full of life as he has always been. Two days passed without any news of him. On the third day, news reached her that his lifeless body was found. Dazed, my mother couldn't even shed any tears. A thin body almost falling apart, pursed lips, hair fluttering over a straight forehead. Hong-ah, Sang-Soo-ya, and the baby in the womb! Say goodbye to your father who is on his way to the heavens! I can see clearly in my mind, the image of my distraught mother holding back her tears with clenched teeth.

Settling in Hometown, Jakcheon

As soon as my father passed away, my mother packed up the household and returned to my father's hometown, Jakcheon. She had no ties to the town where we were living other than the hospital where my father had his practice. I heard that when we first returned, we settled in a room at my grandfather's house. At that time, there was no income, so we subsisted with help from my father's uncles and her family. After my sister was born, my mother made a living taking in weaving and sewing work. I still sometimes think of my mother spinning the wheel and weaving at the loom late into the night.

My Early Childhood

I have sparse memories of my early elementary years but according to the elders in my family, I was known as a mischievous boy in the neighborhood. My older brother was sickly at the time, and I was similar in size despite being 3 years younger. In those days, younger brothers were expected to obey older brothers but I often challenged and fought with my brother and was scolded by my mother for that. My older brother was docile and obeyed my mother, and he let me have my ways most of the time. Still, he was my big brother and sometimes I wished he would act like the boss among my neighborhood friends. That way, no one would look down on me for being fatherless.

My mother often worked into the night under the lantern light, sewing a skirt or a jacket for the bride-to-be and I would sometimes squat next to her and watch. I especially liked hearing the sound of the silk hem rustling at my mother's fingertips as she worked. How nice it would be if my mother didn't have to work every day and could wear silk clothes like the ones she was making! I thought my mom was the prettiest woman in the world and deserved pretty clothes. Even as a young child, I felt sad that my mother had to work so hard.

Sometimes when I visited my mother's family, my grandmother stroked my hair and said, "Even though you are young, you are quick-witted, smart, and capable, so grow up fast and save your mother's troubles. Tsk tsk... If only your father hadn't died so young, your mother would be living a life of comfort as a doctor's wife!" Whenever that happened, I wanted to buy silk clothes for my mother when I grew up. Together with my older brother, I resolved to make our family rich. I also felt resentful of my father who died early and made my mother suffer. I couldn't even remember my father's face.

This was about 80 years ago and there were no store bought toys for children back then. The girls played hide-and-seek, skipped ropes, and played jacks. Boys played with marbles, winning territory with stones and flipping folded paper (takji). Since there was no TV or cellphones, children played with other children in the neighborhood in the yard or alleys. In midsummer, I remember swimming and playing in the deep stream in front of the neighborhood and I remember catching fish and bringing them to my mother in spring and fall. I wanted to do anything to please my mother.

In the winter, we played with homemade sleds. We had one-legged sleds or crippled sleds made by older children and adults in the neighborhood. A crippled sled is made by attaching two slides parallel to each other under a square pine board. When the weather wasn't so hot, we played soccer with a ball made of rags and rope. Once in a while we got hold of a pig's bladder left over from a neighborhood feast and I remember making a soccer ball with it. We inflated the bladder and tied it up with thin twine as best as we could so that the air wouldn't leak out. The bladder ball was a treasure for the boys in our neighborhood. I'm sure such toys no longer exist in Korea, but I heard that kids in Africa and Tibet still play with such soccer balls.

Since those days, Korea has become the 10th largest economy in the world and 6th largest trading power. In addition, Korean culture is captivating the hearts of people around the world and so many enjoy K-pop and K-dramas. It is truly amazing the transformation that Korea has undergone since my youth.

I am remembering one incident when I surprised my mother and neighbors. I was about 7 years old at the time. I fought with my older brother that day and was scolded by my mother. My heart was aching from her harsh criticism. Why won't my mother understand my heart? My mother, who didn't know how much I loved her, just kept screaming at me. Distraught, I sneaked into a storage area under the eaves and found a bamboo mat. I rolled myself into it to hide and then promptly fell asleep. Even after the sun went down, I was still in my hiding place. My mother went around the house looking for me but couldn't find me. Finally, my mother alerted the neighbors and all the grown up mobilized a search for me. I think I became too hungry and came out of the hiding place and my mother cried tears of joy. My memory of that moment is still fresh in my mind.

Public Primary School

The public school I attended was about 4 km away from our house. Many of the households in our neighborhood had school age children but most families didn't send them to school. Those children stayed home and helped with the family farm or did housework. Despite living in poverty, my mother sent us three siblings to school. The road from the house to the school was a narrow road traversing farmland, too narrow for even a wagon to pass.

The was difficult to commute to school, having to walk on a rough road for a 8 km round trip. It was made even more challenging due to the shoe problem. At that time, there was no such thing as sneakers, and children from better-off families wore black rubber shoes and the rest of us wore straw sandals. Some families made straw sandals from dried rice stalks but in my case, my mother had no choice but to buy them from a sandal seller. Since straw sandals were literally made from twisted straw, they did not last long; they didn't even last a month. So, most of us wore sandals only on the rough gravel road and walked barefoot on the softer dirt road.

Since I was mischievous, I often kicked stones while I walked back and forth to school and damaged one of my toes in the process. That toe is still deformed and reminds me of the long road I traveled in order to get back and forth to school.

At that time, there was no such thing as backpacks, so we all carried books and penciled rolled up in cotton cloth and slung over the shoulder or tied around the waist. Another thing that comes to mind is that Korea was liberated from Japanese colonial rule when I was in the 4th grade. Finally, the Korean language could be taught in school. Before the liberation, students were mandated to speak only Japanese and if you were heard speaking Korean, you'd get into trouble. Also, students could earn prizes for informing their friends for speaking Korean, so this created an atmosphere of fear and suspicion among classmates.

Goryung Middle School Years

Perhaps because I earned better grades in school and my mother thought I was smarter with brighter prospects, I was the only one chosen to enroll in middle school among my siblings. I think mother was already determined that I follow my father's footsteps and become a doctor. The distance from my house to the middle school was about 10 km and I had to get up early in the morning and leave the house at 6:30 to get to school by 9 o'clock. I had to walk past the fields, cross a stream, scramble along the embankment, past more rice fields and along what is now the National Highway to get to school.

Before a cousin joined me at the same school, I walked alone 10 km each way back and forth to school every day. I'm a bit amazed that I walked such distances daily at the tender age of 12 and credit that time for the strength I have in my legs today. There wasn't so much traffic back then and often I didn't encounter a single car on the way back and forth. Trucks that I pass by occasionally carried coal or lumber. These trucks didn't run on gasoline but operated by steam engines.

The stream in front of the village didn't have a proper bridge and the village people set up a temporary wooden bridge. During the rainy season, the temporary bridge was washed away by the heavy rain. At such times, it was impossible to go to school and I had to wait till the water receded to return to school. Even when the water receded, there were strong currents at various points and I had to careful to choose an area where the current was slow to make the crossing. I stripped naked and tied the book sack and clothing on the top of my head and gingerly waded across. Sometimes, the stream came up to my neck. I still feel the hair on the back of my neck standing up when I think about how dangerous such times have been. If I stumbled at the deepest parts, not only would I lose my books and clothing, I'm not sure I could've swam to safety and there was no one nearby to save me. If my mother had known that I had crossed such a dangerous river, I am sure she would have forbidden me from going to school.

My Mother's Passing

My mother was struggling to make ends meet by sewing and weaving and paying my school expenses added that much more burden to her already stressful life. I believe she was overworked while preparing for my father's ancestral rites and for the celebration for the three of us for the Lunar New Year. As the Lunar New Year Day approached, she lost consciousness and fell into a coma. Now that I think about it, I believe she suffered a cerebral hemorrhage caused by high blood pressure.

I vaguely remember the words of elders saying that my mother had cerebral palsy but I think she must have been suffering from too much stress. Looking back, I think she had hypertension but didn't know it because medical care was not available to poor people at that time. It was impossible to transport her to Daegu where there was a hospital and my mother passed away on January 10th, 9 days after she fell unconscious. She died at age 37 without ever receiving medical care. My heart breaks every time I think about my mother.

Three Orphan Siblings

My siblings and I suddenly found ourselves orphans. We didn't even have proper time for grief and were separated into two different households. The elders in the family decided that my brother and sister were to live with our oldest uncle's family and I with the second oldest uncle's family.

The uncle whose family I moved to was not at home at the time because he was in the wandering phase of his life. Basically, he spent his time away from his family visiting friends and relatives around the country. His household consisted of my aunt, her four sons and two daughters. I was to share my uncle's study with my four boy cousins. At the time, I was in 8th grade and one of my cousins was a year older. My older cousin was in 7th grade at the same school, so the two of us commuted to the school together, walking 10 km each way. One of my older girl (noona) cousins woke up very early in the morning to prepare breakfast for us.

More than 70 years later, one memory is very vivid in my mind. As mentioned above, my cousin cooked breakfast at dawn and even under the dim dawn light, the color of the rice in the two bowls was clearly different; the rice in my cousin's bowl looked white because it was mixed with a lot of rice and my bowl looked brown because it was mixed with more barley. In those days, well off people ate rice and poor folks ate mostly barley, so I knew that I was being treated differently than my cousins. Isn't it ironic that I was given healthier food?

Even at a young age, I realized that my older cousin loved her brother more than me who was her cousin. I accepted that my uncle's family took me in out of obligation and didn't complain. I thought I was lucky to have a roof over my head and food to eat. But the fact that I still think about it proves that I must have been very sad to be a orphan living with my uncle's family who didn't treat me as well as their own children. Looking back now, I think my older cousin was one grade below me because his family didn't send him to middle school right after elementary school despite the fact that his family was much better off than mine. The fact that I was sent to middle school immediately after elementary school underscores my mother's will to educate me in the hopes of making me a doctor.

The Korean War

1950 was truly a terrible year in my life. On June 25, 1950, the same year my mother died, North Korean forces crossed the 38th parallel and invaded South Korea, and the war continued until an armistice was signed on July 27, 1953. 620,000 Korean soldiers died in this war, and the total number of victims, including North Koreans and UN forces, reached 1.5 million. North Korean forces quickly conquered most of South Korean territory, and by the end of July, a defense line was established at Nokdong River, which is the southernmost river in the country. My hometown, Jakcheon, was north of the defense line so it fell under the control of North Korean forces. I was 15 years old at the time, and I was excluded from being conscripted into the North Korean army. Since our village was only 20 km from the frontline, we frequently heard US jets flying overhead for bombing missions. Fortunately, our village was spared from bombings and escaped damage.

At that time, the North Korean army started to agitate people under the communist occupied areas near the frontline. A team of North Korean agents set up classes and gathered men who had not been conscripted into the army and taught praise songs and community philosophy. These agents were well trained and behaved with good manners so many people sympathized with them. When the Incheon landing operation by the American army succeeded, they disappeared without a trace.

Korean War (also known as 6-25 War in Korea), broke out when the Democratic People's Republic of Korea (North Korean army) invaded the Republic of Korea in a surprise attack. Shortly after the start of the war, the UN forces and the Chinese People's Volunteer Army got involved and the conflict almost escalated into a global war. Fortunately, it ended when the Korean Armistice Agreement was signed on July 27, 1953, at 22:00 (10:00 pm). Even after the armistice, tangible and intangible conflicts between the North and the South continued to this day. Korean Was is the largest war since World War II involving the United Nations forces, the People's Republic of China and even Soviet Union. It breaks my heart to think about the tragedy suffered by our nation. The war divided the same people into two separate nations. In numerous cases, families who were separated by the conflict never saw each other again.

Escape from Hometown

After the UN forces reclaimed Seoul, Goryeong Middle School, which I attended before the war, opened its doors again and I graduated the following March. In my hometown, there was no high school and the nearest high school was located in Daegu. I couldn't even dream of being sent to Daegu to attend high school as an orphan living at my aunt's house. I had no other choice but to help in my uncle's farm.

One day in October, a completely unexpected turning point in my life occurred. Uncle called me over to him and pointed to a large, black pig. He said, "Hey Sangsoo, take that pig to Goryeong market and sell it. You know the town well and you are a smart boy. I am sure you can get a good price for the pig." The pig was already tied with a rope and ready to be taken to the market. Since I attended middle school in Goryeong, I knew the way and was familiar with the market. Happy to miss a day of farm work, I left for the market with the pig in tow with a pep in my step. It used to take me about 2 hours to walk the 10km to town but trudging along with a large pig, it took more like 3 hours. The walk gave me an ample opportunity to contemplate my life. I just couldn't accept that my future lay in farming. My mother had a dream for me to become a doctor and I felt that I must try to make that happen somehow.

Along the way, a thought popped into my head. "Oh, this is a chance of a lifetime to get away from the life as a farmhand. I can sell this pig and go to Daegu with the money. There are many high schools there and I will figure out a way to get an education!" I was determined to carry out the plan I cooked up on the way to the market. The old market, which was held every 5 days, was booming with shoppers and sellers from all the nearby towns. I saw the cow market and next to it was the pig market, where all sizes of pigs were being traded. I circled the pig market area trying to determine how much my uncle's pig was worth. After watching pigs of similar size being sold, I was able to sell the pig at a reasonable price.

Once I sold the pig, I ran straight to where cars and trucks were congregated. I didn't even think about trying to find a car to take me to Daegu since I figured that would cost a lot of money. After wandering around for a while, I found a truck that appeared to have a bit of space in the cargo area and begged the driver to take me to Daegu. I explained that I was an orphan and I wanted to go to Daegu to find my relatives who would help me get an education. He took pity on me and only charged me a small sum for the ride. It's about 40 kilometers from Goryeong to Daegu and takes less than an hour by car these days, but back then we had to drive along unpaved roads and it took over two hours to get to Daegu Seomun Market.

Chinese Medicine Clinic and Daegu Commercial High School

I did get myself to Daegu Seomun Market but I hadn't planned out the next steps in my mind. After I was dropped off, I was really lost and didn't know what to do. After mulling things over, I decided to find anyone I knew from back home. At that time, the person who came to mind was a distant relative who had lived next door to my family and moved Daegu for his son's education. I vaguely remembered that village elders talking about him owning a stall in the vegetable market. I found the vegetable area in the market and wondered around, checking each stall. It was starting to get dark, and I was beginning to feel desperate. Finally, I saw the uncle that I knew from back home in a store. I was so relieved!

When uncle Mosangol saw me, he was really surprised and said, "Hey Sangsoo! What are you doing here in Daegu?" I told him that I ran away to get a job and earn money to get an education. I asked him, "Could you take me to my second aunt's house? I think she will help me." He replied, "It's late. You sleep at my house tonight and I will take you tomorrow." I was anxious to get to my aunt's house, but daylight was fading, so I had no choice but to eat and stay at the uncle's house.

The next morning, uncle Mosangol's son took me to my aunt's house. My aunt greeted me warmly and said, "Oh, poor Sangsoo! How did you get here? What brought you here?" Comforted by her kind response, I explained the circumstances so far and what I had decided to do. She told me that I could stay with her family until I found a job and could live on my own. My aunt's husband started looking for work for me right away.

In the meantime, when I didn't return from the market in Goryeong, my uncle surmised that I must have gone to Daegu. The following day, he came to Daegu and dropped by my oldest uncle who owned a Chinese medicine clinic. When he didn't find me there, he came looking for me at my aunt's house.

I apologized to my uncle and returned all the money from selling the pig minus the fare I paid to the truck driver. I confessed that I'd rather die than to continue farming. I begged him to let me stay in Daegu and go to school. After listening to my plea, my uncle seemed to be persuaded, and He told me that I can go live with my oldest uncle who owned the Chinese medicine clinic. So I followed my uncle and went to the Chinese medicine clinic.

My oldest uncle, the Chinese medicine doctor, agreed to this plan. He said, "Yes, now that you are here, why don't you live in the clinic and help out by running errands?". The name of my uncle's Chinese medicine clinic was Dongchundang Herbal Medicine Shop, and it was located on a three-way intersection in a back alley slightly out of the pharmacy alley. The pharmacy alley streets were lined with herbal medicine wholesalers.

My oldest uncle was married to my aunt who lived in my hometown, but he also had two concubines. The eldest son he had with his first concubine (named Won) was living at the clinic at the time. Won was three years older than me and was attending Daegu Commercial High School. My uncle lived in a house next door with his second concubine who was called Andong lady. Won and I lived in the back of the clinic and cooked for ourselves in a small kitchen. My job at the clinic was to use the machine that cut the herbal medicine into convenient sizes for the patients. Sometimes, I was sent to buy medicinal materials. Once I became proficient at handling herbal medicinal materials, he taught me how to assemble the medicines using a small scale according to his prescriptions.

A new semester of school was approaching and I began to think about going to school. A few months after I started working for my uncle, I told my uncle about what I had longed for in my heart. I begged him to let me submit an application for admission to Daegu Commercial High School. I promised him that if he gave me the money for the entrance fee and the school fee for the first semester, I would earn money and pay the tuition fees from the following semester. Thanks to him, I entered as the 1st year student in the evening program of Daegu Commercial High School. By the time of the second semester, I didn't have enough money saved to pay the tuition as I promised my uncle. I wasn't able to find paying work due to my youth and the challenge of keeping up with schoolwork and helping out at the clinic. I was greatly troubled trying to find a way to earn money to pay the tuition.

Government Scholarship Student

One day while I was perusing the Daegu Daily Newspaper, an advertisement caught my eye. It was an advertisement recruiting government scholarship students. This is the answer I was seeking! I thought. When I read the contents more closely, I found out that the scholarship was for a 3-year high school program for training postal officials at the Ministry of Post and Telecommunications.

The name of the school was Postal Service High School. 100 spots were available in the communications department, 50 for the business department, 50 for the railway department, 50 for the mechanical engineering department, and 50 for the radio communication department. A total of 300 students were recruited. The advertisement indicated that there was no age limit but applicants must be male. Once admitted all tuition fees, dormitory living expenses and an allowance of 2,000 to 3,000 won per month will be covered. The graduates will be required to work at each agency under the Ministry of Post and Postal Service for three years.

I made up my mind that I must win this scholarship in order to continue with my studies. After telling my uncle about my decision, I left Daegu and went back to my hometown, Jakcheon, in order to concentrate on studying for the entrance exam in my other uncle's quiet farm. I prepared diligently for three months and passed the entrance exam at a testing center in downtown Daegu. Only after I passed the exam, I learned that the acceptance rate was 1 out 24. I had beaten an improbable odd to enter this government sponsored high school At the time, Korea was one of Asia's poorest country with a per capita income of 67 dollars. There were so many poor kids like me who wanted an education but couldn't afford the school fees. I felt very fortunate to be given this opportunity but also proud of myself for passing the exam.

National Chesin High School

The entrance ceremony was held in April 1953 at a temporary building in Namhang-dong, Busan. I studied there until August. In August, the provisional government of Korea returned to Seoul and our school was moved to a temporary building in Yeonji-dong, Jongro-gu, Seoul. The permanent building for the school was being used by the British troops as part of the UN forces. The school building in Yeonji-dong was a 3- story stone building and was undamaged during the war. Compared to the building I studied in Busan, the one in Seoul felt like a palace to me! We stayed in that building until my sophomore year and before the beginning of my junior year, the school moved to the main school building in Wonhyo-ro in 1955. I graduated from that building. My classmates and I were so proud to be graduating from this special school.

However, who would have guessed that the fate of our school would be doomed at the dawn of May 16, 1964! The military government, which came to power through a coup d'état, closed all schools other than general schools under the Ministry of Education. After establishing a policy of reorganization, the Minister of Post and Communications, Army Brigadier General Bae Deok-jin held a meeting of executives and recommended to the Ministry of Education that the Communication High School be closed. The school graduated their 9th class and closed forever and disappeared into history.

The Three Musketeers and First Love

I became best friends with my roommates, Ham Youngsoo, Park Heungseok. In the second year, the number of new students increased by 300 and the school established its own discipline department. My best friends and I were chosen to serve as disciplinary officers of our class and were given extra responsibilities. Our bond grew strong as we organized and participated in many extracurricular activities.

At that time, I excelled in academics and often finished first or second in our class. Youngsoo was a fine athlete in excellent physical shape with good leadership skills. Heungseok was popular among friends because he was handsome, easygoing, and sociable. We had different personalities and strengths but always stuck together, so our classmates called us the Three Musketeers.

There were about 30 days of summer vacation and winter vacation, but I had no place to go during those days. I could've gone back to my hometown, but I didn't think there was anyone who would be happy to see me. Anyway, I didn't have enough money to pay for the bus fare back home with the meager allowance from the scholarship fund. I spent my time alone in the dormitory during the first year. By the second year, I was a part of the Three Musketeers and Youngsoo invited me to come home with him and spend time with his family during the winter break.

Youngsoo's house was in Yangdeok-myeon, Gangwon-do. His house was L shaped with a tin roof and was located on a farm road about 150 meters away from the national highway. His single mother was living there with his older brother and his wife. His older brother farmed the family plot, and his sister-in-law took care of the household and supported her mother-in-law. She was a kind person and treated me well. If my being there for a long break bothered her, she never showed it. I was so grateful to her for welcoming me like a family member. Even though I was used to being an orphan by then, I must have craved the care of a loving family. I still remember her with fondness in my heart.

One morning during the vacation, I was feeling bored and went for a walk along the national highway. I noticed a pretty girl coming out of a corner shop. As she emerged from the store, our eyes met. At that moment, I felt my face heating up as I blushed. My heart started to pound and I felt electric current running through my body. This was a new experience for me. The young lady looked at me briefly with a flustered expression and then turned around and went right back into the store. Before disappearing into the store, she turned back once and glanced at me. I stared blankly at the door into which she disappeared for a long while, hoping she might emerge again. There was no more sign of her and I finally walked back to my friend's house.

I asked Youngsoo about the young lady and he said "I don't know. Let's ask my sister-in-law." When we found her to inquire about the young woman, she said, "That young lady's name is Myeongsoon Song. She graduated from middle school and is currently working as a nanny in the neighborhood kindergarten. "If you'd like to meet her, let's go to Yangduk Chapel evening service the day after tomorrow and I will introduce her to you." On Sunday evening at 8 p.m. Youngsoo, his-sister-in-law and I went to worship at the chapel. There were no chairs in the church, so everyone was sitting on the floor to worship. When I took off my shoes and went into the chapel, I realized that there was an aisle in the middle, and the room was divided by genders, women on the right and men on the left.

Myeongsoon Song was sitting next to the sister-in-law, a couple of rows ahead of me on the right. I recognized her and I could see that she recognized me too. This was the first time I was attending a Christian service but I had no interest in paying attention to what's going in the front of the room. I was just thrilled to see Myeongsoon and spend the whole hour glancing at her side and back.

When the service was over and we were standing outside, Youngsoo's sister-in-law pointed to the back alley behind the church and told me that Myeongsoon will be waiting for me there. As I approached the alley, I saw Myeongsoon standing alone on the quiet back road. The closer I got, I noticed that my heart beated louder and my breath quickened. I was so nervous and excited I don't remember what we talked about that evening at all. We walked along the back road along the hillside behind the village for a long time but didn't run into anyone.

While we were walking, a dusting of snow cover had settled on the ground and helped light the way. It was late December and was bone-chillingly cold. Being a poor scholarship student, I didn't own a warm winter coat and was wearing only my school uniform. Myeongsoon must have noticed me shivering. She silently took off her coat and slung it over my shoulders. After a bit, I felt less cold and put the coat back on her shoulders. We took turns putting the coat on the other's shoulders and kept strolling down the snowy road. We exchanged a pleasant conversation and before we knew it, it was 11 p.m. We parted reluctantly, promising to meet at 8 p.m. the next evening at an abandoned mill nearby.

When I made my way to the mill the next night, Myeongsoon was already there waiting for me. She seemed to know it well and found a old straw mat and put it against a wall. She remembered the cold night and brought a blanket along with some sweets and snacks. We continued our conversation while sitting under a warm blanket. My heart was thumping, sitting so close to pretty Myeongsoon. She smelled heavenly and I remember feeling at a loss not knowing what to do. Has she ever dated a man? Then at some point, I don't know who started it, but we found ourselves with our lips touching. It was rather an innocent experience but the sweetness of the moment has been embedded into my mind as an unforgettable memory.

I had to return to school the next day, so we promised to meet again during the upcoming spring break in March and said a tearful goodbye. Our school was a boy's academy and dating was prohibited by school rules. Hence exchanging love letters was impossible while living in the dormitory. Of course, we didn't have a telephone for our use, so we had no communications with each other. While counting the days until our next rendez-vous, I was just burning with my longing for Myeongsoon.

Spring break finally arrived. I put aside my shame and begged Youngsoo to take me home with him during the break. Teen age dating was frowned upon by towns people, so we had no choice but to meet at night. I begged Youngsoo's sister-in-law to act as a go-between and give Myeongsoon a message to meet me that night at 8 p.m. When we met that night, Myeongsoon took me to the kindergarten class where she was working as a helper. We spent the next two evenings in the classroom, hugging and kissing and telling each other how much we missed one another. She played the classroom organ and sang children's songs in her gentle voice. It was chilly in the classroom but we were so captivated by each other and didn't even notice. The crescent moon in the sky seemed to be peering at us.

On our last evening together, we were both so sad. I didn't know what I would be doing during the summer vacation, so we didn't know when we could see each other again. We didn't know what would happen to our first love. But still we didn't realize good bye we changed that night would be an eternal farewell.

For reasons I didn't understand, my fellow musketeers Heungseok and Ham Youngsoo dropped out of school and did not graduate with me. Ten years after that, when I was working as the president of a trading company called Ilsung Industrial Co. Ltd., Youngsoo came to me and asked for a job. I was able to help him by finding work at one of the subsidiary factories. I wondered if this gesture paid off the debt I owed him from my school days ...

Then one day out of the blue, Youngsoo asked me if I would like to meet Myeongsoon Song, who asked to see me. Is this really my first love whom I missed so dearly in my youth? However, I was a married man with a child by then and I didn't want to do anything to betray my beloved wife. I had to firmly refused this request.

Looking back on this memory, I feel sad that I so coldly refused Myeongsoon's request to meet me. But I am glad I stuck to my gut feeling and avoided any impropriety and hope that she's lived a happy life.

Part II

Early Adulthood

Army Officer and College Student

The reason why I so desperately want to enter the Communications High School as a scholarship student was because it was the only way for me to get a higher school education given my economic circumstances at the time. However, I am studying for the two years at the high school, I realized that most of the courses offered was in liberal arts subjects and most of the students went on to become postal officials after graduation. Even though I was excelling in studies at the school, I began to feel that being a government worker for the postal services was not what I wanted in life. Government work was predictable and offered job security but I felt it didn't suit my personality. I had an adventuresome spirit and wanted a degree that would open my future into many possibilities and allow me to choose my own path.

I resolved to study really hard and score well on the college entrance exam and enter Seoul National University. To achieve this goal, I made a new plan. I decided to ask my uncle who lived in Hakseok-dong, Seoul to let me stay with him while I study for the college entrance exam. He was finally persuaded and agreed that I could prepare for the exam in his house.

I started studying for the entrance exam in January of 1955. At the time, Korean language, English, mathematics, social science, and Korean history were compulsory subjects. I had been a top math student in my high school, so I didn't prepare much in math and concentrated on the other subjects. I had learned some English in middle school but English was not taught in my high school. Even though I worked hard in English, I wasn't making good progress. The most popular English reference book at the time was called Trinity and was over 3.5 centimeters thick. I read this book cover to cover at least three times. I definitely spent most time preparing for the English exam. After returning from school, I spent all my time studying until 3 a.m., except for a dinner break. I didn't even go out on weekends and dedicated myself to preparing for the college entrance exam.

The Korean proverb, "You will be struck by the ax you trust the most" was befitting in my case. The June test results were disappointing. I passed all other subjects except math. I believed in my ability to do well in math and neglected to prepare and my math test score disappointed me. With this result, my dream of entering Seoul National University was crushed. I learned a hard lesson of another Korean proverb, "Even a stone bridge should be tested twice before crossing."

My grades for the first semester of the third year plummeted because I spent all my time studying for the college entrance exam. My class ranking fell from 1st in the class to barely above average. I worked hard to earn better grades for the last semester and my grades were back to being in the top. After graduating I was assigned to Gyeonggi Telegraph and Telephone Construction Bureau under the Ministry of Post and Telecommunications. This was considered one of the best assignments given to top students.

Gyeonggi Telegraph and Telephone Construction Bureau

My fellow graduates congratulated me for the job as it was considered a plum assignment. However, as I had anticipated I didn't enjoy the life of civil service. I felt like I would be stuck doing the same job year in and year out and I wasn't excited to be working there. The senior staff seemed to take little interest in me and I didn't land any interesting assignments. I spent most of my time sitting at my desk day dreaming or reading unrelated books. Looking back now, it made sense that no senior staff took interest in me. What kind of boss would appreciate a new employee with such poor attitude?

I wasn't surprised when the manager called me about 6 months after I started working. He told me I had been transferred to the telephone office in Icheon, Gyeonggi-do next month to do dispatch work. This was an unfavorable move but since I had no intention of devoting my life to this work anyway, I went down to the Icheon office without any regrets.

In the Icheon Telephone Office, there was only one staff member named Jang Hyeon-soo, who had been an employee of the Telegraph and Telephone Construction Bureau for a long time. The older gentleman had been working in the office alone for a long time and welcomed me with open arms. In 1956, Korea's nationwide telephone system was just getting set up. Of course, there was no wireless service and even long-distance calls were unimaginable at the time. The main task of the office was to manage the telephone line from Seoul to Yeoju via the Icheon telephone exchange.

It was a very small office with minimal office furniture. I remember a desk, two chairs and not much else. The telephone in the office had a direct connection to the Seoul bureau of the Telegraph and Telephone Construction Bureau. One of the important tasks of line management was fixing the telephone wires when two lines became tangled or severed due to weather elements. The work was not difficult. My main responsibility was walking along the telephone lines to determine the trouble point. Line accidents did not happen often, so I had plenty of idle time at the office. Thinking back to that time I believe the manager in the Seoul office wanted to fire me but he couldn't find a sufficient cause. By sending me to an office in a rural town where one employee could handle the workload was his way of inducing me to quit on my own.

During the half year while working as a dispatch worker, I had a lot of time on my hands. So, I got the manager's permission to use the office to teach illiterate people in the surrounding area and started teaching reading Korean and basic math. The owner of the boarding house where I was staying helped me find men in their 30's and 40's who were born during the Japanese occupation and never had a chance to go to school. These men were grateful to be able to learn and often brought me food and fruit to show their appreciation.

Army Training Center

In November 1955, I was finally called up to enlist in the military. It was long anticipated but still a bit of a shock. On the faithful day, I shared a few glasses of soju with my old boss and left Icheon alone for the new recruits meeting point at Yongsan Train Station. The station was bustling with young men and their families saying tearful goodbyes. Since I was an orphan, it was bitter sweet that no one was there to see me off and I didn't have to feel sad about leaving.

Since the armistice had been signed in the recent past and war was fresh in everyone's mind, enlisting in the military felt like going to battlefield. Parents and siblings of enlisted soldiers were hugging and crying. Lovers were holding hands with tears in their eyes, reluctant to part from one another. It seemed like I was the only one with no one to say goodbye to so I got into the train car early and blankly stared out at the scenery outside the window.

While sitting on the rumbling train headed to the army training center in Nonsan, I felt like a gypsy with no home, lost in a vast desert, not knowing where to go. My situation was sad and hopeless but there was nothing I could do. I was carrying an English dictionary in my hands, so I spent my time on the train memorizing English words. Once at the base, someone shaved my head and led me to the admission area and I followed the procedure like a zombi. Thus, my life as a military trainee started.

What surprised me the most about the training camp in the beginning was the poor quality of food. We were all young men in our prime, needing protein to gain muscles but there was never any meat on the menu. Every day, we ate potato stew seasoned with salt or tasteless mung bean sprout soup with only kimchee as a side dish. A special treat was occasional stir-fried anchovies.

At that time, Lee Ki-bung of the Liberal Party had seized real power and was busy enriching himself and his cronies. Corruption was rampant at every level of government, from high-ranking officials to low level civil servants. I am sure the military was no exception. It's clear that the government allocated an appropriate budget for food necessary to maintain the health of the service members but bureaucracy and corruption at every level dipped into the pot. In the end there was just enough money left to provide only the bare minimum to the enlisted men. I arrived at this conclusion later, after serving as an army accounting officer and had a chance to study the military budget.

Army Infantry School

A few months into the training, I noticed various recruitment notices for officer course candidates posted on a bulletin board. Qualifications for entrance were high school education and passing the 6 months compulsory training course with no problems. By passing the entrance process, one can enter into a 4-year officer training program to become a second lieutenant.

I had been disappointed and irritated by the poor training process at the Nonsan Training Center and the living conditions for the trainees and was looking for a way out. The office program qualification exam was my only chance. If I passed the exam, I'd be transfer to the Army Infantry School in Gwangju, Jeollanam-do. I took the exam and passed easily and was admitted to the 125th Infantry School.

After entering infantry school, I became very popular in the officer training course. The curriculum of the infantry school was difficult and all officer candidates had to pass all required courses during the 3 months of the basic course in order to move to the assigned military unit. There was a strict school rule that if a trainee failed any part of the program, he would be expelled from the program and return to the Nonsan base. So, candidates with top grades gathered and decided that we wanted to help all the trainees in our class to successfully move onto the officer program. I was chosen as the leader of this group.

I suggested the following plan to improve the scores of all our classmates.

First plan - At the time, most of the written exams were true/false type questions. We decided that only the chosen 10 cadets with excellent grades would ask clarifying questions about the test items. If a question was raised about any of the test items, everyone was instructed to select TRUE as their answer. In order to delude the instructors, we made sure to take turns among the 10 chosen cadets as randomly as possible. This system raised the test scores of all the cadets in our class and everyone passed the program successfully for a time.

Second plan - It seemed that the instructors suspected our plan but they couldn't find any concrete evidence for what had been going on. In order to eliminate the need for questions, the instructors began reading the test items from beginning to end. So, I had to devise a new strategy. At the exam, the brightest cadets among us would sit in the front row and when the instructor reads the questions, they would tilt their heads to the right for TRUE answers and to the left for FALSE answers. This way the candidates in the back of the room would know what the answers should be to each test question.

Looking back now, I think the instructors noticed our scheme to some extent but overlooked it because they valued our good intention to help each other. Because of our schemes, the number of dropouts was reduced to just a few and most of us completed the training program. 125th was divided into the Accounting Division and the Ordnance Division and I chose the Accounting Division thinking that would help my future career after the military service. I moved to Yeongcheon, Gyeongsangbuk-do where the Army Accounting School was located.

Army Accounting School

At the Army Accounting School, I received 3 months of training in specialized subjects. Accounting officers were commissioned as second lieutenants. I competed in the program with the best score but was accused of being rude to one of the instructors for asking difficult questions. There was a deduction of points for that, so I ended up graduating in 2nd place. Some of the newly commissioned officers were assigned near the front and the rest, including myself, were assigned to the rear. There were 8 of us who were assigned to the 2nd Army Headquarters as accounting staff and we reported to the commanding officer together. After our initial salute, the commanding accounting officer said the following words. I still remember them vividly.

"Welcome to the 2nd Army Accounting Staff Department. Four of you were assigned under my command because of your excellent grades, and the other four were assigned by an order from my superior. Now, you tell me to which region you want to be assigned." Without hesitation, I requested Daegu, which is very close to my hometown and where the university I wanted to attend was located. As a result, I was assigned to the Army's 9th District Accounting Unit, located between the Yankee Market and Cheonggu University. In Daegu.

After a few months of working in the office, I became financially stable. I went to see my younger sister, Yoosun, whom I had not seen since escaping from his hometown. Finally, I was able to live with her under the same roof. After graduating from elementary school, my sister had been living with one of my uncle, being treated more like a maid than a family member. Shortly afterwards, my older brother also joined us and for the first time since our mother's death, us three siblings were finally able to live together. It felt so good to be united with my siblings after years of hardship.

Cheonggu University

After about a year, I was transferred to the 227th Transport Unit's Accounting Division and started working at the Transport Unit located near Daegu International Airport. After a few months, while talking with Sergeant Cho Yeong-gil about his family, I found out that his uncle was an administrator at Pohang Fisheries Junior College. A sudden flash of inspiration passed through my brain. This is an opportunity to make up for the delay in entering college for more than 2 years due to military service!

At that time, under the Liberal Party government, military discipline as well as academic administration were in terrible disarray. Except for national universities or elite private universities, colleges were accepting any high school graduates with a small bribe. One day, after work, I invited Yeong-gil to dinner and explained my current situation. I wanted to transfer to Cheonggu University as a third-year student, so I begged my friend to ask his uncle to get me a fake diploma and transcripts from the 2-year junior college. I sent him down to Pohang for a week's vacation to talk to his uncle. After a week of anxious waiting, Sgt. Cho returned with a graduation certificate and a transcript bearing my name!

February of that year, I submitted my diploma and transcript from Pohang Fisheries Junior College to Cheonggu University and was able to register as a 3rd year student in the Department of Commerce starting in March. Because I was an accounting officer and was not under the direct control of the Transportation Department, I had flexibility in my schedule, so there was no problem with attending classes. Despite the fact I skipped the first 2 years of college, with hard work, I was able to finish all 3rd year subjects without problems.

During the 4th year, I ran into a problem. My fake transcript didn't show any math class credits, so I needed to pass a 2nd year math course in order to graduate. I didn't have time to take this course in addition to all my other classes, so I planned on taking a exam to bypass the requirement. I was agonizing over this issue when I found out that my cousin, Lee Moosae was a 2nd year student at the same university. I asked to find someone whose taking a 2nd year math course to borrow his notes. After a few days, he came to see me with a set of neatly written notes for the math class. After studying these notes, I was able to pass the exam. Returning the math notes, I asked Moosae to introduce me to the owner of the notes. I wanted to thank him properly for helping me. He told me that the notes belonged to a girl from a village next to our hometown and that she's a distant relative. This peaked my interest and I was ever more eager to meet her.

College Student Lee Namsook

One day, my cousin told me that he will bring the owner of the math notes to meet me. He told me to wait in front of the school gate after classes around 10 p.m. the following evening. I was so curious about the girl and was looking forward to the meeting. I thought about how her notes were neat and well organized. But of course, I never dreamed that this girl would become my wife and be by my side for the rest of my life.

The next night a little before 10 o'clock, I was nervously pacing in front of the school gate. My cousin appeared with the young lady, and I peered at her intensely while trying to appear nonchalant. Under the dim street light, I couldn't see much detail but I could tell she was slender and moderately tall, almost as tall as I was. My cousin said, "Cousin, this young lady is my relative who lent you her notebook and her name Lee Namsook." Then he turned to her and said, "This is my cousin Sangsoo." He said to both of us, "The two of you are also distant relatives from nearby hometowns. Please take good care of each other," and then walked away disappearing into the night. Namsook just lowered his head slightly without saying anything. She appeared shy.

I thanked her sincerely for lending me her notes. I told her that I am so grateful for her help. I graduated on time because of her well-organized math notes. That is why I wanted to meet and express my gratitude personally. I asked her to go to a coffee shop, so we could talk. Namsook replied that she had never been to a coffee shop and was concerned that her parents will be worried if she didn't go home on time. It was past 10:00 p.m. and I thought that it made sense she was in a rush to get home. I asked her where she lived, and she said Namsan-dong neighborhood.

I thought this was a good sign for us. I was living in a rented room in the same neighborhood, so I said let's go together and got on the bus to Namsan-dong. There was quite a few people on the bus and we couldn't talk freely. As we sat quietly next to each other, I tried to observe Namsook's appearance. My first impression was that she was beautiful. I also got the impression that she was kind and gentle and would make a good wife. We got off at the same stop and Namsook was still quiet. I told her that I'd like to meet her again and treat her to a dinner but received no reply. Our first meeting on bus ended uneventfully but I told myself not to rush or force things. I wished her a good night and walked home.

The next evening, I waited for Namsook at the same place, and rode the bus to our neighborhood together again. Namsook was silent through the bus ride and the walk home. Other than asking her if she had a good night, I didn't say anything either. I wanted to ask her out for a date but didn't find the right time. We kept this routine for four days. On the fourth day, Namsook asked me why I kept following her around, as if it wasn't obvious. Anyway, this was my chance, so I worked up the courage and asked her to go out with me. "Please meet me at a coffee shop on Sunday and have lunch with me." Either because she was tired of me following her home every night or curious about me, she nodded yes.

Back then, I went to school in my military uniform because I went there straight from the base. For our first date, I took care getting dressed in my only suit, making sure my hair was styled well. Namsook was looking very pretty, dressed in a comely outfit. She looked a little surprised to see me. I must have looked quite different dressed in civilian clothing.

At the time, Namsook's family consisted of her parents, a grandmother, two brothers and two sisters. Her oldest brother looked a lot like her father and was tall and handsome. I learned that he was a no-goodnik who was hanging out with hoodlums and chased skirts. Namsook was the third daughter, who was kind and intelligent. Steeped in Confucius ideals, her parents opposed her getting a college education. She was working during the day at a sales office to earn school fees and attending college at night.

Namsook and I were distant relatives, so we talked about her family circumstances. I told about my deceased father who had been a doctor and about my grandfather who had been a scholar. However, I never mentioned that I and my three siblings were orphaned at young ages. Perhaps I fear that such information would be a hinderance to continuing our relationship. We continued to see each other regularly and our feelings for each other grew stronger. We started talking about marriage. My initial impression of Namsook turned out to be accurate and she was a sweet and gentle person. I became convinced that she will be a wonderful wife and mother and that I could build a good life with her. I thought her kind nature would have a positive effect on my rather harsh personality. We made some wonderful memories visiting Dongchon Amusement Park in Daegu and beaches of Pohang City. In Pohang, I met her sister and brother-in-law. At the time, I was 28-year-old and Namsook was 24, good ages for marriage. I started making concrete plans to marry Namsook..

In those days, people looked down on orphans and assumed that they didn't receive a good home education. I feared that Namsook's parents would not give their permission for her to marry me because of that. I schemed that the best way was for us to become one with each other physically. Namsook's good friend and my best friend at the time, Sim Choong-hyo, Namsook and I discussed going away for an overnight trip to Unmunsa Temple in Cheongdo-gun, Gyeongsangbuk-do. One day in early fall, we took a bus down to Cheongdong and took two rooms at a cozy inn near the temple. We went out to a nice restaurant near the temple and ate and drank. We were all in a good mood.

I decided that this was going to be my golden opportunity. I asked Namsook to take a walk with me along a pretty path near the temple. Since all our friends knew that we were dating seriously, they pushed Namsook towards me and encouraged her to go with me. It felt wonderful to walk hand in hand with my beloved on a tree lined country road along the babbling brook. The bright fall moon was shining down on the brightly colored mountain and stream and the fresh early autumn breeze was rustling Namsook's hair. There was only the sound of crickets chirping and her hand clasped in mine felt warm. My heart was beating fast from excitement. After walking for a while, I saw a wide flat rock near the stream hidden from the path.

The two of us sat on the rock and talked and then I opened my heart. I said to Namsook, "I think the only way for us to get marriage approval from your parents is to become one body today and have a physical marriage first." Our love, which started with a kiss, gradually matured and that night, Namsook became my forever person. What a blessed evening it was!

Our family was born on that night, as I learned later that our eldest daughter, Christine, was conceived then. That beautiful evening's encounter heralded a lifetime of a loving marriage.

Trade Business

From an officer to a businessman

After being commissioned as a second lieutenant for 4 years, I was placed in the 5th District Accounting Center under the command of Brigadier General Lee Kyudong. He was serving as the chief accounting officer of the Army. It turned out that he came from my hometown area and was a not-so-distant relative and he took an interest in me. On New Year's Day, I went to his house to bow and pay my respect and was introduced to Lieutenant Chun Doo-Hwan. We shook hands and exchanged pleasantries.

At that time, Lieutenant Chun Doo-Hwan was General Lee's exclusive aide-de-camp and living in the same house. He had fallen for the general's only daughter who was a 2nd year student at Ewha Women's University and was courting her. Lieutenant Chun Doo-Hwan was a graduate of the first class of the Korean Academy of Military Science. General Lee recognized that Lieutenant Chun was a leader among the military school graduates and approved of him dating his only daughter. Chun Doo-Hwan is a historical figure, who served as the President of the 5th Republic of Korea from 1980 to 1988 after the death of President Park Chung-Hee.

March 2, 1961, I graduated from Cheonggu University with a business degree. At the graduation ceremony, my older brother, younger sister, best friends, Choi Jongseok, Shim Chunghyo, Lee Hongse and my fiancée, Namsook attended as guests. After the ceremony, a modest graduation celebration was held at a well-known restaurant in the city.

In April 1961 I was assigned to 5th District Accounting Unit in Uijeongbu and I found a boarding house in Dobong-dong, Seoul. I was in charge of supervising and managing all soldiers in the unit after duty. One night after checking the premises of the base, I retired to the sleeping quarters and went to bed. Early the next morning, around 5:00 am, the staff sergeant urgently knocked on my door. Rubbing my eyes, I opened the door and asked what the fuss was about. He told me to turn on the radio right away. As soon as I turned on the radio the Revolutionary Pledge was announced, along with the news that the Revolutionary Army seized the government and established a revolutionary government and instituted martial law. They asked the citizens to stay calm and obey the rules laid out by the new government. According to the report of the base guards, around 2 or 3 am, armed soldiers and vehicles drove along the national road and moved south to Seoul. Perhaps it was the 2nd Division unit from the frontline. The main unit of the Revolutionary Army was led by Major General Ro Tae-woo.

It was a successful revolution led by Major General Park Chung-Hee, the head of the revolutionary forces. Major General Park took over as the chairman of the Supreme Council for National Reconstruction, the highest office of the government, and began to rule the country. When the revolutionary government seized real power, and began operating the government, it rooted out widespread government corruption of the time. Each agency, as well as each military branch, started to clean up internal corruption. Therefore, thorough audits were conducted on units suspected of the most serious corruption. As a result, many army accountants who committed egregious frauds were discharged or imprisoned. Even Kim Saengwon, our first-class junior Lieutenant was sentenced to death for a serious crime.

At the time of commission, I had high grades on the entrance exam and had good reviews from superior officers and was excluded from any sort of punishment. Looking back, while serving in the 227th Transport Unit I did receive some money and gifts from merchants. However, these were not enough to be considered bribes, merely introductory gifts. I regarded myself as honest and upright, so when I received a few dollars from the merchants, I went to Daegu to buy drinks for my friends. I never enriched myself with money. The revolutionary government gradually reached a period of stability, and I was getting near the end of my military assignment. I also achieved my goal of getting a college education and I began thinking about life after military service.

At the time, due to the corruption investigations under the revolutionary government, the number of army accountants were significantly reduced. I knew it would be almost impossible to obtain discharge permission. I even considered defective health as a reason for dismissal and consulted a few military physicians. Since I was in excellent health, they said it was not possible. So, I gave up on this method and asked a classmate at the Accounting Staff Department of the Army Headquarters for assistance. He said that due to the extreme shortage of accountants in the army, there was nothing he could do to help me. Instead, he introduced me to his boss and told me to ask him for help.

After thinking things over, I decided to consult with a superior officer, Captain Choi. I went to a famous tailor shop in Myeong-dong and bought a gift certificate for man's suits. Captain Choi knew that I was an accountant officer who was related to Brigadier General Lee Gyu-dong. I met him at a coffee shop one evening and explained my situation, describing in detail how faithfully I served over 4 years as an officer and begged him to let me transfer to the reserve service. As we parted I handed him an envelope containing the gift certificate. As we ended the meeting, he implied that there was a way to apply for discharge and be transferred to the reserve service. He told me to be patient and wait a few weeks. Good news might come my way.

I was heartened by this meeting and began a job search in earnest. I knew a distant uncle from my hometown, Lee Jun-seok, who made a lot of money working in textile business in Daegu and moved to the Muhakseong building in Chungmuro, Seoul. He owned a trade business, Mulsan Co., Ltd. and was engaged in import and export business. I regularly visited him on New Year's Day and paid my respects, so he knew that I made my own way to get a college education and was serving as an army officer, despite becoming an orphan at a young age.

I visited him at work one day and explained my current situation and implored him to give me a job once I obtained my discharge papers. He asked if I could take charge of his company's accounting with the experience I've had. I told him I studied double-entry bookkeeping in college and served as an accounting manager of the transport unit for more than 3 years and I was ready for accounting work at his company. After considering for a while, he said that the head of the accounting department gave notice recently and will leave the company at the end of the year. He asked if I was confident that I could lead the accounting department starting in the new year. In my mind, I cried out "What great timing! I can't believe my luck!" Outwardly, I answered him calmly that I felt confident I could do the job. I told him that I was still waiting for the discharge papers and I will come back to confirm everything once I received the paperwork.

A week later, around the end of November, Captain Choi asked to meet at a coffee shop in Galwol-dong that the evening. After finishing the day's work, I went to the coffee shop with a fluttering heart. Captain Choi greeted me with a smile and said "Congratulations Lieutenant Lee. Your discharge application has been processed." This was truly an event worthy of celebration! On the one hand, I was delighted, and on the other hand, I was surprised, and curious as to how I had received the discharge papers, so I asked him for details. He said that the Superintendent of Accounts reviewed a mountain of documents daily. Usually, Captain Choi arranged the most important documents that need to be reviewed carefully at the top and unimportant documents near the bottom. In my case, he put my application near the bottom and the superintendent approved it without reading it.

I officially received the discharge papers on December 15. I heard from my fellow officers that when the news of my discharge reached the main accounting staff department office, there was quite a brouhaha. I heard that the staff lamented, "How could we give Lieutenant Sang-Soo permission to leave when there is a dire shortage of accounting officers?!?" But my application had appropriate signatures and there was nothing they could do. I believed that my connection to Brigadier General Lee became known and my case was terminated without further issues.

The very next day, I went to see Lee Jun-seok and told him that I had been officially discharged and could start working in January. He asks me to start on December 20th, so that I can learn the business from my predecessor who will resign at the end of the year. It was customary to wait about 2 weeks after being discharged since the formal process could take about that much time. I decided to ignore this rule and reported for duty in civilian suit on December 20th and began learning about import/export business.

At the beginning of the year, I got a day off and went to see Namsook. Since Namsook was about 2 months pregnant, we planned a wedding in January. We then met with my future mother-in-law and discussed the situation. I had visited her the previous fall after Namsook and I had physical relations, and explained the situation and begged her permission to marry Namsook at the beginning of the year. She knew about my situation from stories Namsook had told her. She knew I was an orphan and made my own way in the world but I think she understood that I came from a good family lineage. She approved of our desire to get married. I told her that I would choose the wedding date after consulting with my boss for a good time to take some days off from work and returned to Seoul.

As a brand-new employee, it was difficult to ask for many days off. After mulling over for a while, I chose March 1st as our wedding date. March 1st is a Korean national holiday and it fell on a Wednesday that year. So, I thought if I just asked for 2 days off, I could have 5 days for the wedding. I thought I wasn't in a position to ask for longer vacation to go on a honeymoon, so I gave up the idea of a honeymoon. After apologizing to my boss for the forwardness of the request, I asked for 2 days off for the wedding. He said that it's a once in a lifetime occasion and that I should take more time off, but I said since we are not planning a honeymoon, 5 days was sufficient.

After work on February 28th, I told my boss that I was leaving for the wedding. He so kindly gave me a bonus and said to use it for the wedding. It was a considerable sum, so it covered the cost of the wedding and then some. I arrived in Daegu at 10:30 p.m. and was met by Namsook and my younger sister Yoo Sunyi at Daegu Station. I went to Namook's house, greeted my parents-in-law, and checked the details for the wedding next day. I asked about the wedding dress and Namsook said she chose a hanbok, a Korean traditional dress. I surmised that she made that choice because she is starting to show.

The wedding was scheduled for noon at a wedding hall in Daegu. In the morning, Namsook went to do her bridal makeup, and I had a bath and a haircut, which was long overdue due to my busy schedule. The wedding was attended by a large number of guests, including family members from both sides and Namsook's and my friends. After the ceremony, lunch was served at a restaurant attached to the wedding hall. After the wedding, since we were not going on a honeymoon, I invited my friends to Namsook's house, drank and played until late in the evening, and Namsook and I spent the first night at a famous hotel in Daegu. On March 4th, Namsook and I moved into a rented room near Namsan Mountain. The location was close to my office. The landlady was a kind lady and I felt comfortable leaving my new bride alone when I went to the office.

The company I worked for imported textile and exported textile products. Main imported textile were newly invented chemical fibers, nylon and polyester. They were light-weight and durable and could produce more varied colors and patterns, compared to natural fibers like cotton and linen. Therefore, they were popular with consumers.

In addition, the revolutionary government led by Park Chung-hee began an export-first policy for economic development and started to support trading companies. The Park regime's export policy was successful, and I believe it led to Korea eventually becoming a major exporting country. The total exports in 1961 were about $40 million and the total amount of exports in 2021 was $ 1.2 trillion. It is not an exaggeration to say that Korea's economic development today is in part due to President Park Chung-Hee's export-first policy.

While I was working as the head of the accounting department I had another encounter with Chun Doo-Hwan. He came to meet with the CEO of my company one day. Since we had met once before at Brigadier General Lee's house, we shook hands cordially. At this time, he was working as the Civil Affairs Secretary to the Supreme Council in Park Chung-Hee's government. After the meeting, my boss asked me to hand an envelope full of cash to General Chun. I had not an inkling that he would one day become the president of 5th Republic of Korea after President Park's assassination. Thinking back to this incident, I realize once again how unpredictable life is.

While working as the head of the accounting department, I did my best to learn the trading business, especially the export side. I often took home trading documents and studied them. I took English classes on the weekends. I realized accounting work is back-office business and I firmly resolved to one day run my own export company. I wanted to obtain economic stability, so that I could give my children proper education and not suffer through poverty as I had.

Lady Luck came for me one day. I had been working at the company for three years when the head of trade department, Cheol, Soojang, decided to leave the company to join Dongkuk Steel as a managing director. I thought that this was my golden opportunity, so told the boss that I would like to apply for the position of the head of trade. He knew that I had been working hard to learn the trading side of the company's business. He also realized that it was difficult to find competent executives, so readily agreed to promote me as the head of the trade department. Once promoted, I learned the business of the trade department and quickly became comfortable in the position. Our company's exports increased and the company grew accordingly.

Samgi Mulsan Corporation

Samgi opened new markets in Southeast Asia such as Malaysia, Thailand and Singapore and export grew steadily. At the time, there were two subsidiaries under Samgi Corporation. One was a silk weaving factory called Iga Textile and was run by the older brother of the company president. The second one was controlled by the younger brother, Lee Kwang-Seok, and it manufactured tricot textile, Rashel, which is produced by a German weaving machine. The tricot was a knitted textile used mainly for lady's fashion. At one point, it gained sensational popularity in the women's clothing world because of its colorful patterns and cool texture. As the business grew, my boss handed over the ownership of the two factories to his brothers. In the process a property dispute arose, especially with his younger brother and their relationship became strained to the point that they were no longer on speaking terms.

One day Lee Kwang-Seok called me and asked to meet, so we met at a coffee shop in Myeong-dong .He told me that the tricot fabric was no longer in fashion in Korea and he couldn't sell the textile he produced and his factory amassed a large inventory. He knew that Samgi had secured many customers in various countries in Southeast Asia. He asked me to sell his inventory to foreign customers without letting his brother know. I think he didn't trust that he would get a fair payment if he went through his brother due to their strained relationship.

I had received a large amount of tricot fabric orders from foreign customers, but our company didn't have enough fabric to fulfill the orders. In my judgement, carrying out the younger brother's request to sell the inventory would benefit both companies, since Samgi could keep our customers happy and Lee Kwang-Seok will make a profit selling his inventory. I thought this was beneficial for my boss's family's economic situation, so I told him that I'd help him sell his inventory.

Using the name of my friend's company I was able to complete the transaction and sell most of the inventory for Lee Kwang Seok. I handed over the proceeds minus a small export agency fee. At the time, in order to increase exports, the Korean government instituted a policy where a company can import raw materials up to 80% tax free. I used the receipts from exporting the textile for Lee Kwan-Seok and imported nylon fiber from Japan and sold them on the market. I was able to make a tidy profit from this transaction.

Shortly after I completed all the transactions, the president of our company found out about the export agency I created. I came clean and told him about the trades I conducted on his brother's behalf. I thought I helped his family, so didn't hide anything. However, I can see that it looks quite different from my boss's perspective. First, the fact that I was doing outside business during company working hours could be seen as kind of a betrayal. Secondly, I think he was in the process of excluding his younger brother from the subsidiary due to discord and by selling the inventory I prevented him from doing so. Thirdly, he guessed that I profited considerably as a result of my import/export scheme.

He told me that since he valued me as an employee he thought long and hard about how to handle the situation. I told him that I was fully prepared to resign as long as he found a suitable successor. Leaving Samgi was the first step in laying the foundation for entering the trading industry on my own. In the 5 1/2 years of working at Samgi I had gained a lot of experience in import export business.

Trade Business Round 2

Birth of Our First Child

Shortly after I joined Samgi Mulsan, on June 13, as I was leaving the house in the morning, my wife told me that she had a little pain in the abdomen. I told her to call me when the pains became more regular and left. Around 11 o'clock, she called to tell me that the labor pains were worsening, and we should go to the hospital and I rushed home in a taxi. When I got home, the landlady told me that the birth was imminent and that I should hurry. I carried Namsook on my back and ran to find a taxi. In the taxi, Namsook said she could feel the baby's head about to come out. Once at St. Mary's hospital, the nurses rushed Namsook into the delivery room and the baby was born in less than an hour. The obstetrician came out of the birthing room to tell me that both the mother and the newborn were doing well but the baby was about 2 months premature. He said that the baby had to be kept in an incubator until she gained more weight. I called my mother-in-law in Daegu with the good news and asked her to come to Seoul to take care of Namsook while I was at work. Thankfully, she replied she could come up the following day.

My mother-in-law owned a clothing business in Seomun Market in Daegu but she had just sold her business and was in the midst of looking for a new store. The timing was fortuitous for us. I went to pick her up from Seoul Train Station and brought her to our house. When she saw Namsook but no baby, she asked "What happened to the baby?" I told her that she was premature and had to stay in the hospital for a while.

A few days later, when Namsook was able to move about more comfortably, she took her mother to the hospital to see the baby. When my mother-in-law saw the newborn in the incubator, she stared at her for a while and said "The baby looks unwell. I think she will die if we leave her here. Let's take her home right now." At her urging, we insisted on taking the baby home. Once home, Namsook bathed and fed the baby breast milk. Overnight, her coloring improved. After the discharge, I named the child Lee In-Hye. In Chinese characters, in means generous and Hey means wise. We called her Bell because her face was round and charming like a sleigh bell. To this day my wife and I call her bell despite the fact that she just celebrated Hwangab (60th birthday celebration). In-Hye grew up healthy and smart and became a physician and fulfilled my father's legacy that I could not, due to many obstacles in my life. She is a treasure of our family and takes care of our family's health.

Moving Jongam Apartment

Six months before resigning from Samgi Mulsan Corporation, we moved into an apartment complex called Jongam Apartments. The apartment complex was located near the main gate of Korea University. It was the first apartment building constructed in Seoul and was frequently used as movie and TV drama sets. I remember many incidents when residents gathered to make a big fuss when movie or TV stars came to shoot scenes at the complex.

We had a first birthday celebration for our eldest son, Junno shortly after the move. By then we had two daughters, and I was feeling anxious to have a son. When Junno was born, not only Namsook and I, but my older brother who lived in Daegu was also overjoyed. At that time, he had two daughters and no son. I think he was planning to adopt Junno so that he could carry on our family name for him since he was the eldest son. Fortunately, he had a son of his own, so we didn't have to face that situation.

Ilsung Industrial Corporation

After leaving Samgi, I made up my mind to establish a trading company that I had always dreamed of and started laying the groundwork. I rented a small office on the second floor of a tailor shop in Chungmuro 2-ga and decided that the company name was to be Ilsung Industrial Co., Ltd. I visited some of the contacts I had established working for Samgi and was able to sign contracts for textile products for the new company, Ilsung Co. I returned home with a letter of credit in the amount of about $70,000.

At the time, in order to conduct trading, the company needed to be registered under the Ministry of Commerce and Industry. I was able to complete the trade registration with the line of credit I secured. The money I earned through export and import deals I executed with my old boss's younger brother became the seed money for Ilsung. With the trade registration completed, I hired employees and began conducting business. The business grew steadily, and the company began to make profits. Two people who were instrumental in the company's early success were Lee Seok-lee and Lee Sookja and even after 55 years, I still think of them fondly.

Lee Seok-lee was a distant relative and came from the town next to my hometown. He graduated from the prestigious Seoul National University. He was about 5 years younger than me. After graduating from college, he was preparing to pursue further studies in the United States, but due to financial problems and his uncle's involvement with leftists, he was about to give up his dream of studying abroad. His father knew that I was looking for employees and came to visit me asking for a job for his son. I thought it was a good chance for me to hire a smart young man with excellent educational credentials and immediately agreed. With his good command of English, his brilliant brain and sincerity, he made key contributions to the development of my company and then moved onto a larger corporation. Even after his departure, we kept up with one another and our strong friendship continues to this day. We get together every time Seok-lee comes to visit his son in New York, and I also visited him in Korea. Every time we get together, we play golf and share meals and talk about old times.

After we immigrated to America, Seok-lee's only son, Lee Seong-Won, came to study in American as a middle school student. I was able to help him by taking him to New Hampshire to interview at a boarding school. Eventually Seong-Won graduated from Carnegie Mellon University and settled in the States. He started a consulting company and achieved financial success. He now lives in New York City with his wife and a daughter.

Lee Sookja was my wife's younger sister. She graduated from an all-girls commercial high school and was working for an accounting company. I asked her to work for me and hired her as my very first employee. Once she joined my company, she very competently handled all office management related work, from buying office supplies and furniture to all other necessary details for a start-up. She was an invaluable employee and helped me greatly.

My sister-in-law married a nice young man, who worked for Hyundai Construction in September 1968. By then, the company was developing smoothly. Despite the convention at the time for a young woman to give up her career after getting married, she continued to work for me and was promoted to the head of the accounting department. She continued to work until the business closed in 1977. I am grateful to Sookja for her dedication and hard work and helping the company get off the ground and continuing to work till the end.

Ilsung continued to run smoothly exporting textiles for five years but trouble started when the price of imported nylon and polyester thread skyrocketed. Accordingly, the manufacturing cost went up cutting into profit margin. The business soon became unsustainable. After doing some market research, I found out that wigs and a specialty wallpaper called Galpo was very popular in the U.S. market and decided to try that market.

In order to start a new line of business, I hired two people; Kim Jong-ho, a graduate of Yonsei University who is 5 years older than me and Shim Jeong-Soo, an elderly man in his early 60s, who was an expert in Galpo wallpaper. Despite the fact that I had no knowledge of wallpaper production, trusting the expertise of these two gentlemen, I began to build a factory to produce Galpo wallpaper. Back then, I had no idea that I would bitterly regret this decision.

While Ilsung corporation was successful, I made some real estate acquisitions. At the time, President Park Chung-Hee and the chairman of Hyundai Corporation, Chung Ju-Yung, formed a joint venture and constructed a highway system in Seoul and the development of the Gangnam area was in full swing. I purchased 1/2-acre lot near the Seocho Interchange on the Gyeongbu Expressway, and four months later, I jointly purchased a 2-acre lot in Cheonho-dong with my friend Choi Sang-ho.

Choi Sang-ho and I met and became friends in the first year of Daegu Commercial High School. After I transferred to the National Postal Service High School, we lost touch. Some years later, I found out he was working at the Bank of Korea, and we met again and became drinking buddies. We even worked together at Samgi Mulsan Trading company for a while. He often came over to our house to eat meals cooked by my wife. When we pooled our money and bought the 2-acre lot together, he trusted me enough to register the ownership in my name.

While starting the Galpo wallpaper business, I used the land collateral for a bank loan and when the company went bankrupt and failed to make the loan payments, the bank foreclosed on the property. Even though half of the land belonged to Sang-ho, he comforted me without saying an unkind word. Many years later, after learning that I was going to immigrate to the United States, he invited me to the Royal Golf Course in Uijeongbu. I golfed unexpectedly well that day and shot a 72, which was 8 strokes less than my handicap of 8 at the time and it remains an unforgettable memory of my life.

Ten years after immigrating to the U.S., we became financially stable and Namsook and I visited to Korean. I tried my best to find my friend and the only information I heard was that his family emigrated to the West Coast to join his wife's family. It is one of regrets in my life that I never reunited with my friend who treated me so kindly when I was at a low point in my life. If only I had put up only half of the property as collateral, his half wouldn't have been foreclosed upon. I regret this mistake to this day.

With conversion into Galpo wallpaper export business ending up in failure, I suffered a lot of heartache and lost all the money and the real estate I amassed during the profitable years but I learned a lesson to never make this type of mistake again. I want to emphasize that even though I failed twice in my endeavors up to that point, it was not due to my misjudgment but due to other people's failings. Financially, I lost all the profits earned throughout 4 profitable years of Ilsung and the real estate I purchased. However, since I started with nothing, and I ended with nothings I considered it no big loss.

Manufacturing and Transportation Companies

After closing Ilsung and clearing all debts, there was not much money left in hand. My family had grown up with two girls and two boys. I was very concerned about supporting a family of six. I thought I could get a decent job with my accounting and trading experiences, but I resolved to succeed on my own terms as a self-made man. I decided to start another business. After thinking about it for a few weeks, I sold the Jongam apartment and got a three-bedroom rental space in a remote area in Jongam-dong. I wandered around for several months looking for a new business and decided to get into the transportation business, as it requires a small start-up capital. I reached out to my contacts and was promised by some presidents of trading companies I knew well that I can take over transporting import and export goods.

I signed a lease on a warehouse space with a small office in Ssanglim-dong, Jung-gu, and registered the new company as Daeyang Transportation Corporation.I rented 3 transport trucks, hired 3 drivers and 1 clerk, and opened the business. Company operations were running smoothly from the start, but the industry itself was a low margin business, and so it was barely staying afloat. Then one day, Mr. Lee Jung-doo, the managing director of Icheon Mulsan Company and owner of the Ssanglim warehouse, came to the warehouse for inspection and we ran into each other. He was surprised to see me and asked what the chairman of Ilsung Industries was doing here.

I invited him into our office and told him everything and after thinking about it for a while, he said that he understood the situation and he would contact me later. At the time, Icheon Mulsan was a successful trading company from Jeollanam-do, with an excellent reputation for its strong financial strength and good trading performance. Managing Director Jung-Doo Lee, who is 3 years older than me, was a graduate of Seoul National University and owned a significant amount of stock in the company. A few days later, I received a call inviting me to visit his office.

While explaining about the operation of Ssanglim Warehouse, he suggested that the current manager of Ssanglim Warehouse was irresponsible and was managing the facility poorly. He was causing Lee Jung-Doo a headache. He suggested that I take over the management of the entire warehouse. While conducting my transportation company out of the warehouse, I had a chance to observe the lax management by the current manager and thought that if I operated it, I would be able to earn much more profits. I immediately accepted his offer. As I expected, profits increased.

A few years later, when Lee Jung-Doo established a trading company called LM Co, he asked me for an investment. At that time my financial situation had improved, so I invested some of my surplus funds and I was listed as a non-executive auditor of the new company. After that, LM Co., Ltd. grew rapidly and the exports increased to 2 million dollars a year, but for some reasons unknown to me, his company went bankrupt. A few years after we immigrated, his family came to the U.S., and we were reunited in New York. At the time, I was in a stable situation as a clothing retailer, so I tried in various ways to help him settle in the New York area, but it was regrettable that my assistance did not end up helping them. Both he and his wife came from a well-to-do family and they were not ready for a hard-knock life of immigrants. After a few failed business attempts, he and his wife returned to Korea to live with one of his daughters, who had married a doctor. I found out that he suffered a heart attack and passed away 2 years after returning to Korea. I remember our friendship and wish him peace.

Going back to my life story, for two years, I successfully operated the transport business and managed the warehouse and was able to save a modest sum of money.

Sampoong Industrial Co., Ltd.

One day in 1974, I was watching TV in our bedroom. The first TV released at the time was small, set in a cabinet with four attached legs. Because of its small screen size, it was not comfortable to watch in a large living room so most people watched their TV's in the main bedroom. Sitting on a hard floor, I just couldn't get comfortable watching TV. Leaning on the wall, my butt hurt. Sitting in the middle of the room, my back was aching. I couldn't bring the sofa into the bedroom. I thought about inventing something for people to sit on in their bedrooms. On the market, there was a product called three tier futons, which was made of thick sponge covered in upholstery material. This futon was made in 3 sections which tri-folded for storage and could be opened up for sleeping.

The new product I created was modeled after the 3-tiered futon but it had 5 sections and could be folded in such a way as to create a sofa for sitting. It was a very convenient and flexible furniture that can be used as a bed or sofa and then folded away when not in use. I manufactured some pieces as a prototype and gave them away to relatives and employees and the responses from them were very positive. So, I decided to apply for a patent at the Korean Intellectual Property Office right away. In order to apply for a utility model patent, I went to a famous patent attorney and asked him to apply for a patent using Sampoong 5 Tier Futon as the business name of the new product that I crated. While waiting for the patent, I produced more prototypes and placed them in a bedding shop in Dongdaemun Market and started selling them. I received a report that it was sold out in less than a week, even though it was much more expensive than the existing product, the 3-tier Futon.

Planning for mass production of the Sampoong 5 Tier Futon, I found for a good factory space in a building with parking spaces and signed a contract to start occupying in 3 months' time. The patent attorney assured me that by that time, I will receive a decision on the utility model patent for the Sampoong 5 Tier Futon. Now with Sampoong Industry started, the time had come to give up the operation of Daeyang Transportation and Ssanglim Warehouse management. I met with Lee Jung-doo and explained the situation and earnestly asked him to find the right person to take over the warehouse management within 3 months and received his consent. In order to close the transportation business, I only needed to notify the customers to end the contract in three months' time and sell the trucks. I kept two trucks to be used by Sampoong Industrial.

Moving into the factory in Changsin-dong on May 1, 1974, Sampoong Industrial Co., Ltd. began production in earnest. Fortunately, we received a utility model patent for the Sampoong 5 Tier Futon in April. My confidence grew as if my sail had caught favorable wind. Repairs and painting of the office space and the factory interior was completed and 20 industrial sewing machines, upholstery fabric for covers, and custom-made interior sponge plates were purchased. 20 seamstresses and tailors were hired along with 3 sales/transportation staff. I decided to take care of financials myself to start.

The production and sales went smoothly and the popularity of the Sampoong 5 Tier Futon gradually increased. We quickly expanded the production department. After just half a year, I had enough money to buy my own car and moved to a bigger stone house in Dongsomun-dong. After establishing authorized dealers in each market in Seoul, we decided to advertise extensively in order to expand the market to a nationwide scale. I hired an actress and model, Kim Changsook. We ran a nationwide advertisement campaign featuring Changsook seated on the 5-tier futon and sales volume increased significantly.

Sales performance increased smoothly for about a year and suddenly, here and there, copycat models started to flood the market at lower prices and affected our sales performance. Anticipating this situation, I had obtained a utility model patent. If you make and sell a product of the same design without the consent of the patent holder, the patent law can be applied for criminal punishment and civil compensation. With this in mind, I had established a good relationship with an officer who dealt with patent-related matters in Seoul Metropolitan Police Department.

Once the counterfeit shop was reported, the location was identified, and the patent officer visited the shop to check the counterfeit. After showing the utility model patent certificate of the Sampoong 5 Tier Futon, the store owner was issued a warning that manufacturing or selling counterfeit goods will result in legal punishment. Afterwards, the policeman received a written oath promising to accept any legal punishment if they manufactured or sold counterfeit products again and the stock of counterfeit products was confiscated. Since most store owners who were caught selling counterfeit goods were ignorant of the patent law, once the law was explained, they usually stopped selling the products. After several months of chasing down the counterfeit sellers, the market stabilized, and sales went back up to the previous level and business developed as planned.

My older brother Lee Hong! I'd like to look back and think about my relationship with my older brother, the eldest of three orphaned siblings. Around the time I left my hometown to go to Daegu and then moved on to Postal Service High School in Seoul, my older brother also left our hometown, Jakcheon, and went to Daegu without a plan. At that time, our great aunt and her household also moved to Daegu.

Our great aunt's son was working as a general secretary at a high school in Dague and my brother stayed with his family for a short time. After enduring many hardships, Hong settled down in Daegue with a steady job. After I settled in Daegu as an army officer, I brought my younger sister to Dague. She had been living in one of my uncle's concubine's households, working like a maid. I found a beauty school for her to attend and learn a skill. I then looked for my brother and found that he was settled in a one room rental and doing well. He told me that he managed to earn middle and high school diplomas by attending night schools.

That night, the two of us drank soju together, looking back on the difficult times of the past. We made a promise to each other that no matter what we do, we must work hard to build an economic foundation so that our future children will be educated without suffering the difficulties we had. Our hearts ached that our younger sister Sun-Yi grew up in such a difficult situation and she had only finished elementary school education. Now that she's about to pass the marriageable age, we must do our best to help her find a husband as soon as possible. Then, after a few months, my brother found a suitable husband for our younger sister. He was my older brother's classmate from elementary school. Although he worked as a laborer in a factory, he was kind and had a strong worth ethic. Our sister married my brother's friend soon after their initial meeting, so our worries about her were alleviated. A few years later, my older brother also married a woman whom he had been dating for a while. She was tall, pretty and had a friendly and outgoing personality. I liked her very much.

After I founded Sampoong Industry the sales of 5 Tier Futons increased, I invited my older brother to come to Seoul to inspect the production and sales situation and then to review the distribution possibility for an exclusive dealership in Daegu. I wanted to help my brother build a better economic foundation so that he could live well and educate his children. I don't remember what kind of business my brother was doing at the time, but he agreed to start as soon as he returned home, as he had enough money saved to start a dealership.

For almost 5 years, my older brother operated the Sampoong 5 Tier Futon dealership, built a considerable economic foundation, bought a nice house, and lived a stable life. After that, the business became sluggish due to the 5 Tier Futon patent disputes, so I transferred the Sampoong industry to my cousin Lee Yoon, who was the manager of the factory and started other businesses.

After our family moved to the United States, my brother and his family lived happily with two daughters and a son. However, one year during the Chusuk holiday, my brother and his wife went back to our hometown to pay respect at our parents' grave. On the way back, they were involved in a head-on collision. Tragically, my sister-in-law died, and my brother was gravely injured. It breaks my heart that I was unable to attend her funeral because I was in the middle of applying for permanent residency at the time.

A few years after that, my brother remarried and he wanted to visit America with his new wife, so I sent him plane tickets. My daughters were in college at the time, so after seeing Niagara Falls and visiting our cousin, Lee Young-Hyung in Toronto, we drove to Northampton, Massachusetts and visited our oldest, Inhye at Smith College. We also went to Boston to visit our second daughter, Youngjoo, who was attending MIT. He was very proud of his nieces for doing so well in the U.S. He stayed with us for about 10 days and then flew to LA for a few more days before returning to Korea. I had no idea that this would be the last time I'd see my brother.

My older brother returned to Korea and died of a chronic illness five years later, just before his 60th birthday. It seems like yesterday that I went to Korea to hold a funeral for my brother, but 30 years have since passed. Fortunately, my nieces and nephew are doing well. His eldest daughter, Kyungah, and her husband run a restaurant in Japan. The second daughter Hyeonjeong, and her husband are oriental medicine doctors, and they own a well-known Oriental medicine clinic in Daegu. His son, Jeongmin, operates a successful import business. Rest in peace, my brother!

Returning to the main topic, after several months of persuasion and conciliation to clear up counterfeit sellers, the market calmed down, sales increased smoothly, and my wealth increased as well. My workload also increased, so I invited my cousin who attended Koryung Middle School with me to run our factory as the manager. At the recommendation of Lee Jung-Doo, who has been mentioned above, I started playing golf, and the two years passed smoothly while enjoying golf on the weekends.

Patent Disputes

The good days didn't last forever. One day, one of my dealers in Namdaemun Market complained about another store selling large quantities of counterfeit products in the same market. The next day, accompanied by a policeman, I confronted the owner of the counterfeit store and demanded that he stop selling the counterfeits. I threatened that what he is doing is illegal and that I will sue him, and he may be arrested as a result. He didn't seem at all concerned and told me to go ahead and sue.

After sending several warning letters in accordance with the legal procedure, I filed a criminal complaint and applied for an arrest warrant, but unexpectedly, the court ruled against it. After digging for information, I found out that the owner's brother was working for the secret service. In fact, he was assigned as a bodyguard to the president Park Chung Hee's daughter, Geunhye. I suspected that he had some political connections for acting so brazenly. My lawyer continued with the lawsuit and the case was put before a judge. The opposing lawyer's assertion was that a similar product was being produced in Japan before I applied for my patent and argued that my patent was invalid.

The case was held up in court for a few months. The more pressing matter was not the case being tried. The media covered the trial and reported that the counterfeit products were being sold at low prices with impunity. As a result, the company sales plunged and prices fell, causing financial difficulties. There is a Korean saying, "Dead money eats living money." As days went by, deficits kept mounting. After much consideration, I decided to step away from the company. After drastically reducing manpower and expenses to avoid further losses, I transferred the company to my cousin, who was in charge of the factory and resigned as president of Sampoong Industrial Co., Ltd., which had been successful for more than four years.

Business Transition and the Second Ordeal

After handing over what remained of the Sampoong industry to my cousin, I thought long and hard about what do to next. After about 6 months, I still had not come up with a viable idea. In the meantime, I met with Kwon Dong-man, who was a president of Daedong Leather Company that produced leather clothing and products and explained my situation. At his invitation, I visited his leather clothing factory located in Jangwi-dong. After touring the factory, Mr. Kwon told me that his factory produces a lot of scrap pieces after sewing leather clothing. He suggested that I open a factory to sew the scraps together to produce clothing and accessories. He said he could sell me the leather scraps at a low price. He then took me to a factory where 30 seamstresses were busy producing leather products with scraps. I liked the leather patch garments and bags and thought it was a good business idea. I met with Mr. Kwon again and discussed the specific terms of the contract.

I decided to start with a modest scale, so found an small warehouse building in Jongam-dong and rented it for six months. I then hired about 10 employees and started producing prototypes. I managed to hire 2 skilled workmen, so the factory produced finished products in no time. I presented the products to Daedong Leather's CEO, who agreed that the products were a success. After six months at the small factory, I leased a bigger space in Jangwi-dong and expanded production to full-scale. I worked hard for a year and three months and golfed every weekend. The factory was running smoothly and income was rising accordingly. However, at some point, Mr. Kwon started to delay the payment of the finished products. When I called him asking for payment, he said there was a problem with the export and asked for more time. I heard through other channels that the popularity of patch products was plummeting in the US. Despite the fact that I was not getting paid for the products delivered, I had to pay the wages of the factory employees on time. I kept running the factory hoping that the export situation would improve.

Then one day, terrible news like thunder from a clear blue sky reached me. Finally, Daedong Leather had gone bankrupt. All of our factory's liquid funds were frozen and there was little hope of recovering them. Moreover, Daedong Leather's president, Kwon Dong-man was reported to have fled abroad, so I became distraught. After much deliberation, I had no choice but to shut down the plant, notify the employees of the temporary shutdown and go into business closure procedures. The employees sensed that the factory was about to close and demanded wages through their representative, threatening to protest if payment was not made immediately.

After reminding them that I had always paid wages promptly and explaining the situation of the company, I promised to pay in a few days and sent them home. Since it was half a month's salary, I was able to retain the amount. I gave the money to the factory accountant to pay the wages and went away for a week to Gyeryongsan Resort to clear my head. I will recount the important decision I made during my stay later. Since I left without leaving my destination and contact information to anyone, when I returned, a dire situation awaited me.

When I returned home from Gyeryongsan, my wife ran out to meet and told me to go to an inn nearby. I waited for news at the neighborhood inn and Namsook came to visit me late at night and told me about the situation at the factory. The money I left with the accountant, Lee Seongjoon, was never paid to the workers. Lee left town with the money under the cover of night. This caused a commotion at the factory and the workers involved at the government labor office. An arrest warrant for me was issued and the officers were out looking for me.

Lee Seongjoon is a distant relative so I had trusted him with the money. He was not married and had no family, so it was impossible to find him. I decided to stay at the inn until the matter was resolved. I met with the general manager at a coffee shop to discuss how to deal with the situation. I instructed the manager to meet with the employee representatives and explain the situation and promised them to pay the full amount as soon as I can obtain the funds. I then went to the machine shop where I bought the machines, met with the owner, negotiated the price and sold the machines. With the cash I received for selling the machines I paid the remaining wages and obtained a signed receipt. The next day,

I went to the labor office with the payment receipt and was able to have the arrest warrant was cancelled. It took a few days to dispose of the remaining inventory and equipment at low prices and completed the factory closing procedure.

I thought deeply about the success and failure in business since I started my own business 10 years ago. First, I concluded that I did not have a good temperament for a businessman. Looking back on my journey, the path I've taken since becoming an orphan at the age of 12 was not chosen because I deeply desired it, but because I did my best to overcome the harsh reality that faced me. If I had the choice to do what I wanted to do, I would've chosen to be a surgeon. I had a good head on my shoulders and manual dexterity to be a good surgeon. I believe I could have been a famous surgeon.

Entrepreneurs must have a completely different set of skills and desires. First, you must love money but that's not me. I never thought of becoming very rich. Second, entrepreneurs put amassing wealth as their top priority but that's not me. Third, you must be well-versed in detailed business plans and economic conditions and that's not me. Fourth, my point of view is not aligned with those of successful businessmen. For all these reasons, I am not cut out to be a good entrepreneur.

Part III

Immigrating to the United States

Gyeryongsan Determination

I went to Gyeryong Mountain for a few days to have time to think about the future. Having no place to go or no one to see, I spent my time walking along the hiking trails. Once I reached the top, I sat down at a spot with a good view and pondered the future of my family. I thought for a long time, but it was not easy to come to a conclusion. While I was enjoying the scenery unfolding before me, I mentally listed the challenges facing me and my family in the order of importance.

First is the educational problem. We had two middle schoolers and two elementary school children. They were all good students competing for first or second place in their class. No matter what happens, I must make sure they attend top universities and spare them from the hardships I suffered. Second was golf. I learned to play golf four years prior and became a good golfer very quickly. My handicap at the time was 7 and I liked to play golf very much. I know I have to work hard but wanted to continue playing golf. Third was a car. I had owned a car for the past ten years and I didn't want to think about living without one.

With these challenges laid before me, I agonized over how to achieve my goals and finally came to the conclusion. "Yes. This is it! We must immigrate to America!" I felt that this was the goal I must achieve at this point in my life. I have been through trials a few times in my life, but not once did I feel despair or wanted to escape from reality.

My personality is akin to a briar tree that sprouts from the hard soil, endures severe weather, and blooms with beautiful flowers. I will definitely go to America with my whole family and make my humble dream come true. Promising to myself to make this dream a reality, I descended the mountain, prepared to return home and left Gyeryongsan.

Decision to Imigrate to America

After returning from Mt. Gyeryong, I started the process of figuring out how to immigrate to America. I invested in a company called LM Co., Ltd, and had been serving as a board member. I met with the president of LM corporation, Lee Jungdoo and explained my situation. I earnestly asked him to appointment me as the head of the New York branch of LM in name only, so that I can obtain a visa and move to America with my family. He readily agreed to my request. In return, I offered to keep my investment in the company until the day LM was ready to return it.

I prepared all the documents thoroughly and applied for a visa for me and my family at the U.S. Embassy. After the visa interview, I received the E1 visa without any additional conditions. After receiving the visa, I started preparing for emigration to the United States. Nominally, I was going to the United States to work as the head of an overseas branch but in reality, I was planning to obtain a permanent residency and settle in America with my family. My intention to live in the United States was a secret known only to me and my family. If the U.S. embassy had known my true intentions, I am sure my visa requested would've been denied.

First, I had to sell the house. There was a mortgage on the house and a second loan as well, so selling the house did not net very much cash. When I tried to sell my car, the driver who had been working for me for several years was quite sad and asked me to take him to America as well. I told him that it was impossible now but will try to invite him once I set down roots in the U.S.

Once I settled everything, I had a little more than $10,000 in my possession. After buying 6 airline tickets, I converted the rest into a guaranteed check from Korea Exchange Bank. I decided to go to the U.S. first and find and set up a place to live and have my family join me a couple of months later. I gave some money to my wife to use for household expenses in the meantime. For the remaining two months, my family moved into my sister-in-law's house.

Settling in America Part 1

There is a well-known saying in ancient Chinese history, which means that the mother of a famous philosopher, Mencius, moved three times for the purposes of furthering his education.

I ended up moving my family three times, but I am not sure that it was all for my children's education. However, things worked out well and our four children grew up to be good people with fine educations. It makes me proud that people often tell me how they admire our family. Our oldest, Christine, who was in 8th grade when we immigrated, attended Smith College, which is one of the best women's colleges in the country. She then moved to New York State Medical School and became a doctor. Our second daughter, Jessica, graduated from MIT and earned a PhD from Columbia University. Our oldest son, Junno, graduated from Columbia College with dual degrees in Math and Philosophy. Our youngest, Jae, graduated from Dartmouth College and Fordham Law School.

First Move: 145-3634 Avenue, Flushing N.Y.

On April 12, 1977, I boarded a Korean Airplane bound for the United States. All of my family members obtained visas, but I was left alone to find and set up a place to live for my family. When I got off in LA, I stayed with a relative for a night and then moved to a hotel. I rented a car and traveled around LA for sightseeing and checking out business opportunities. Final destination was New York but I wanted to explore L.A. just in case. I arrived in New York a week later. In New York, I had a friend named Kim Sejin, who had worked in the trade department at Samgi Corporation while I was working there as an executive. He had settled in New York two years prior.

Sejin came to meet me at the airport, and we had dinner at his apartment in Flushing. I stayed at a hotel nearby until I found an apartment. A Korean broker helped me find an apartment in a 3-story house. The owner of the building operated a TV repair shop on Union Street and occupied the 2nd floor. I ordered furniture from a furniture store in Flushing Main Street but changed my mind and canceled it. I thought I shouldn't be wasting money on new furniture while living in a small, rented apartment. I purchased second-hand furniture, which I found through a local newspaper but bedding and pillows, I bought new. I waited for my family to arrive before buying tableware and cooking pots.

The rest of my family arrived on June 4, 1977. At that time, there were no direct flights from Seoul to New York, so my family had to change planes in L.A. They told me about the harrowing experience they had at LAX airport. Since no one in the family spoke English, they couldn't figure out where to go to connect to the domestic flight. In addition, they had to carry all the heavy bags through the tarmac to make the connection. It was rather a tight connection, and my wife told me that everyone had to run as fast as they could. She had packed a jar of gochujang and she dropped the bag containing the jar and the red sauce splattered all over the tarmac. I can only imagine how distressed she must have been, running through the airport with four kids in tow while dragging heavy bags... Thankfully, a kind flight attendant from Korean Air made sure my family was on the right path and watched them heading toward the next plane.

Once we unpacked and my family got over jet lag, I urgently visited the children's schools and prepared to enroll in them. At that time, I had very little knowledge about the school system in the United States and didn't know anyone who could advise me. I needed to find a middle school and an elementary school in our area. The top priority was to make them study English diligently and be able to understand and speak English. I wasn't so concerned about my second daughter and the younger sons, but I was a bit worried about my oldest, Christine, who was about to finish 8th grade. She only had four years before she would go to college. I felt it was imperative for her to go to a top college to set a good example for her younger siblings.

Christin's Korean name is Inhye. It was so sad to see Inhye, who had always been an excellent student in Korea, struggling to read English textbooks. When I tried to read her English textbooks, there were dozens of words that I didn't know on just one page. I could imagine how stressful it was for Christine to try to settle in a new country while learning a new language. In the meantime, I learned more about the educational system in Flushing. It was just an okay school district.

Another problem with where I settled my family was the building owner's wife. She was a nurse who worked night shift and slept during the day. Once summer arrived just a few weeks after my family arrived, my four children played near the building or in the apartment. Sometimes, the two boys can be boisterous and made noise while playing. They were often scolded by the wife, and they asked me to move to a different apartment.

At that time, I was opening a clothing retailer in downtown Manhattan, and a salesman who came to the store heard about my situation and told me that Jersey City is close to downtown and maybe a good place to live. One night after work, I went to Jersey City and found a two-bedroom apartment with a dining room that can be curtained off to create another room. I rushed to sign the contract because the rent was lower than Flushing in what I thought was an okay neighborhood where white people lived. Two days later, I rented a small truck to save money on moving, loaded it, and I drove the truck to Jersey City.

Second Move: Duncan Avenue Jersey City NJ.

The day after moving in, I took my wife to the store and returned home to figure out the children's school issue. When I came to Jersey City to sign the apartment lease after closing the store, it was already dark, so I didn't have a chance to look around. I moved in thinking it was a white neighborhood, believing the words of the realtor. However, when I visited Lincoln High School, where my daughter, Inhye, was assigned to attend, I noticed many students loitering in front of the school. Some had long hair, some were smoking secretly, and some boys and girls were making out. Inhye was just learning to speak English and she was also small in stature, and I didn't think she could last in a tough school like Lincoln High School.

That day I stayed up all night worrying. I heard about a Catholic school not far away, so I visited the school the next day, but the tuition was too burdensome for us. The conclusion I came to was to live in Jersey City for one year until the lease ended and do some research and then move to an area with a good school system. There was an K-8th grade school near our apartment, so I settled the three younger kids there.

I then visited Dickinson High School in the neighboring school district for Inhye. I found out that the school was mostly white students and had a good reputation. So, I went to the school without an appointment and met with the admissions officer and asked her to help me register my daughter into this school. I explained that my daughter was not good at English because we just moved from Korea. Perhaps because he felt sorry for my situation, the admissions officer discussed it with the principal and told me that he would let her register if I obtained permission from the district office of education. The next day, on the way to the store, I went to the Jersey City Office of Education on the fifth floor of the building next to Holland Tunnel, explained the situation, and wrote a petition asking for permission to enroll my daughter at Dickinson High School. At first, he refused, saying that there was no precedent for such action. However, I visited every morning before going to the store and on the fifth day, he said, "I'll allow your daughter to register at Dickenson High School if you get the principal's approval." I went straight to the school, got the principal's approval, submitted it to the education office, and finally obtained permission to enroll Inhey in Dickinson High School. My second daughter, Youngjoo, graduated from the neighborhood K-8th school, enrolled in Lincoln High School for the fall of 9th grade and then transferred to Dickinson High School for the spring semester.

Third Move: 110-30 64 Road, Forest Hills NY

We lived in Jersey City for a year and four months. In the meantime, I learned a lot about the education system and educational environment in the United States and I was determined to send all my children to Ivy League Universities somehow. I searched for the best middle and high school in Queens and found out that it was Forest Hills. One Saturday afternoon I left the shop with my wife and went to Forest Hills to look for a house. While driving around Forest Hills High School, I met a young Korean man at the intersection of 110th street and 64th road. After greeting each other, I told him that I was looking for a place to live around here.

The person I met that day was Kim Yang-Ju, who worked at the Korean Embassy. He said he lived nearby and pointed to his house. He explained that the entire block of 2-bedroom row houses was owned by a company. He said that they can be used as a three-bed room because there was a basement. He proceeded to show me the inside of his house. I thought the small row house was suitable for our family of six, so I went to the management office and requested a unit. The office manager told me that a unit would be available in a month, so I paid $500 for deposit. A month later, we moved in. The house was four blocks from Forest Hills High School, three blocks from the middle school and a reasonable commuting distance to my shop. It appeared to be middle to working class mostly white neighborhood. After renting this house for more than 10 years, I purchased it when it was converted to a condo. All in all, my wife and I lived there for 28 years until I bought my current house in 2007. While we lived in the Forest Hills house, all my four children were accepted to top universities, so I have thought of this house fondly to this day.

Mustell Fashion Inc.

For three months after moving to the U.S., I searched for a suitable business. I worked part-time at a Korean vegetable/grocery store and found that it was physically too taxing for me at my age. I thought the clothing business may suit my temperament and interest. I heard that a man named Lee Soochul, who was a clothing wholesaler was looking for a partner to open a retail store. I went to see him at his office on 36th Street in Manhattan. I found out he was two years younger than me and was from Daegu. I liked him immediately and thought he was a reliable person.

Soochul had accumulated a lot of inventory while operating his wholesale business. We decided that I will invest cash and he will invest inventory of equal value. We decided that we will be co-owners with me as the president with 51% interest and he will be a silent partner. Soochul thought that we should look for a store near Orchard Street in Lower East Side of Manhattan. After some searching, we found a store whose owner was considering closing the shop and took over the store without paying key money on the condition that we would buy out the inventory.

At this point, I would like to express my gratitude and respect for my wife Nam-sook, who has contributed greatly to our family achieving economic stability and the education of our four children.

While I spent months in vain looking for a suitable business, without hesitation, she found a job at a sewing factory and learned to use an industrial sewing machine. When we lived in Korea, she had been a housewife with a full-time housekeeper. Now she was living in a foreign country where she had no family or friends. But without ever complaining she went to work at the sewing factory, cooked, cleaned, and took care of the children and me. When Junno started attending Bronx Science High School, she got up at the crack of dawn to make breakfast for him and then she got on a crowded subway to Manhattan. She worked all day, hunched over the sewing machine, took a crowded subway back home. When she came back home, she cooked dinner and cleaned the house. Through this though time, she never once complained and did all this with a smile on her face. She sacrificed a lot for our family with unfailing dedication and for that I am truly grateful. When I think back now, I regret not helping her with cooking and cleaning because I was immersed in old fashioned Korean customs and thought that a man didn't belong in the kitchen. Now at age 88, I am making amends because I am cooking all three meals for me and my wife due to my wife's failing health.

Now I'd like to tell you about a Chinese proverb that goes something like this. A farmer and his son had a beloved horse which helped the family make a living. One day, the horse ran away and their neighbor exclaimed, "Your horse ran away, what terrible luck!" The farmer replied, "Maybe so, maybe not. We shall see." A few days later, the horse returned home, leading a few wild mares back to the farm with him. "What great luck!" said the neighbor. The farmer replied, "Maybe so, maybe not. We shall see." Later that week, the farmer's son was trying to break in one of the mares and she threw him to the ground, breaking his leg. The neighbor cried, "Your son broke his leg. What terrible luck!" The farmer replied, "Maybe so, maybe not. We shall see." A few weeks later, imperial soldiers came to recruit all abled-bodied men. They did not take the farmer's son because of his broken leg. The neighbor shouted, "Your son has been spared! What tremendous luck!" The farmer replied, "Maybe so, maybe not. We shall see." The moral of the story is no event in and of itself can be judged good or bad, or lucky or unlucky. Only time will tell. So, we should not despair too much or be overjoyed when things happen but be moderate in response to the up and downs of life.

My clothing store on Rivington Street became profitable after a few years so I rented a small store kitty cornered to my store and opened Lee Sportswear. I asked my wife to quit her job at the sewing factory and work as the proprietor of the small shop. I sent an employee from the Rivington Street store to help her with the business. It wasn't very profitable but netted enough money to cover the labor cost. I was glad my wife didn't have to work at a sewing factory anymore.

About 2 1/2 years after opening Mustell Fashion in Rivington Street, the profitability increased and Soochul asked to terminate the partnership. I was in a position to buy him out, so I ended our business relationship by paying him his investment in the store in full and distributing that year's profit. At around the same time, I hired a lawyer and applied for permanent residency and 8 months later, my family obtained green cards.

After 4 1/2 years, we saved up enough money to open a clothing store on Orchard Street. Orchard Street was a well-known retail area, where most of the stores were owned by Jewish merchants. It had a unique atmosphere, especially on Sundays because the street became pedestrian only and the contents of most stores spilled out onto the sidewalks. Often salesmen, standing outside their stores, called out to passers-by, "Come in! Check it out!" Department stores in New York City were prohibited from operating on Sundays due to "Blue Law" enacted during the 19th Century. The Jewish merchants closed the stores on Saturdays to keep the sabbath and opened on Sundays instead. This is one of the reasons why Orchard Street became a well-known shopping destination. Even though Rivington Street was quite close to Orchard Street, it never got the same amount of pedestrian traffic and I've longed for an opportunity to open a shop on Orchard Street. I got my opportunity when a gentleman I knew from golf approached me. He told me he was looking to transfer the lease on his store on Orchard Street with good terms. I trusted him, so I agreed, and the deal proceeded smoothly. A few months later, I opened Starlight Fashion on Orchard Street.

Starlight Fashions: 184 Orchard Street, New York NY.

The location of the new store was excellent and it attracted so many more customers than Mustell Fashions. I was selling mostly bargain items at the Rivington Street store but I stocked the new store with higher-priced items. At the time, leather clothing was very popular, so I filled the store with lots of leather jackets. There was mezzanine in the back of the store above the storage area and the bathroom, so I used it as my office. Because the street became a pedestrian mall during the weekends, it attracted large crowds every weekend. At times, the store became so crowded and despite the fact we had 3-4 salespeople working, we had a hard time controlling shoplifting. So, I decided to stand in the mezzanine and watch for shoplifters. Customers could look up and see me watching, so I think this practice discouraged most shoplifters from stealing from my store. On Sundays, Junno and Jae who were in middle and high school at the time, came to the store to watch for the potential shop lifters.

As the store became more profitable, I decided to buy another car. I played golf every Wednesday and, on those days, my wife had to take the subway to and from the store. It wasn't easy to commute that way. I felt bad for making her take the subway while I drove the car to go golfing. The Orchard store was busy on weekends and relatively free during the week, so when I wasn't golfing or didn't go out to conduct other business, my wife was able to take a day off here and there. She rested or did housework on those days. We were making good profits at the store and so we achieved a measure of economic stability. I thought it was time for my wife to learn to play golf as well, so we started going to the practice range together whenever we had some time. My wife asked that after we save some money, we should find a business that closes on Sundays, so I started thinking about new possibilities.

Greed brings misfortune. One day neatly dressed, middle aged white man came into the store and asked to see the owner. When I said that I was the owner, he greeted me politely and handed me a business card. The name of a ship and the captain's name was printed on it. He then asked for a quiet place to talk, so I led him to my office on the mezzanine. The captain took out a gold-colored object out of his briefcase. He then said, "I know I shouldn't do this as a captain, but I needed a lot of money for a family emergence, so I smuggled a considerable amount of gold from an Arab port. If you can pay me cash, I could sell it for half of the market price." I was intrigued and asked, "how do I know if this is pure gold?" The captain replied, "I'll leave these 100 grams with you, and you can take it anywhere and have it tested. I will come back in 2 days to collect it."

After closing the store that day, I went to see Mrs. Park, who owned a jewelry store on 32nd Street. I told her the whole story and asked her to evaluate the nugget. I spent the night thinking about the lump of gold. My mind gradually shifted to thinking that this might be a once-in-a-lifetime lucky opportunity. Mrs. Park called the following day and told me that the yellow nugget was 100% pure gold according to her evaluation. The captain's trusting behavior of leaving the gold piece with me without any receipt convinced me that I should buy as much gold as with the cash I have on hand. I planned to ask Mrs. Park to sell the gold for me. After work, I went to Mrs. Park's store to pick up the sample gold nugget and asked her if she was interested in buying some gold as well and she said she wanted to. The next day, Mrs. Park called me again and asked how much gold I was planning to buy. I said I was ready to spend $80,000 and she said she will buy $20,000 worth and added that she wanted to be there in person to check the gold. I felt reassured by this suggestion.

At 11 o'clock the following day, the captain came back as promised and asked if I had checked the authenticity. When I said yes, he asked how much I would be willing to buy, so I replied I would buy $100,000 worth. He said that he would bring all the gold he had when he came back at 5 o'clock. If I wanted to he would sell all of it to me at half of the market price. I called Mrs. Park and asked her to prepare the money and scale and come to the store by 4:30 and to find out the day's market price of gold. Mrs. Park brought everything on time. At 5 o'clock the captain and a helper brought a box-shaped leather bag and the four of us went up to my office. When they opened the leather bag, it contained a small pile of gold lump the same size as the sample he had dropped off. Mrs. Park examined the gold pile against the sample gold lump one by one. The color, size and weight were the same. After checking the market price of gold for the day, the gold equivalent to $100,000 was put on a scale. I paid the captain the cash we had prepared. We smiled, shook hands and concluded the deal. They said they were leaving New York port at 9 a.m. the following day and they would definitely drop by next time they were in New York to say hello. They even bought some leather jackets from me and left. Mrs. Park and I split gold in a ratio of 8 to 2 and Mrs. Park went back to her shop with her share of the gold. My wife, who had been watching this situation and I returned home with a bag of gold to celebrate the success of the day's transaction. The next morning, I got a call from Mrs. Park who said, "All the gold we bought yesterday was fake!"

It's all fake! How can such a bolt of lightening from the blue sky be possible! Mrs. Park said she was completely deceived yesterday because the bricks were plated with pure gold on top but underneath was worthless metal designed to weigh the same as gold. At first, I couldn't help but be devastated that my foolish greed caused such financial damage and also hurt someone else. But what do I do? Most likely, the crooks already left the U.S. on a night flight. After a day or two of reflection, I came to the conclusion that I was not meant to have that money. It could've been the tax that I evaded paying while running my business for more than a decade. Also, my children's private college tuition for year must cost at least $200,000, but we received financial aid and scholarships and were paying only a small fraction. The money that has already been left in my hands is not my money. I thought about the parable of the farmer and the horse and promised to forget about it completely.

Anyway, I offered Mrs. Park the single lump of pure gold that I received as a sample because she lost a considerable amount of money because of my foolishness. Mrs. Park refused, saying that she was also responsible for being deceived but I forced her to take it. After this incident, business developed smoothly, and I was able to save more money. When the apartment where we lived was converted to a condo, I purchased it for about $180,000, and we did some renovations and the house felt like a new house.

My wife had started attending a Korean church at the behest of my daughter, Inhye. She was baptized at Flushing First Methodist Church. We attended the 8 a.m. service and then we headed to the store immediately after. After a while, I was baptized as well at the recommendation of Pastor Lee Seunghoon. As my wife's faith deepened, she demanded more insistently that we find a business that closed on Sundays. As it was, Orchard Street was declining as a shopping destination and so was the business at our shop. We began looking for a new business and my wife liked a small organic vitamin and grocery store in Bayridge, Brooklyn. We signed a contract and then began liquidating inventories of Starlight Fashion and closed the shop after 13 years of clothing retail business.

Settling in America Part II

Children's education

Eldest Daughter, Inhye (Christine)

When my oldest daughter Inhye (Christine) attended school in Korea, she never missed scoring in the top of her class in elementary and middle schools. When we moved to America, she lost 1/2 year of schooling because of misalignment in school year between American school system and Korean system. In Korea the new academic year begins in March whereas it starts in September in America. I felt confident that once she learned English, she will do well in school. After attending Dickinson High School for a year, she transferred to Forest Hills High School as a 10th grader.

I tried to focus on creating a good studying environment at home but in my zeal to see them enter good colleges, I think I put undue pressure on them. I remember asking them to write 20 English words a day in a notebook, find the definitions and memorize them. I often tested them after I got home from work. I insisted that they score high every semester and often get angry at them if they slipped even a tiny bit. My daughters, who immigrated as teenagers, were obedient and didn't try to defy my rules but I had a tougher time with my sons. They were both attending high schools and had part times jobs in New York City and often wanted to stay out late on weekends. Sometimes the tension ran high in our home due to our conflicting ideas about how teenagers should behave.

Christine did well at Forest Hills High School and received good scores on the SAT and TOEFL and was accepted at her first-choice school, Smith College. When we first moved to the U.S., she met a Korean American student who was attending Smith College and she made a very positive impression on Christine. Ever since then she wanted to go to Smith. Smith College is one of the prestigious Seven Sister schools and we were proud of her. I also believe that if we had immigrated a year or two earlier, she would have been accepted at even more prestigious schools. After graduating from Smith, she went to New York State Medical School and became a physician, fulfilling her grandmother's dream that I could not fulfill. Now she lives her life as a doctor, as my father wanted before his life was cut short. When she was choosing her specialty I advised her, "I hope you realize that your role as wife and mother is more important than your job. So, choose a specialty that doesn't demand so much of your time. She chose internal medicine.

Second Daughter, Youngjoo (Jessica)

I often think that Jessica may be the smartest among the four siblings. Even to this day, if she thinks what I am saying is unreasonable she doesn't hesitate to point it out to me. She almost always makes a good point, so I have to accept her opinion. Jessica transferred to Forest Hills High School during 9th grade, and I remember that she was speaking English competently by then. By 10th grade, she was earning top grades and involved in various extracurricular activities as well. Both Christine and Jessica respected and obeyed their teachers, as they had in Korea, so all their teachers liked them. Jessica was recommended by her teachers and chosen by the National Science Foundation to participate in a special math and science program at the University of George during her 11th grade summer.

I thought she was well prepared for the college admissions process with good grades, various extracurricular activities, and positive teacher recommendations. She surprised all of us by being accepted to most of the IVY league schools she applied to, including Yale University and MIT. She chose to attend MIT because she was interested in studying engineering. Afterward graduating from MIT with a degree in Chemistry, she surprised us once again by earning a doctorate in Psychology from Columbia University.

Eldest Son, Junno

Junno graduated from Forest Hills Middle School and took the entrance exam for Bronx Science High School. To be honest, I didn't even know that Junno was taking the special high school entrance test and only found out after he got in. I was focused on Christine and Jessica's college entrance process and didn't think about high schools for the boys. I thought there wasn't much didn't between different high schools. After Junno was accepted, I learned that Bronx Science was ranked 39th in the entire country and I felt proud.

Commuting to Bronx Science involved crossing 3 boroughs (Queens, Manhattan, and Bronx) and took Junno 1 1/2 hours each way. Despite the long commute, he didn't have a single absence during high school years. I remember one snowy day Junno left for school at 6:30 a.m. and returned home at 9:30 a.m. He didn't know that school was canceled due to snow because he left the house before the closing was announced. I was impressed by his dedication and perseverance. He graduated from high school with excellent grades and entered Columbia University, where he earned dual BS degrees in philosophy and mathematics. Even though Columbia University in northern Manhattan was closer than Bronx Science High School from our house, he decided to live in a dormitory instead of commuting from home. I think this was because he was determined to become independent.

Youngest Son, Jae Wook (Jae)

Jae also graduated from Forest Hills Middle School and tested into Stuyvesant High School, a specialized school in Manhattan. It is the most competitive public high school in New York City. When the acceptance list was announced in the spring, Jae did not make the cutoff for Stuyvesant and was admitted to Bronx Science. I have to admit I gave him a hard time for not scoring high enough to enter Stuyvesant all summer long. At the end of that summer, there was an announcement that mistakes were made during the scoring of the entrance exam, and they announced a new list and Jae was admitted to Stuyvesant after all. He also did well in high school and earned a high SAT score and was accepted to

Dartmouth College in New Hampshire. After graduating he worked as a paralegal for two years and then went to Fordham Law School. A few years later, he attended NYU Law School for Tax LLM degree.

Health Food Store

As I mentioned earlier, after liquidating the clothing store on Orchard Street, we found a small health food store in Bayridge, Brooklyn. We negotiated a good price and was able to buy it using about 30% of our asset. I decided that my wife would run the store with my help. I wanted to use the majority of my time to develop a new business.

When we bought the store, Olivia, a white, middle-aged woman, was working as the manager with the help of a young man named James as assistant. After working with them for a few months I decided that they were trustworthy and kept them on. After some time, I decided that we could leave the store in their care and take a long-awaited trip to Korea. We had not visited Korea since we left in 1977.

My cousin, Lee Shim met us at Incheon Airport with his car and a driver. We stayed with Shim and his wife in their luxury apartment in Ilsan for a few days. At the time he was serving as the chairman of AARP equivalent of Korea, which was a politically influential position. During the month-long stay, I caught up with my cousins and met up with old friends. I visited my nephew, Jeongmin in Daegu and niece, Hyunjung, in Andong. I even had a chance to play a few rounds of golf with my cousins and friends. My wife and I were amazed at the progress Koreans made since our move to America. When we returned home, Olive and James had taken good care of the store without any problems. We were grateful to them for giving us the time to visit Korea and we gave them gifts we bought in Korea.

Operating the health food store for about a year and half, I realized that the business netted enough money for us to live but not enough to add to our savings. As I had originally intended, I did research and looked for a business opportunity. I finally decided to create a company to produce and sell health food. The name of the company was Health One Inc, and the first product was to be Aloe Ginseng drink. This story will continue in Part 4.

Taking Care of My Health

I became interested in health care after I turned 50. I started walking and running in Flushing Meadow, which was a stone's throw away from our house. To be healthy you have to live healthily. After I bought the health food store, my interest became focused on diet. I decided that in order to eat healthy, I have to focus on eating foods that promote good health and not necessarily delicious food. I devised the following breakfast diet over many years and have been eating this way for a long time. I credit this diet for keeping me healthy until today. I am 87 years old, and I am feeling energetic and able to maintain household duties, keep a large vegetable garden, play golf, do regular exercises and take care of my ailing wife. I even mow my own grass.

Sang Soo Lee's Healthy Diet

Breakfast (for one person)

1. 1/2 Grapefruit or large orange

2. Blend 1 cup of water, 2 tablespoons of boiled black beans and a little bit of roasted sesame. Add 1/2 tablespoon of

walnut, almond, pecan, cashew, or pistachio. If you need seasoning, add marinated beef (jangjorim) or stir-fried, dried anchovies. This adds flavor and calcium.

3. 1/2 hard boiled egg

4. Eat a variety of seasonable fruits and vegetables such as 1/4 apple 1/4 banana 1/4 persimmon, 1/4 tomato 1/4 carrot.

Lunch: rice with side dishes (banchan)

Dinner:

1. 1 glass of red wine,

2. Lean meat,

3. Large bowl of salad,

4. Light meal with rice or noodle

Exercise Routine

Upon waking, drink 2 or 3 cups of water. Needed exercise equipments are 2-3 lbs dumbbells and an ab wheel roller.

1. As a warm-up exercise, hold dumbbells in both hands and perform calisthenics for a few minutes.

2. Clap your hands 240 times energetically. After every 40 times, roll your eyes up and down, left to right, right to. Rotate your eyes 360 degrees from right to left and then

left to right. Continue with clapping followed by eye exercise. Lift your heels 100 times.

3. Lift upper body while alternating lifting leg 10 times. Do 2 more sets. Afterwards, tap the mid-abdomen 200 times with both fists.

4. Do 50 pushups. Afterwards, tap the lower abdomen 200 times.

5. Do 50 leg raises. Tap upper abdomen 200 times.

6. Using an ab wheel roller, stretch out with your whole body 50 times.

7. Do an hour of brisk walking every day. NO EXCUSES! When it rains, I walk with an umbrella. When it snows, I walk in a mall. During travel, I walk in the airport while waiting for my flight. Once I was on a cruise ship and I walked on the deck for an hour every day. I think my legs are very strong because I walked 20 km every day to attend middle school.

Health Drink Manufacturing Business

I established Health One Inc. and registered it as a beverage manufacturing and sales business. My idea was to manufacture a drink using Aloe and Ginseng powder. Both of these ingredients were well known in the USA as healthy supplements and I thought a drink containing both would do well.

I researched procurement issues and visited two raw material manufacturing plants in Dallas, Texas, where aloe is produced. After visiting both factories, I decided on one and agreed on a contract. I agreed to buy the second critical ingredient, Ginseng powder, from a Korean importer in New York. The next step was to find a bottling operation. After doing research and visiting several plants in New York and New Jersey, I contracted a small factory called Goldman in Williamsburg, Brooklyn. I then rented an office and warehouse space near the Queens Borough Bridge in Long Island City. I also hired salespeople and a bought medium size truck.

Aloe and Ginseng were the two main ingredients, but the problem was that the drink did not taste good with just these ingredients. We needed to add other flavors to produce a better tasting beverage. We decided to add Fructose as one of the ingredients. When we were designing the label, the owner of the bottling factory suggested that we add "No Artificial Sugar" in order to appeal to people who don't want to consume added sugar. I didn't know that much about food labeling and wasn't sure if fructose was considered artificial sugar and decided to go along with his suggestion. We produced several samples and asked family members and friends to do taste tests. I chose a formulation that most people preferred.

I didn't have a budget to run an advertising campaign in the traditional media outlets. So, I hired Korean salespeople, and they approached local health food markets and Korean grocers in New York City. My son, Junno, was in-between jobs after quitting his job at the New York Times, so he helped me out for a few months. We sold to local markets and the company ran smoothly for 4 years.

One day, I got a call from the president of Goldman, the bottling company, asking for a meeting. When I went to see him, he said that a large-scale order for Aloe Ginseng. beverage came in from a Jewish food company, Steinburg Products and if I were interested, we should meet the company representative and sign a contract.

I went to visit the Steinburg office near Brooklyn harbor and was impressed with the scale of their operation. I met with the person in charge of conducting this deal and we discussed the terms of the transaction. I think the total order was for about $500,000. He asked the products to be delivered to their L.A. branch within 2 months. Once the raw ingredients were procured, Steinburg would pay $50,000 and the rest would be collected once the products were delivered to L.A. I asked around and was able to confirm that Steinburg had a good reputation in food production with sold financials. We signed the contract at that point.

Since Goldman's plant didn't have the capacity to produce such a large order in a limited time, we decided to use a bottling plant in Middletown NY. Goldman would earn a brokerage commission. The Middletown bottling factory was ready for production and insured me that they can produce 10 containers of Aloe Ginseng beverage in 1 month. I visited the factory frequently to check on the status of the production. Everything was progressing smoothly. The production was completed in time and all that was left was the delivery to L.A. and then I could receive the balance of the payment. At this point, a disaster struck.

F.D.A. conducted an inspection of Aloe Ginseng beverage and concluded that the label didn't match the content. More specifically, "No Artificial Sugar" label failed because the beverage contained fructose. As a result of the investigation, the beverage could not be sold by Steinburg Corporation. I had reservations about putting this phrase on the label but went along with Goldman's suggestion. That decision led to this unfortunate outcome. In the end, Goldman took some moral responsibility and handled disposing of the already produced products. In total, I incurred about $170,000 of loss. I was pondering whether to change the label and continue or just close the business and start something else.

One day, lady luck walked into my life. The president of Brooklyn-based Duglary Enterprise Inc. came to see me and offered to take over Health One Inc. He said Duglary has vast experience in marketing and selling beverages and felt confident that he can grow Aloe Ginseng beverage business. After a round of negotiations, I accepted his offer of $500,000, with $250,000 to be paid upon signing the contract. Payment was in the form of Duglary company stock. The contract was signed in the presence of a lawyer and Duglary took over Health One. With the signing of this contract, I closed this chapter of my life.

Liquor & Wine Store

I went back to concentrating on the health food store in Brooklyn. I left the beverage business with no significant financial gain or loss, however, I learned many lessons from this experience. I was now 62 years old, and I felt that it was time to find new vitality in my life by moving on to a different business. My wife thought that I was no longer at an age to take big risks and I agreed. I decided that I needed to find a stable business that would yield a good steady income. I kept searching for the right type of business. One day I noticed an advertisement in a local newspaper for a liquor store on a busy street in Bayside, Queens and it piqued my interest. I wondered why a large liquor store in a prime location was being sold through a newspaper ad. It was well-known that such businesses were sold through brokers. I assumed something must be not quite right with the store.

When I went to visit the store, the owner was not on the premises. The manager told me that the owner was working at another liquor store which he also owned. The owner came to meet me and gave me the financials for the store. The previous year's deficit of the Bayside store neared $100,000. Now that I knew about the situation of absentee owners, it made sense why the store was struggling. After receiving the balance sheet and additional documents, with permission from the owner, I went to observe the store for three weeks. I decided that I could grow the business with reduced labor cost (since my wife and I will be working there) and attentive management and signed the contract for $120,000 of key money. We took over the business on March 1, 1997.

Fortunately, my sister's son, Kim Sung-ki, was studying filmmaking in the U.S. at the time. After completing his studies, he was contemplating his next steps, so I convinced him to stay in America longer and work for me as a manager. I told him he could save money and go back to Korea to pursue his dream of becoming a director. Sung-ki had been active in the anti-government student movement during his university days and even served 2-year prison term. After the change in regime, he was pardoned and was able to finish college and come to the U.S. to study filmmaking.

About six months after we took over the business, a white man in his late 20s came looking for a job. His name was Roman and he told me honestly that he was staying illegally in the U.S. He asked for a job, saying that he would work hard if I gave him a chance. He appeared to be strong and gentle. I appreciated his honesty and liked him immediately. I hired him as a salesman/stock person. When I was signing the contract for this business, I hadn't yet sold the Bayside health food store and was short of funds. My daughter, Christine and son-in-law, Vijay, lent me quite a bit of money to purchase the liquor business. I am eternally grateful to both of them for helping me when I needed it most.

After about two years, Sung-ki decided to return to Korea. By then I trusted Roman for his sincerity and honesty and promoted him to the manager position. He was as trustworthy as I expected, and we even went to Korea for a month leaving him in charge of the store. Having such a good manager allowed us to leave the store at 6 p.m. every day while Roman stayed till 8 p.m. on weekdays and 10 p.m. on Saturdays. The store closed on Sundays, so my wife and I went to church faithfully. After 10 years, the lease on the store expired but I was able to extend it for another 10 years. I had sponsored Roman's green card application and it was approved around that time. Roman thanked me and said he was ready to move onto something else. I had just turned 72 years old, and my wife expressed her desire to retire, so I thought it was good time for retirement. There were two people who were interested in buying the business and I chose to sell it to a Chinese businessman, whom I liked. During the 10 years my wife and I ran the business, the annual sales increased significantly, so I was able to sell it for 5 times the purchase price. It was a sufficient sum to live in retirement.

Part IV

Retirement Environment

With the funds from selling Golden Wine & Liquid in Bayside and the money we saved from 10 years of business, I assumed that I would be able to buy a house in a quiet neighborhood to live out of the rest of my life with enough left for living expenses. I wanted to live independently without assistance from our children. I contacted my college junior, Lee Jongsik, to be my realtor. I set the following six conditions for buying a home.

First, it should be about 20 minutes away from Fort Lee or Palisades Park, where many Korean businesses operate.

Second, there should be a park nearby where we can walk for exercise.

Third, there should be a golf course nearby.

Fourth, it should not be near any highways.

Fifth, there should be enough yard space to establish a vegetable garden.

Sixth, it should not be too far from Short Hills, where my daughter, Jessica, lived since my children gathered at her house regularly.

Lee Jong-sik thought about it for a while and recommended that Paramus was the town where all these conditions were met. Jongsik took me to several house but we couldn't find a house that met all my conditions. After looking for several weeks, Jongsik said, "I think a house that meets all your conditions just came on the market." I went to see it with excitement and at first glance, I felt that it might be the right house for us. The two negatives were that with four bedrooms the house a was a bit large for us and there was a pool in the backyard. But the house satisfied all the other conditions, so I decided to purchase the house. I loved the fact that the backyard backed up to a park and from the kitchen window, all we could see were trees. So, this house on Clauss

Avenue became our home till this day. We struggled with keeping up with the pool, paying unnecessary expenses every summer and finally Jessica found a person who could fill the pool and turn it into a backyard. She paid over $10,000 to complete this project and I am grateful to Jessica and John for taking care of this headache.

How to Live in Retirement

For some time, I have been thinking about how to live happily after retirement. Now that I have moved into a new home where I may live the rest of my life, I wanted to make a plan for my retired life. There's a saying that there are four pains for the elderly: sickness, poverty, having no goals, and loneliness. I thought that if you live in a random way, you will not be able to escape these four pains. Therefore, I established the following daily life plan after much deliberation. I vowed to never make any excuses for not following the plan.

Taking Care of Health

Mostly, I followed the dietary plan for breakfast I set for myself and my wife which is described in Part 3. For lunch and dinner, we ate whatever we wanted within reason. The second part of my health care plan was exercise. I followed the exercise plan I set for myself at an earlier age, except I reduced the number of push-ups and ab roller wheel by half and walking time to 50 minutes. My wife and I walked at around 3 p.m. at somewhat reduced speed but I never skipped it. When I play golf, I walk the 18 holes unless there is a special reason.

Religion

In September 2007, I was baptized by Pastor Lee Seung-Woon at the Flushing First Methodist Church. Shortly after I moved to New Jersey, I happened to see an advertisement for a local Korean Catholic Church called Saint Baeksamwi. For some reason it caught my attention. I must confess that for the 10 years I've been attending the methodist church, I never felt the conviction that God was present in my life or that the Holy Spirit visited to me. I thought that changing to a catholic church might help me deepen my faith. I suggested to my wife that we attend the Saturday 8 p.m. service at Baeksamwi and she readily agreed. She had attended an elementary school run by Catholic nuns, so she was familiar with Catholicism and was eager to try. Catholic Mass was quite different than protestant services I was used to and I was drawn to it. I felt hopeful that I could feel God's presence at this cathedral. My wife and I agreed to attend Sunday mass regularly.

We entered the fellowship hall after the service, and someone called out my name. I turned around to see Lee Mo, a friend I used to golf with when I owned the health food store in Brooklyn. He was very happy to see me and invited me to participate in a cathedral senior members' golf tournament the following Thursday. I participated in the tournament and somewhat embarrassingly, I won the tournament. Mo introduced me to the priest, Father Park Hong-sik, who came to present the winner's medal. He told Father Park that I was interested in converting to Catholicism and he welcomed me warmly.

There was a problem joining the new believers' group which was necessary for baptism because the class had been going on for 4 month already. Since baptism happens only once a year at Easter, this meant that our baptism will be delayed almost 2 years. I told the priest since I am already 72 years old, I didn't want to wait that long. I promised that my wife and I would study catechism at home to catch up with the class and he gave his permission. My wife and I were baptized the following year with the baptismal name of Samuel and Agnes.

Hobbies

My favorite hobby is golf. However, I decided that playing golf every day is not good in the long run no matter how much I like to play. So, I decided to golf on Mondays, Wednesdays and Fridays only. With weather issues and other conflicts in life, I figured I could golf about 100 days a year and that seemed like a good plan.

A new hobby I picked in retirement is playing a musical instrument. I started with the flute and after about a year, I became frustrated because I didn't make much progress. While thinking this over, someone suggested that I learn to play the saxophone. It's not as difficult and I can play popular tunes instead of classical music and this appealed to me. Jessica bought me a Yamaha saxophone and I have been playing it ever since. I practice every day with an electronic accompaniment, and I can play about 100 popular songs. Sometimes, I perform at family parties and at nursing homes where my wife and I volunteer. This has added to my enjoyment of the retired life.

Another hobby that I feel passionate about is gardening. The former owner had established a vegetable garden and I added fencing to prevent critters from eating the plants. Every spring, I cultivate the field, add organic fertilizer, and plan seedlings of various vegetables such as peppers, lettuce, crown daisy, scallions, chives, tomatoes, eggplants, cucumbers and zucchinis. I produce a bountiful and share them with family and neighbors. I planted a Israeli persimmon tree in my front yard and harvest about 75 persimmons every year. Not only does the tree produces delicious fruit, but the orange persimmons also hanging on the tree with autumn leaves are beautiful to look at from our living room window. I picked the persimmons in November and shared them with Korean neighbors and bring the rest to Jessica's house at Thanksgiving to share with all my family. I also mow the grass. It takes about an hour to do the front and back yards. Doing it myself saves money and it's good exercise. I intend to mow my own grass as long as I can walk.

Volunteer Activities

Reggio Maria

Immediately after I was baptized on Easter 2008, I joined a Reggio Maria at our church. Reggio Maria means the army of Our Lady because the members are organized like an army. I am involved in the volunteer work part of Reggio Maria. The Reggio group I belong to meet once a week and discuss volunteers actives we have been doing during the previous week. Every Thursday morning, my wife and I along with other members from our church gather at a nursing home in Paramus. When we arrive, we each pick up a Korean resident in a wheelchair and gather at a designated room. Our priest is there waiting and conducts a mass and then blesses each resident. Afterwards we take the residents back to their room and visit with them. My wife and I volunteered at this nursing home until the pandemic.

My youngest daughter-in-law, Mina brought back an electronic rhythm machine from Korea. Once I became confident in playing the saxophone, I used this machine to play the saxophone at the nursing home and entertained the residents. The residents seemed happy with my performance, and they didn't spare their encouragement. Ever since then, I played once a month at the nursing home until the pandemic. To add variety, I started performing some magic tricks and this was well received as well. I think the residents appreciated my efforts as much and the music and the magic tricks.

After performing my one-man show for about a year, I felt that both audience and I were getting bored. So, I decided to form a three-person band. I asked one of my friends, Kwon Hyukman, from our church to join me as the M.C. He is in his 60's and is very active at our church and holds many leadership roles. He is also a civic leader in Palisades Park and works to encourage voting and to increase political power for Korean residents. I also asked another Reggio member, Kim Yangsook, to join me as the singer. She has a good voice and is a wonderful singer. They both accepted my invitation, and we formed Samuel's Band. The band performed regularly at the nursing home to great success but had to stop playing due to the pandemic. I was 85 years old when we disbanded.

President of Siloam

I served for four years as the president of Siloam group in our church. Siloam is a group for elderly members of our church. We meet once a month to promote fellowship and enjoy refreshments and conversations. There were two special annual activities for the members: New Year's Eve celebration and autumn foliage picnic. The members gathered on Lunar New Year's Eve for a party. The party was organized in three parts. The first part consisted of a member talent show and children's choir performance, part two was a performance by an invited band and social dancing and the last part was a buffet dinner. Another annual event is an autumn foliage picnic. This picnic was usually held on Saturdays in mid-October. For this event, the general secretary and I scouted various places in order to choose the most beautiful location where we can pick apples. We rented a large tourist bus to take the members to the designated location. We shared box picnic lunches. The simple picnic lunch eaten on a clear autumn afternoon surrounded by beautiful foliage always tasted as good as a meal from a fine restaurant. After the meal, we had fun picking as many apples as we could carry. There was a rousing singing on the bus ride back.

Many fellow members of Siloam asked about my health routine. I guess they noticed that I rarely get sick and have a lot of energy. I wanted to help other members establish a healthy routine, so I invited them to a meeting in a local park. I shared my eating regiment and demonstrated exercise routine. I don't know how many started following my advice but I felt satisfied to share my knowledge.

Taking Care of my Wife

During the pandemic, I noticed a decline in my wife, Namsook's, short-term memory. After extensive testing, she was diagnosed with a mild cognitive impairment at the end of 2020 but there was no medicine for the condition. In addition to cognitive decline, Namsook was suffering from spinal stenosis. Increasingly, physical activities were causing her discomfort. In 2021, I decided that rather than being house bound during the winter months, spending a month in Florida would be good for Namsook. Jessica rented a house in Port St. Lucie for the month of January. I drove my car and reached Port St. Lucie in two days. Many of our friends were spending the winter there, so there were plenty of opportunities for us to play golf with friends.

Our routine in Paramus was to play golf twice a week together. She had difficulty managing the electronic golf cart, so I carried her clubs in my bag. She couldn't walk the whole course in her condition. She usually managed to walk about 5 holes and rested in the club house. I finished 9 holes and then rented a golf cart, and we finished out the back nine riding the golf cart. It required a lot of coaxing and even some mild threats to get my wife to play golf this way. The same was true for our hourly walk each day.

The golfing arrangement in Florida was that men and women played separately. If my wife was paired with good friends, things went smoothly but sometimes she was paired with people she didn't know well. I heard through the grapevine that some women complained bitterly about my wife's slow playing. My wife sensed this too and was bothered by it. We went back to Florida during January and February in 2023 but this time, I didn't play golf with men. Instead, I played with my wife and managed her care.

In September 2021, Dr. Kim Dong-Soo diagnosed my wife's condition as dementia and began treatment. There are no drugs that cure dementia, but he prescribed medication that could slow down progression of the disease. According to her primary geriatric doctor, Kim Jungwon, my wife has a mild case of dementia and she predicted that her symptoms wouldn't worsen significantly for the next 10 years. This has brought me great comfort. Another lucky thing is that she is a good patient. She listens to my instructions and never wonders off anywhere. I can't cure her illness but do my very best to care for her. I prepare all the meals and my wife is in charge of the dishes and laundry. I thought that cleaning the house ourselves would be good for us, so I let go of the cleaning person. My wife vacuums and I do the mopping. We take three days to clean the whole house. Her short-term memory is not good but other than that we have no trouble living on our own. In case things get worse, I looked into a Korean nursing home near our house. Even though it's free for Medicaid patients, for non-Medicaid patients the cost is about $10,000 per month/per patient. I came to a conclusion that I would hire an in-home care person if I needed more help instead of admitting my wife to a nursing home.

My Faith Journey

Pilgrimage to Eastern Europe and Russia

In 2012, My wife and I joined a pilgrimage to Eastern Europe and Russian with other congregants from our church. The pilgrimage was planned and led by our priest, Father Park to commemorate the 25th anniversary of our sanctuary. After arriving in Krakow, Poland, we celebrated mass in remembrance of St. Faustina's deep faith at the Convent of the sisters of Our Lady of Mercy. Afterwards we toured the famous salt mine. The next day we visited Jasna Gora Monastery in Czestochowa where the famous Black Madonna painting is housed. We praised God and celebrated mass in front of the holy painting. The following day, we visited Auschwitz, a site of Nazi atrocities and paid a silent tribute to the martyr, St. Kolbe. After celebrating the mass in Krakow Cathedral, we left Poland for Prague. After an afternoon city tour, we enjoyed the night scene from a pleasure boat on River Vltava in Prague. The following day, we arrived in Moscow and visited the Kremlin and the Red Square and celebrated a mass to dedicate Russia to Our Lady. Our last stop was St. Petersburg where we toured the Summer Palace and enjoyed watching Tchaikovsky's Swan Lake ballet. The following day we visited four cathedrals. Our last act of pilgrimage was to dedicate our congregants prayers to God in a small seaside town. It was a fitting conclusion to our pilgrimage.

Pilgramage to the Holy Lands across Portugal and Spain

This time, the pilgrimage was led by Father Kim Michael and two nuns. Fifty-one congregants arrived in Lisbon, Portugal on October 18. We didn't spend any time in Lisbon. Instead, we got on a bus and arrived in Fatima. The next day, we celebrated mass at a small cathedral built on the site where Our Lady appeared before Sister Lucia. Afterwards, we moved onto Spain. We visited many holy places and cathedrals in Madrid and northwest region of Spain but I regret that I didn't keep a detailed record. At the end of our pilgrimage, we stopped in Barcelona. In my opinion, the most impressive sight in Barcelona was Sagrada Familia Cathedral. This magnificent, beautiful and delicate building was the work of Antonio Gaudi. It began 140 years ago and still remains unfinished.

Transcribing the Bible

More than a decade had passed by since I converted to Catholicism and joined Baeksamwi Cathedral. In that time, I joined Reggio Maria volunteer group, attended weekly mass and meetings, participated in many religious activities I and even served as president of the elders group. I really tried hard to grow my faith. Despite my efforts, when I reflected on my own faith, I had to describe it as skeptical. Then I considered transcribing the Bible by hand. Maybe this contemplative activity will lead to meeting God every day and allow me to receive the Holy Spirit. I bought a writing the Bible notebook and started copying the Bible for an hour each day. I thought that this would be good for my mental health as well, so it would be killing two birds with one stone. I decided to start with the New Testament. Since my faith wasn't so strong, I feared that I would give up if I started with the Old Testament, which is more boring. It took me 4 years and 141 days to complete this task.

If I were to choose one strength in my character, I would say that I keep my promises, those made to others as well as to myself. Once I decide to do something, I carry it out to the end as planned. I kept the promise I made to myself to transcribe the Bible every day for 1601 days. However, it is regrettable that I can't say with certainty that Jesus Christ is my savior, but I don't regret doing this. I do feel like it has strengthened my faith. I will live out the rest of my days knowing that someday I will have confidence in Jesus Christ.

Introduction of My Family

Looking back on 87 years of my turbulent life, I tried to write as honestly as I can remember. However, I am not a literary person and never dreamed of writing my own memoir. I started writing this memoir after a recommendation by a friend who knew my history. I felt my writing was clumsy and often I couldn't find words to adequately express my feelings. It wasn't easy to put into words vague memories from my past. Many thanks to those who took the time to read this memoir.

Now, in closing, I would like to express my sincere gratitude to my loving wife and my four children for making my immigration dream a reality. In addition, I am so happy that all four of my children met wonderful mates and built a life of economic stability and a good foundation for their children. Also for my wife and myself, it is a source of happiness and joy that all four siblings are good friends and support each other through life's ups and downs. Despite the Korean saying that those who brag about their children are dimwits, I must record how my children are doing in their lives.

Eldest Daughter, Christine Inhye (born 1962) and Son-in-Law Vijay Gulati (born 1965)

After graduating from Smith College, Christine attended New York State Medical School. She completed her internship at UPMC Medical Center in Pittsburgh where she met Vijay Gulati. Vijay was doing an internship in Cardiology at the time. Vijay graduated from Cornell University and Tufts Medical School. Vijay's father, who is also a doctor, moved from India to complete his medical education. His mother who is a German American worked as a nurse.

Vijay is an interventional cardiologist at UPMC and earns a high salary. Christine continued to work as a physician while raising their two daughters. When the children were young, she worked part time to have more time for them. In addition to both of them earning high salaries, Vijay's parents are generous, and I think they will leave them a lot of inheritance. They reside in a modern house that Vijay designed with help from an architect and are living a prosperous life in a beautiful suburb of Pittsburgh. Christine enjoys playing tennis, paddle tennis and pickleball. Vijay's special hobby is flying. He earned a pilot's license and bought a small plane. Even though our family feels nervous when he goes flying, he says flying is safer than driving a car and continues with his hobby. When I visited after he got his pilot's license, he took me up on his plane for an hour which was nerve wrecking but also fun.

Chloe Gulati (Born 1994)

Chloe graduated from Cornell University with a degree in hotel management. Hotel Management is the most popular department in Cornell University. Chloe got a job at a financial company after graduation and now works for a consulting firm in Manhattan. Chloe is so pretty and nice and she grew up loved by everyone around her. She studied modern dance as a hobby and danced for the Pittsburgh Ballet in their production of Nutcrackers when she was in high school. Whenever we meet, she hugs me and in her sweet voice calls me, "Halabuji Halabuji." She is so lovely. Chloe is 28 years old now and even though she has a boyfriend, she doesn't even dream of getting married.

Sabrina (Born 1998)

Sabrina is popular because she is pretty and has a sweet personality. She is a favorite among her younger cousins because she takes time to play with them. When she was in high school, she rowed crew seriously and competed in various competitions. She graduated from Vanderbilt University in Tennessee. She now works for a real estate company in Denver, Colorado. When I went to her graduation two years ago, a tall and handsome white young man was following Sabrina around like a puppy dog. As expected, he followed her to Denver, and I feel that Sabrina would probably marry him when she is older.

Second Daughter, Jessica Youngjoo (Born 1964) and Son-in-Law John Park (Born 1963)

After graduating from MIT and obtaining a Ph.D. in psychology from Columbia University, Jessica worked as a researcher for Consumer Reports for about two years. To my surprise, she quit her job after giving birth to her first child, Tyler. I thought she would be a working woman all her life. It is regrettable that she didn't get to use her hard-earned doctorate degree but when I think about my entire family, it's been a blessing. I believe the fact that Jessica dedicated her life to raising her children, supporting John and taking care of our whole family has contributed greatly to the harmony of our entire family. Her decision to stay home was in no small part due to the fact that John was providing well for their family as an executive in a financial company. I have observed in my lifetime that an economic disparity often causes conflict among siblings. However, Jessica and John are considerate and do not cause strife among family and for that I am so grateful. They live in a large house with a big backyard in an affluent suburb, Short Hills, NJ. I remember that Jessica and John renovated their kitchen in order to accommodate our family gatherings of 19 people. When I found out that John was putting money into college funds for their four young nieces, I was truly moved. I think my son-in-law John is very generous and treats Junno and Jae as brothers.

Even though Jessica and John went to the same university, they were just friends in school and didn't start dating until the year after they graduated. In fact, Jessica convinced John to drop out of a Ph.D. program in Colorado and move to New York. Soon after arriving in New York City, he found a part time job at WP Carey, a real estate financial company. That part time job turned into a full-time position, and he has been working at WP Carey for 35 years. He is now the president of the company. I suspect that he earns a high salary along with stock options.

John is an excellent athlete and played varsity tennis at MIT. He is a very good golfer too. Jessica also enjoys playing tennis and golf. As I said, they have a big backyard with a pool and a tennis court and its a good house for entertaining the family. They both love to watch tennis matches and I know they have been to the US Open, Wimbledon, the French Open and the Australian Open. Also, they have a family membership at a private golf club, so the whole family enjoys golf. In addition, the couple likes to travel, so during summer and winter vacations, the whole family travels all over the world. John is popular in the company because he has a smooth personality and good leadership skills, and his three children respect their father. My wife and I often go to their house, but I've never heard the family raise their voices to each other.

I feel a bit ashamed when I observe John's behavior around his family. Not only is he a attentive and kind father, he is so helpful to Jessica, always doing things around the house. I know I wasn't such a helpful husband to Namsook and I regret that. Another unforgettable memory happened when I was at Sabrina's graduation. The whole family was staying at a large house together. Sabrina's uncle, who knew that my wife was in an early stage of dementia at the time, told me that his mother was diagnosed with dementia and received good care in Samsung Silver Town in Korea. The initial cost was $500,000 per person with a $3,000 monthly fee. John wasn't able to attend Sabrina's graduation because of his work schedule. When Jessica heard this discussion, she said "We will pay for the cost of living in the Silver Town if you and mom want to live there." I appreciated her offer but what surprised me the most was that she was saying this confidently even before discussing it with John. It made me feel that Jessica and John have complete trust in each other. After that, I learned through my best friend in Korea that we couldn't move into the Samsung Silver Town because of our age, but Jessica's generous offer still warms my heart.

Tyler Park (Born 1996)

Tyler graduated from Georgetown University and now works for a financial company in Manhattan, just like his father, he is a good athlete and played baseball and football in high school. He was the captain of his baseball team. Tyler is good looking, kind and gentle and has good leadership skills, so he takes good care of his younger brother and sister and is loved by our entire family. He has a lovely girlfriend whom the whole family adores.

Miles Park (Born 1998)

Miles graduated from Duke University and is now attending graduate school of education to become a high school math teacher. He is tall, handsome, and has a gentle personality. He is a good athlete too and played soccer and baseball in high school. He was also the captain of his baseball team in high school. It surprises me that Miles doesn't have a girl friend right now but I'm sure he will meet a nice girl. Maybe his standards are too high...

Antonia Park (born 2000)

Their youngest daughter, Antonia, is in her third year at Middlebury College in Vermont. She applied for a semester program at Yonsei University in Korea in March. She says she wants to learn to speak Korean. When Antonia was two or three years old, she was a bit wild with a strong personality, so I was a little worried about her. I didn't need to worry because she grew up to be a very sweet and considerate girl, who gets along well with everyone in the family and is kind to her younger cousins. Having two older brothers Antonia played a lot of sports during her youth. She says her favorite is volleyball and she was the captain of her high school team. My wife and I visited every university where our grandchildren attended and last summer, we visited Antonia at Middlebury. It is a beautiful school.

Eldest Son Junno Lee (born 1965) and Daughter-in-Law, Min Chung (Born 1973)

Junno graduated from Columbia University with dual degrees in philosophy and mathematics. His first job out of college was at the New York Times. One day, he quit his job. He had a friend who wanted to travel down the coast to Miami in his boat and Junno decided to join him. I got a call from him out of the blue and he told me that he was in Miami. He spent some time in the West Coast working as a house painter. Perhaps because he majored in philosophy, he went around like a Bohemian from then on. He worked in a art gallery then as a bartender. He was self-sufficient but to my way of thinking, he was wasting time without any goals. A few years later, he opened a Korean fusion restaurant/bar near SoHo with investments from his older sisters. The restaurant was a success but after the September 11th tragedy, the business declined rapidly. The restaurant struggled along for a couple of more years and then it was time to close it.

Around that time, Junno met Min through a friend from Columbia and they became serious. Min had been a school teacher since graduating from college and I think Junno was influenced by her and decided to become a teacher. He applied for a special master's program for people switching career to become math teachers and was accepted. He attended Bard College and earned a degree in math education. They got married soon after that and now have two adorable girls. They both teach in Manhattan and live in South Orange.

Min is a Korean American girl whose parents moved to America when she was a baby. After attending Barnard College, she became an elementary school teacher. She's been teaching at the same school in Battery Park City since graduating from school. Min is petite, pretty, smart, very organized and has a strong sense of self. I think she has been very good for Junno. She is an excellent mother and takes care of her children and her career very well. I am happy that Min became good friends with my daughters, and they enjoy spending time together. Min's mother lives in New Jersey and helps out Junno's family a lot. I am grateful to her because I know a working mother needs some help from her family from time to time.

Ava (born 2006)

Ava is a 10th grader and is tall and beautiful. She looks a lot like her father. She earns top grades in school and is good at volleyball and swimming. She swims for a club team and does very well at competitions. Whenever I see her, I say, "I'm sure you'll go to Harvard University and become a doctor," and she just smiles. Just as the eldest daughter, Christine, became a doctor and helps all our family with medical advice, I hope that one of my grandchildren becomes a doctor and takes care of the next generation.

Bridget (Born 2011)

Although Bridget is only 11 years old, she is like an angel with a good heart. She is always considerate and helpful. Among my nine grandchildren, I think Bridget is the kindest. She is so sweet and I am always happy when I see her. Her favorite sport is volleyball.

Youngest Son Jae Wook (Jae) (Born 1968) and Daughter-in-Law, Mina Kim (Born 1979)

Among the four siblings, Jae-Wook is the tallest and the most handsome. He graduated from Dartmouth College and Fordham Law School and has an LLM in Tax Law from NYU. After two years of working at a large law firm, he started a small law firm with three friends. The firm specializes in advising financial institutions. Jae enjoys playing golf and is a good golfer, but his special talent is cooking. When the whole family gathers at Jessica's house, he often prepares the menu, and he cooks with his sister. He knows what the family enjoys and the food he prepares is better than restaurant food. He met his wife, Mina, in his 40's while on a business trip to Korea. I heard that it was love at first sight for them. I am so glad that she decided to come to New York to study and continue their relationship. There is a 10-year age gap, but that doesn't seem to be a problem for them. They got married in a simple ceremony and they have been happily married ever since. They seem to adore each other even though it's been over a decade since their wedding. Mina's parents own an automobile parts manufacturing company in Gunsan, Korea and are financially stable. Both being tall and good looking, Jae and Mina make a handsome couple. They are very good to us and come to visit us every Saturday, always bringing delicious food. Mina is especially sweet to me, and my wife and I feel so lucky to have her as daughter-in-law. They live in Jersey City with their two lovely daughters.

Isabelle (Born 2014)

Isabelle is a 3rd grader. She is very pretty, nice and lively. When I tease her by asking, "Do you want to compete in Miss America when you grow up?" She looks at me with a puzzled expression. I guess she doesn't know what that means. She goes to a Korean language school every Saturday and takes weekly golf lessons. I think Jae is determined to make his daughters good golfers.

Sophie (Born 2015)

Sophie is a pretty and smart first grader. Just like her sister, she goes to a Korean language school and takes golf lessons. I often see a mischievous look on her face and spark in her eyes and I think she will be a witty and interesting person when she grows up.

Wrapping up My Memoir...

Lee Sang-Soo

The beginning of my life was full of tragic events, with losing my parents at a young age. I am proud to say that the last chapter of my life is full of good fortune. I am grateful to God for giving me so much blessing for I am surrounded by a loving family and lack for nothing.

I'd like to thank the following people who helped me with this memoir. First, I'd like to thank Grace Jung, a retired writer, for giving me the idea of writing a memoir and encouraging me to stick with it. Second, gratitude goes to my friend, Ro Sewoong for editing and turning the manuscript into a readable book. Thirdly, I would like to thank my young friend from our church, Clara Wonkyung Lee. I didn't know how to type and she read my handwritten draft and typed it into a word file. Without her help, I couldn't have produced this book. Next, thanks go to Father Park Hongsik of Demarest Cathedral and Kwon Hyukman, the Palisades Park Voter Council president, for reading the early draft and giving me comments and encouragement.

Most importantly, I'd like to thank all my family. Thank you for being healthy and raising such lovely children. Thank you for being good daughters and sons and making sure that we are comfortable in our old age. I am truly blessed.

Reflections on "Eighty-Eight Years of Life"

Lee I-Seok,

Chairman, Seocheon Trading Company

In the pitch-dark night, a small child walked taking step by step towards the light, overcoming all sorts of difficulties and finally finding enlightenment. It was like watching Beethoven's Symphony No. 9, which triumphs over adversity and reaches great jubilation.

I have always enjoyed movies since I was young, and I think it's because condensed stories that depict someone's entire life or important decisive moments, or events have always captivated my interest. The story made me feel like watching a film that could potentially win an Academy Award.

The book had many well-known stories, and it was entertaining, so I finished reading it in just one day. It was the most I've read in a day recently. I truly envy the way you beautifully and happily organized your life.

The author seems to have a lot of ambition. Despite having successfully grown-up children all around and even grandchildren, they have two daughters and two granddaughters as well. I hope they continue to enjoy abundant blessings for a long time.

I'm concerned about your health, Jaewook's mother. Take good care of yourself and live comfortably!

Epilogue

Se-Woong Ro/ Poet, Essayist

I remember the first time I met the senior, Mr. Lee Sang-Soo, at the home of senior, Mr. Cha Kyung-Hoon a long time ago. He underwent many trials and tribulations after the 8.15 liberation, the 6.25 war, the 4.19 revolution, and the social chaos after the 5.16 revolution in Republic of Korea. However, I have the distinct impression that he had overcome all of them, one by one.

Several years ago, when it was time for him to plan to close his business and go into retirement, firstly he started searching for his retirement home. He looked for a suitable home for his retirement, with such consideration of a golf course nearby so that he could enjoy his hobby, a church he can attend not too far from home, and transportation for travel and so forth for these convenience of life after retirement. When I heard his story, immediately I thought that he has been living a good life.

When I had the chance to read the draft of his autobiography, I realized that he lived a successful life as he always planned his life well, including his schooling, military duty, and his social life, and he did live his life his best. I thought that if I had heard this story when I was younger, I would have lived a better life by living a more thoughtfully planned life.

Autobiographies have a long history. Marcus Aurelius' <Meditation>, Montaigne's <Meditation>, and the autobiographies of André Gide, Sartre, and Benjamin Franklin are widely read. Autobiographies are 'the easiest and best form to help understand life', so autobiographies have been popular in all times and places. This is why it is actively read. Since it is the history of the family, it can be a lesson for descendants by *informing them of the life of their ancestors, and the descendants can do well. It is inconceivable to imagine a country in which history is not recorded. Such a country is not disappearing from the world. For that reason, it can be said that leaving a family history is a good thing for descendants.*

Family and lineage are important in the homeland. Even if we cannot see how our ancestors lived, the blood of our ancestors flows in our bodies. There is an ancestor's influence on DNA. Therefore, even when a person becomes old, he must behave properly for his descendants and live a life that always sets an example for them. Writing an autobiography is a way to look back on oneself and teach future generations a lesson.

If readers look at Mr. Lee's life, there are many examples that teach not only descendants but also everyone. Even in difficult circumstances, he does not give up, plans well, and puts the plan into practice very diligently to achieve success.

He was born during Japanese occupation of Korea, the colonial era. Korea welcomed her liberation by the end of World War II, but soon she went through many hardships such as destruction of the country during the 6.25 Korean War, extreme poverty, military coup and so forth. The story of the hardship of life during these difficult periods such as by losing one's parents and facing life alone from an early age will give courage to all readers as well as descendants.

He, the author, is now a very successful person who enjoys the second half of his life and is living a leisurely life in a neighborhood called a wealthy village in the United States. Having worked hard in the first half of his life, he is leading a beautiful life helping his neighbors and community while enjoying peace in the second half.

I wish senior, Mr. Lee Sang-Soo, to continue practicing love for his community and be healthy and happy for a long time.

Author Bio

Sang-Soo Lee, Born in 1935

1955 Graduated from National Chesin High School

1960 Graduated from Cheong-Gu University

1961 Discharged from the army.

1962 Joined Samki Mulsan Co., Ltd.

1967 Established Ilsung Industrial Co., Ltd.

1972 Established Sampoong Industrial Co., Ltd.

1977 Immigrated to the United States

1977 Established Mustell Fashion Inc.

1992 Established Health One Inc.

1997 Established Golden Wine & Liquor

2007 Retired

My Memoir of Turbulent Life

By Sang-Soo Lee

First edition July 15, 2023

Published by KDP.Amazon

Design & Publishing: Song Yoon/Sam Ro

Email: Sangslee35@gmail.com

Swro0403@gmail.com

Printed in the U.S.A.

Made in the USA
Columbia, SC
18 August 2023